Hermann Würdemann
SCHWERE JAHRE

HERMANN WÜRDEMANN

SCHWERE JAHRE

Als Soldat an Ost- und Westfront
und als Sträfling in Dartmoor

HEINZ HOLZBERG VERLAG - OLDENBURG

Umschlagentwurf: Klaus Beilstein, Oldenburg
Alle Fotos und Abbildungen kommen aus dem Besitz des Verfassers

CIP-Kurztitelaufnahme der Deutschen Bibliothek

Würdemann, Hermann:
Schwere Jahre: als Soldat an Ost- u. Westfront u. als Sträfling in Dartmoor / Hermann Würdemann. - Oldenburg: Holzberg, 1987
ISBN 3-87358-289-9

© 1987 Heinz Holzberg Verlag KG, Oldenburg - Alle Rechte vorbehalten
Gedruckt bei Isensee in Oldenburg

INHALT

Die letzten Tage vor der Einberufung 7

Einberufung und Ausbildung 13

Fronteinsatz im „Kessel von Demjansk" 22

Verwundung und Lazarettzeit 39

Kriegsschule Potsdam und erneuter Fronteinsatz 47

Einsatz im Westen 84

Im Kriegsgefangenenlager 102

Verurteilung zu 5 Jahren Zuchthaus 107

Als Zuchthäusler in Dartmoor 136

30 Jahre später 149

Lebensdaten 159

Abkürzungen 160

Die nachfolgend wiedergegebenen Aufzeichnungen wurden bereits in den Jahren 1947 bis 1948 bei Gaslicht in einer Zelle des Zuchthauses Dartmoor geschrieben. Die Schreibhefte, die ich aus dem Zuchthaus schmuggeln konnte, sind noch heute in meinem Besitz. Die Schilderungen geben die Erlebnisse, Gedanken und Ansichten eines Zweiundzwanzigjährigen der damaligen Jugendgeneration wieder. Heute, nachdem ich viel gereist bin und zahlreiche Freundschaften in fremden Ländern geschlossen habe, hoffe ich, daß es nie wieder zu kriegerischen Auseinandersetzungen kommt und die heutige Jugend durch Reisen und Jugendaustausch viel Gelegenheit zur Völkerverständigung bekommt.

Hermann Wiedemann

Die letzten Tage vor der Einberufung

Im dichten Gedränge strömte die Belegschaft der Borgward-Werke Bremen den Luftschutzbunkern zu. Mechaniker, Schlosser, Maler, Zeichner, Büroangestellte und Reinmachefrauen hasteten die Lagerstraßen entlang. Alle wußten aus Erfahrung, wie schnell ein Bombenangriff dem Heulton der Sirenen folgen konnte. Es war ein buntes Durcheinander, wohin das Auge eines Beobachters auch schweifen mochte. Schlosser in schmutzigen blauen Werkanzügen, Maler in weiß, Putzfrauen in ihren einheitlichen Borgward-Uniformen, Büromädchen in leichten sonnigen Sommerkleidern; alle hatten in diesem Augenblick nur einen Gedanken, sich möglichst schnell in den Schutz der behelfsmäßigen Werkbunker zu bringen. Die Werkschutzmänner in ihren blauen Uniformen versuchten, Ordnung in die Massen zu bringen, aber wie bei der Polizei in den Städten war ihre Zahl während des Krieges aufs mindeste beschränkt und daher nicht wirksam genug.
Inmitten der drängenden Menge machte ich von meinen Ellenbogen Gebrauch. Ich war nur fünf Monate im Werk, aber wußte bereits, daß unter den rauhen Arbeitern nur ein Mittel Erfolg versprach, und das war Selbstbehauptung. Nur allzu schnell hatte ich mich eingelebt und wußte all die kleinen Schliche, die im täglichen Betrieb eines großen Werkes von einigen tausend Betriebsmitgliedern von Vorteil waren. Stolz trug ich meine grüne nappoförmige Werkplakette, die mir das Betreten der geheimen Hallen erlaubte, an meinem noch ziemlich neuen Schlosseranzug.
Wie von den meisten Lehrlingen wurde die ganze Alarmangelegenheit, wie der Krieg überhaupt, auch von mir als Kleinigkeit betrachtet. Der derzeitige, erfolgreiche, leicht erscheinende deutsche Vormarsch in Rußland brachte uns 17jährige zu dieser Auffassung.
Neugierig, wie alle Jungen in diesem Alter sind, versuchte ich, wie die meisten meiner Mitlehrlinge, am Eingang des Bunkers zu verweilen, um bei eventuellen Angriffen nur nichts zu versäumen.
Rund um uns herum hörte ich die Gespräche der Arbeiter. Die älteren Männer unterhielten sich über die Schwierigkeiten, mit denen sie und ihre Ehefrauen in der Kriegszeit zu kämpfen hatten, die Jüngeren sprachen über Sport und Mädchen.
So wurde gerade die neue Aushelferin Lisa von einigen jüngeren Arbeitern beurteilt. Falls Lisa diese Beurteilungen hätte hören können, würde sie wahrscheinlich, trotz ihrer 28 Jahre, errötet sein. Lisa saß inzwischen bei

dem Vorarbeiter Heinrich Menges auf dem Knie und vertrieb sich die Zeit, mit den umhersitzenden Schlossern zu scherzen.

Obgleich Heini Menges 36 Jahre alt war und für voll wehrfähig galt, wurde er auf Grund seiner Arbeit an den neuen Raupenschleppern, die sich später in Panzerspähwagen verwandelten, unabkömmlich geschrieben. Im Gegensatz zu den meisten Vorarbeitern im Werk versuchte er, mich etwas in seiner ruhigen, kameradschaftlichen Art zu lehren. Sehr bald arbeiteten wir wie zwei Freunde nebeneinander.

Unsere Arbeit am laufenden Montageband bestand in Motoreinsetzen sowie Kühler-, Vorderachs- und Luftfiltermontage. Da ich der einzige Praktikant war, der am Montageband in der geheimen Halle arbeitete, war ich stolz darauf und innerlich erfreut, damit zu den Alten gezählt zu werden.

Schon nach kurzer Zeit ging die Entwarnungssirene und das Leben in den großen Werkhallen begann von neuem. So ging es nun schon seit 1941, jede Woche einige Male Fliegeralarm und regelmäßig jede Nacht. In den Endmonaten desselben Jahres wurde dann solange gearbeitet, bis ein direkter Anflug der feindlichen Bomberverbände auf Bremen vorausgesagt werden konnte.

Abends um fünf machte ich mich mit meinem Quartierpartner Gerhard Saathoff, der auch im Werk arbeitete, auf den Heimweg zur Blankenburger Straße 6. Bei einer sehr netten alten Dame hatten Gerhard und ich ein gemeinsames Zimmer gemietet. Unsere Herbergsmutter nannten wir gewöhnlich „Tante Emmy".

„Na, Jungens, wieder einmal Alarm gehabt? Dieser schreckliche Krieg wird immer störender in der Heimat." Mit diesen Worten empfing sie uns.

„Ach, Tante Emmy, ein klein wenig Alarm ist doch nichts, was sollen die Männer an der Ostfront sagen, die den ganzen Tag Alarm haben", antwortete ich leichthin.

Nur allzubald sollte ich persönlich diesen dauernden Alarmzustand der Front kennenlernen.

„Man sollte uns in der Heimat jedenfalls in Ruhe lassen", warf Tante Emmy empört ein.

Noch in derselben Nacht machten wir die Bekanntschaft des Krieges in der Heimat. Um zwei Uhr morgens gingen die Sirenen. Obgleich wir Jungen durch die vielen Fliegeralarme, bei denen nichts geschah, schon gleichgültig und leichtsinnig geworden waren und am liebsten im Bett geblieben wären, bestand Tante Emmy auf unsere Anwesenheit im Keller. So saßen wir mit den restlichen Hausbewohnern, einem alten Herrn, den wir den „Biber" nannten, und einem 35jährigen Ingenieur, welche wie wir Zimmer gemietet hatten, im Kohlenkeller. Von Tante Emmy war vor lauter Wolldecken, Mänteln und anderen Bekleidungsstücken nicht viel zu sehen. Der „Biber" rauchte trotz des Rauchverbotes in Luftschutzkellern und der dauernden Verweisungen von Tante Emmy eine seiner kostbaren Zigarren. Woher er dieselben und die nahezu 150 Flaschen in seinem Keller bezog, war eine der größten Sorgen von Tange Emmy. Für uns Jungens war dieselbe Angelegenheit mit dem einen Wort „Beziehungen" und einer gelegentlich „geliehenen" Flasche Wein abgeschlossen.

Für Gerhard und mich waren diese Stunden im Keller die größte Plage. Jugend will Freiheit und Bewegung. Wegen des Luftverbrauches, über den Tante Emmy in einer Luftschutzzeitschrift gelesen hatte, durfte niemand unnötige Bewegungen machen. Wir zwei mußten wie Wachsfiguren in unseren Sonnenliegestühlen verharren. Tante Emmy hatte nicht nur die Vorschriften studiert, sondern wußte sich als Hausluftschutzwart durchzusetzen, manchmal sogar gegen den „Biber" mit seiner Zigarre.

Mit einer oft gebräuchlichen Entschuldigung, gegen die selbst die Vorschrift nichts einwenden konnte, durfte ich den Keller nach langem Warten verlassen. Jedoch besuchte ich nicht den kleinen Ort, der mir diese geringe Freiheit ermöglichte, sondern öffnete leise die Kellerhintertür und stand in der frischen Nachtluft.

Der dunkle Himmel wurde von vielen Scheinwerfern beleuchtet, deren grelle Strahlen von tiefhängenden Wolken gebrochen wurden. Ich hörte das Krachen und Bersten der explodierenden Flakgranaten und in den kurzen Zwischenständen das auf- und abschwingende stählerne Summen der Motoren der feinlichen Bomberverbände. Ein Nachtjäger jagte mit tosendem Lärm in sehr niedriger Höhe vorüber.

„Könnte ich nur Soldat sein." Diese Untätigkeit und das Abwarten waren unerträglich. Wie jeder Junge im Alter von 17-18 Jahren hatte ich den Wunsch, Soldat zu sein. Mein Freiwilligenschein, den mein Vater nach einigem Zögern unterschrieben hatte, war schon vor Wochen von mir beim Wehrbezirkskommando eingereicht worden - und immer noch keine Antwort. Warum zog man alte Männer, wie meinen Vater, ein, der schon seit dem ersten Mobilmachungstage die feldgraue Uniform trug. Wir Jungen sind doch viel . . .

Ruckartig wurden meine Gedanken von einem kurzen, zischenden, gurgelnden Laut, dem unmittelbar eine dröhnende, bellende Explosion folgte, unterbrochen. Ein gewaltiger heißer Druck preßte mich auf die Erde. Staub und wirbelnde Steine um mich herum, dazwischen das schürfende, klappernde Geräusch rutschender Dachziegel und splitternder Fensterscheiben. Alles hörte sich an, als ob jemand einen Mülleimer mit geborstenem Porzellan und alten Konservendosen leerte, aber zwanzig- bis dreißigmal lauter. Meinen Kopf zwischen die Arme gezwängt, lag ich da und erwartete, jeden Augenblick von einem der herabfallenden Schuttreste getroffen zu werden.

So erschreckt war ich, daß mir nicht einmal der Gedanke kam, mich in den Schutz des Kellers zurückzuziehen. Erst der leise herabrieselnde dicke Staub erinnerte mich an meine Lage, und vorsichtig hob ich den Kopf.

Um mich herum dichter Staub, durch den ich in einiger Entfernung kleine züngelnde Flammen und einen sprühenden Punkt bemerkte. Das mußte eine Brandbombe sein, aber dieselbe konnte doch nicht mit solcher Gewalt explodieren, oder? Nein, die Explosion mußte von einer Sprengbombe sein. Langsam konnte ich wieder denken. Wo schlug die Bombe ein?

Sehr bald sollte ich die Wirkung der Bombe feststellen können. Ein Haus auf der gegenüberliegenden Gartenseite war in Trümmern; drei Personen darunter begraben. Mehrere Häuser in der Nachbarschaft waren teilweise beschädigt. Unser Haus hatte leichte Schäden und sämtliche Fenster und Türen an der Hinterseite des Hauses waren zertrümmert.

Am folgenden Tage halfen Gerhard und ich der vollkommen verwirrten Tante Emmy, das Haus zu reinigen und versäumten dadurch einen Arbeitstag im Werk. Durch die Beziehungen des „Bibers" konnten wir bereits den Abend hinter neuen Fensterscheiben verbringen, während die meisten Nachbarn sich Pappe und Holz in die Fensterrahmen nagelten.

In der Nacht wieder Alarm. Dieser verda. . . Tommy. Von Neugierde getrieben und durch das laute Brummen der Bomber angezogen, versuchte ich, mich wieder für kurze Zeit zu entschuldigen. Tante Emmy hatte jedoch dagegen entschieden und wies auf einen großen Kübel in der Ecke des Kellers. So mußte ich bei der übrigen Luftschutzgemeinde verweilen und die langweiligen Stunden über mich ergehen lassen. An Schlaf war im Luftschutzkeller nicht zu denken.

Die ganze Woche hindurch freute ich mich immer wieder auf das Wochenende, welches ich mit meinen Eltern und Freunden in meiner Heimatstadt Oldenburg, 45 km von Bremen entfernt, verbrachte. Dort gab es keine Tante Emmy, die auf meine Anwesenheit im Keller bestand. Obgleich meine Mutter und Schwester manchmal den Keller aufsuchten, schlief ich gewöhnlich während des Alarms. Einmal trieb mich der Tommy allerdings aus dem Bett. In der betreffenden Nacht warf er sieben Bomben in Oldenburg, die ersten und letzten für eine sehr lange Zeit.

Die erste Neuigkeit, die mir meine Mutter mitzuteilen wußte, war, daß mein Freund Gustav Schütte (2 Jahre älter als ich) eingezogen war. Wann sollte ich das Glück haben, die feldgraue Uniform anzuziehen und damit zu den Kämpfern für die Heimat gezählt zu werden. Zu der Zeit und auch später konnte ich nicht schnell genug zur Feldeinheit gelangen. Zwei Wochen später sollte dann der große Augenblick kommen.

Morgens um 10 Uhr wurde ich zum Ausbildungsleiter des Werkes, Herrn Engelhardt, gerufen. In sehr feierlicher Weise teilte er mir mit, daß mein

Gestellungsbefehl eingetroffen sei und ich mich am 2. September 1941 auf der Bürgerwiese hinter dem Bremer Hauptbahnhof zu melden hätte. Bis dahin waren noch fünf Tage Zeit, welche ich mit Vorbereitungen für den neuen Lebensabschnitt verbringen konnte. So schnell, wie an dem Morgen, bin ich wohl nie zuvor zur Blankenburger Straße geradelt. Nicht einmal meinen blauen Schlosseranzug zog ich aus. Tante Emmy war erstaunt über meine frühzeitige Heimkehr und sagte immer wieder: „Und so jung und dann schon in den Krieg", nachdem ich ihr meine erfreuliche Mitteilung gemacht hatte.

Im Zimmer angekommen, zerrte ich meinen Koffer vom altertümlichen Wäscheschrank und stopfte Hab und Gut hinein. Was schadete es nun, daß meine Wäsche und Sporthemden kraus wurden, ich würde sie lange Zeit nicht mehr benötigen, ja vielleicht nie wieder. Während dieses Vorganges stand Tante Emmy mit einem betrübten Gesicht neben mir und versuchte, mir die letzten guten Ratschläge für meine bevorstehende Militärzeit zu geben. Liebe Tante Emmy, heute kann ich sagen, daß die damaligen gut gemeinten Ratschläge wie: keinen Alkohol, keine Zigaretten, keine Frauen und im allgemeinen vorsichtig sein, nicht einfach zu befolgen sind, wenn man eine lange Soldatenzeit hinter sich hat.

Am Nachmittag mußte ich mich im Werk verabschieden und mein Zeugnis empfangen. Nach dem üblichen Versprechen, bald zu schreiben und vorsichtig zu sein, nahm ich Abschied von unserem Junggesellenzimmer, Tante Emmy und dem „Biber", der noch eine Probe seiner 150 Flaschen Wein stiftete. „Du guter, alter „Biber", solltest nur wissen, wieviele Flaschen schon vorher ihren Weg in unser Zimmer fanden."

Der Zug am Abend schien eine unendlich lange Zeit für die 45 km nach Oldenburg zu benötigen. Unruhig und aufgeregt stand ich die ganze Fahrt an einem Plattformfenster. Auf dem Oldenburger Bahnhof traf ich zwei ehemalige Klassenkameraden, denen ich stolz meinen Einberufungsbefehl zeigte. Von meinem Jahrgang war ich der erste Soldat. Zu Hause waren meine Eltern (mein Vater war inzwischen zeitweilig vom Heer entlassen) erstaunt, mich zu solch einer ungewohnten Zeit ankommen zu sehen. Meine Mutter verfiel in ein nachdenkliches Sinnen bei der Nachricht meiner Einberufung, während ich ein stolzes Lächeln auf dem Gesicht meines Vaters erblickte. Die Möglichkeit meiner schnellen Versetzung zur Front war eine der Sorgen meiner Mutter. Sie hatte damit gerechnet, daß ich vor meiner Militärzeit zumindest ein halbes Jahr Arbeitsdienstzeit in der Heimat verbringen könnte. Zu meiner größten Freude war dies jedoch durch meine Arbeit bei Borgward hinfällig geworden. Im Vergleich zur Wehrmacht sah ich den Reichsarbeitsdienst immer als eine halbe Sache an.

Noch fünf Tage, und ich würde zum ersten Mal auf eigenen Beinen stehen.

Diese fünf Tage füllten mich mit Abschiedsbesuchen, Besorgungen und Pakken meines altbewährten kleinen Fußballkoffers aus. Letzteres wurde mehr oder weniger, wie immer zuvor, von meiner immer sorgenden und fleißigen Mutter vorgenommen.

Ein Abschiedsgefühl kam bei mir solange nicht auf, bis meine liebe Mutter mit tränengefüllten Augen am 2. September vor mir stand, sie mich herzlich umarmte und mir zum ersten Mal einen Abschiedskuß gab. Der Abschied vom Vater war leichter. Ein kräftiger Händedruck, ein Blick in die Augen, ein Schlag auf die Schulter und die Worte: „Halt die Ohren steif" sagten mir, daß mein Vater mich verstand und was er von mir erwartete.

Einberufung und Ausbildung

Da ich eine riesige Menschenmenge auf dem Gestellungsort erwartet hatte, war ich überrascht, die Bürgerwiese in Bremen bei meiner Ankunft leer vorzufinden. Um sicher zu gehen, daß ich nicht das Opfer eines Irrtums war, zog ich meine Gestellungskarte mit dem roten R-Stempel aus der Tasche und las zu meiner Befriedigung „Bürgerweide Bremen" hinter dem Doppelpunkt des Wortes Gestellungsort. Bei der Zeitanfrage bei einem Straßenpassanten stellte ich fest, daß ich eine halbe Stunde zu früh eingetroffen war. Um nicht zu spät zu kommen, welches nach Schilderungen von Soldaten die größte Sünde in der Wehrmacht sein sollte, blieb ich an Ort und Stelle.
Nach und nach trafen meine zukünftigen Mitrekruten ein. Meist alles junge Männer ohne Begleitung, mit der Ausnahme von einigen Bremern, die von ihren Ehefrauen oder Familienangehörigen begleitet wurden. Auf Grund der Mahnung auf der Gestellungskarte hatten alle einen militärischen, ja manche sogar einen übermilitärischen Haarschnitt. Trotzdem wurden wir einige Tage später, zum ersten Mal in Uniform, von unserem Hauptfeldwebel als Langhaarterrier bezeichnet. Hauptfeldwebel hatten manchmal komische Ansichten.
Kurz vor unserem ersten Antreten, und damit unserem ersten Schritt in das neue Leben, erblickte ich Werner Schauffenberg, einen Mitarbeiter von Borgward, der auch eingezogen wurde. Mit ihm kam ein mittelgroßer, gut aussehender Zivilist, welchen Werner mir als Kurt Lautenschlager vorstellte. Wir zwei sollten später lange Zeit unseres Soldatenlebens als Freunde verbringen.
Das erste Antreten ging genauso vonstatten, wie wir es seit dem 10. Lebensjahr in der Hitlerjugend gelernt hatten. Die Kommandos der Unteroffiziere waren allerdings lauter und entschiedener. Nachdem alle Namen verlesen und Abwesende vom Feldwebel speziell vermerkt waren, ging es zum Bremer Hauptbahnhof.
Ein seltsamer Zug. Zivilisten mit Koffern, Taschen, Kisten und Persil- und Margarinepappkartons folgten dem Feldwebel und fünf Unteroffizieren in wüstem Durcheinander. Die Ausbilder gaben es nach kurzem Versuch auf, die vielen „Schnäbel" der neuen Rekruten zum Schweigen zu bringen; aber auf ihren Gesichtern konnte man lesen: „Wartet nur, wir werden schon Kerle und Soldaten aus Euch machen."
Wohin wollte man uns verfrachten? Fragen mit diesem Inhalt wurden überall gestellt. Einige wußten oder wollten wissen, daß wir uns auf dem Hannover-Gleis befanden, andere hatten angeblich auf derselben Rampe Güter für Hamburg verladen. Eine dritte Gruppe bestand darauf, daß wir unbedingt

nach Oldenburg reisen würden. Mit den Ortsnamen kamen gleichzeitig Gerüchte über das Ausbildungspersonal, die Behandlung und Verpflegung in diesen Garnisonstädten. Am Ende sollten alle unrecht haben, nur diejenigen insofern recht, daß wir in Richtung Oldenburg und weiter nach Groningen in Holland fuhren.

Auf der Fahrt nach Oldenburg dachte ich: „Nur nicht in Oldenburg ausgebildet werden." Vom Zuschauen in Kreyenbrück und auf dem Pferdemarkt kannte ich den strengen Dienst in den dortigen Kasernen. Außerdem waren zu viele Bekannte als Ausbilder dort. Man kann Befehle von einem Fremden besser ausführen und Bestrafungen sowie Unrecht eines Fremden ruhiger hinnehmen als von einem Bekannten oder Freund.

Mit der Ankunft in Oldenburg sollten alle meine Sorgen beendet sein, denn kurz vor der Huntedrehbrücke teilte uns einer der Unteroffiziere das Endziel mit.

Da weckte diese Fahrt durch Oldenburg doch ein seltsames Gefühl. Der Victoria-Platz an der Holler Landstraße, die niedrigen Häuser aus rotem Backstein beiderseits der Bahnlinie, die Glashütte, Brand's Schiffswerft, das Wasser der Hunte, das ferne Postgebäude und die vielverzweigten Gleisanlagen diesseits der Bahnhofshalle, der Bahnübergang am Pferdemarkt, der Hilfsbahnhof Ziegelhof, meine alte Schule an der Margarethenstraße, der Haarenesch und die GEG-Fleischwarenfabrik jenseits, schienen mir ein letztes Lebewohl zuzuwinken.

Allen Warnungstafeln mit der Beschriftung „Feind hört mit" zum Trotz, bat ich eine Rot-Kreuz-Schwester vom Bahnhofsdienst, meinen Eltern meinen Ausbildungsort telefonisch mitzuteilen.

Über Bloh, Zwischenahn und Leer rollten wir der holländischen Grenze zu. In Neuschanz wurden alle Zivilreisenden auf zollpflichtige Sachen untersucht. Wir waren Soldaten und konnten, oder besser gesagt mußten, in unseren Abteilungen verweilen. Eineinhalb Stunden nach der Grenzüberfahrt erreichten wir Groningen. Die kleinen bunten Ortschaften entlang der Linie gaben uns die Bestätigung der oft in Büchern beschriebenen holländischen Sauberkeit. Die Kennzeichen der holländischen Landschaft, die Windmühlen, schienen uns mit ihren großen Flügeln zuzurufen: „Geht weg, ihr deutschen Friedensstörer!"

Vom Groninger Bahnhof setzte sich unsere zusammengewürfelte Marschkolonne in Bewegung. Teile der Bevölkerung beachteten uns freundlich und säumten die Straßen, während sich andere, nach meiner Ansicht ein großer Prozentsatz, in Verachtung von uns abwandten. Die politisch nicht ganz sicheren drehten uns zwar den Rücken zu, ließen sich aber keine der Geschehnisse in den als Spiegel wirkenden Schaufensterscheiben entgehen. Am Cafe „India" und Cafe „de Waal", unseren späteren Stammlokalen, vorbei über den „Fischmarkt" ging es zum „großen Markt". Sehr gut erinnere ich mich an die Menschenmenge an der Marktecke beim Hotel „Victoria". Nach weiteren fünf Minuten kam unser Zug bei einer früheren Schule in der „Norder-Kerkstraat" zum Halten. Zwischen zwei schwarz-weiß-roten Schilderhäuschen betrat ich zum ersten Mal in meiner Soldatenzeit einen Kasernenhof. Sobald sich die großen Eisentore hinter uns geschlossen hatten und wir damit den Blicken der holländischen Bevölkerung entzogen waren, machten die Ausbilder von ihrem Dienstrang Gebrauch. Mit unseren Koffern und Kisten bepackt, mußten wir auf dem Hof im Kreise herummarschieren und das Singen lernen. Im Vergleich zu den in späteren Jahren von mir ausgebildeten Rekruten muß ich zugeben, daß es ziemlich lange dauerte, bis wir einigermaßen im Gleichschritt die letzte Runde drehten. Nur gut, daß ich meinen kleinen Fußballkoffer bei mir hatte und nicht, wie einige der Rekruten, einen Persil-Karton, den sie während dieser ersten Ausbildungsstunde auf der Schulter zu tragen hatten. Anschließend vorläufige Aufteilung auf die Räume, Stuben genannt. Mit acht anderen Rekruten teilte ich eine Stube. Zehn wackelige, mit Strohsäcken versehene Holzrahmen, Betten genannt, wurden von uns gestürmt. Jeder wollte das beste Bett haben. Unser Unteroffizier machte diesem Kampfe ein schnelles Ende, indem er uns einige Male den langen Flur entlangscheuchte und uns anschließend unsere Betten und Schränke zuwies. Nach Besichtigung unserer Stube und deren Inneneinrichtung fanden wir gerade noch Zeit, uns gegenseitig zu betrachten und vorzustellen, bevor der Zapfenstreich geblasen wurde. Zwei Hamburger, ein Bremer, drei Ostfriesen, zwei Hannoveraner und ein Oldenburger bildeten unsere Gruppe.

Die nächsten Tage wurden mit Personalaufnahme, Zeugempfang, Waffenempfang und dem sehr berühmten Einkleiden verbracht. Von einigen Freunden, die vor mir eingezogen wurden, hatte ich bereits Schilderungen über das Einkleiden erhalten.

Eine lange Reihe von Rekruten wartete vor der Tür der Bekleidungskammer mit großen Hoffnungen, eine schneidige, gut sitzende Uniform zu erwischen. Ich empfing meine folgendermaßen. An der Tür mit dem hüfthohen Verschlag angekommen, donnerte mich der Kammerfeldwebel an:

„Name"

„Würdemann, Herr Feldwebel"

Anreden hatten wir inzwischen gelernt.

„Alter"

„18 Jahre, Herr Feldwebel"

„18 und 18 = 36 und das heutige Datum (6. September) macht 42. Geben Sie dem Mann ein paar Schuhe Größe 42", rief der Feldwebel seinem Kammergehilfen, dem Gefreiten Lander, zu.

Für meine Einwendungen, daß ich nur Größe 41 benötige, mußte ich zehn Kniebeugen machen. Als ich die neuen Schuhe, welche mir zugeworfen wurden, betrachtete, vernahm ich die Donnerstimme zum zweiten Mal.
„Das ist doch die Höhe; Lander, haben Sie die kritischen Blicke des Würdemann gesehen, mit denen er die Schuhe betrachtete? Der bezweifelt die Wertarbeit unserer Ausrüstung."
Das machte weitere zehn Kniebeugen. Um weiteres Kräfteverschwenden mit Kniebeugen zu vermeiden, ergriff ich die mir zugeworfenen Gegenstände und warf sie ohne Zögern hinter mich auf eine Wolldecke.
„Werfen Sie das wertvolle Gut nicht so, Sie Heini!" vom Feldwebel.
Als ich die Hosenträger, welche mir als nächstes zugeworfen wurden, sorgfältig zu dem übrigen Stapel legte, wurde ich erneut angeblökt mit: „Die sind aus Gummi, die können Sie werfen. Nehmen Sie unsere Zeit nicht mit ihrem langweiligen Verfrachten in Anspruch."
Die Feldbluse, die mir der Feldwebel persönlich „verpaßte", war reichlich mit Flicken versehen und hatte mehr Ähnlichkeit mit dem Montagekittel unseres Vorarbeiters bei Borgward, als mit der schneidigen Uniform, welche so lange mein Traumbild gewesen war.
Nachdem sich der Herr Feldwebel reichlich an meinem Anblick und meinen Kniebeugen erfreut hatte, wurde ich mit den Worten: „Der Nächste" verabschiedet.
Wütend und enttäuscht lud ich die vom Feldwebel so gepriesene und in dem Augenblick von mir gehaßte Ausrüstung in einer Zeltplane auf meinen Rücken und verschwand nach einem grimmigen Blick auf den Beherrscher der Bekleidungskammer aus dessen Blickfeld. Einige der Rekruten verließen die Kammer sogar ohne jegliche Kniebeugen; wahrscheinlich, da sie das laute „Paßt" des „Kammerbullen" als endgültige Entscheidung akzeptierten. Beschwerden oder Einsprüche wurden mit Kniebeugen bezahlt.
In unserer Stube sah es aus wie die in Cowboy-Büchern oft beschriebenen „Stores"; Ausrüstungsgegenstände auf den Betten, Tischen, Schemeln und dem Fußboden. Dazwischen neun suchende und fluchende Rekruten. Dem einen fehlte dies, dem anderen das. Einer probierte seine Feldbluse vor dem Spiegel an, während ein vierter die Fußbodenleiste an der Wand zerbrach, beim Versuch, seine neuen Knobelbecher anzuziehen. Mit Nachhilfe der Ausbilder hatten wir dann endlich alle neuempfangenen Sachen in die Spinde verstaut bzw. angezogen.
Beim Anblick unserer Gruppe dachte ich unwillkürlich an den Film „Meyer III". So etwas hatte die Welt noch nicht gesehen, wie unser Unteroffizier sagte und ich glaube, er hatte recht. Die uns vom Kammerfeldwebel verpaßten Uniformen hingen an uns herunter, fast alle Feldblusen waren zu groß und 50 % der Hosen zu kurz.

In diesen Tummelanzügen erhielten wir unsere erste Ausbildung, welche mit Kniebeugen und Laufen anfing und auch damit endete. In der achtmonatigen Ausbildung wurden noch viele dieser Uffz.-Ausbildungsmethoden erlernt. Von der Grundstellung über Wendungen, Ehrenbezeigungen, Gewehrexerzieren und Schießübungen langten wir bei den Gewehrgriffen an. In der Zwischenzeit war so mancher Schweißtropfen gefallen und viele Feldblusen an den Ellenbogen und Hosen an den Knien durchgescheuert. Die Unteroffiziere hatten „Männer" aus uns gemacht, sofern man solche überhaupt in der Ausbildungseinheit erziehen kann. Trotzdem hatten wir einige schwere und harte Stunden hinter uns, als man uns den ersten alleinigen Ausgang in die Stadt Groningen bewilligte.

Dieser erste Ausgang wurde, mit Ausnahme von einigen Hospitalkranken, von allen Kompanieangehörigen, nach vielem anstrengenden und mit Ehrenbezeigungen übertrieben ausgefüllten Stunden auf dem Kasernenhof, doppelt ausgenutzt.

Beim Empfang der dazu erhaltenen Ausgangsuniformen stellten wir fest, daß der Kammerfeldwebel tatsächlich Uniformen verpassen konnte. Nicht ein einziges Mal hörten wir das sonst so übliche Wort „Paßt". Ganz im Gegenteil war der Bekleidungsunteroffizier sehr um unser Aussehen besorgt. Während uns diese Besorgnis zu Anfang unverständlich vorkam, erhielten wir die Erklärung dafür in der vom Kompaniechef durchgeführten Besichtigung vor dem Ausgang. Bei irgendwelchen Beanstandungen wurde nämlich nicht der Träger der Uniform verantwortlich gemacht, sondern der Feldwebel der Kammer.

Jeder hatte die freien Abendstunden des Vortages mit Bügeln der Ausgangsuniformen, Polieren des Koppels, Reinigen des Seitengewehrs und Putzen der zum Ausgang erlaubten Halbschuhe zugebracht.

Wie überall im Soldatenleben, gab es auch für den Ausgang besondere Anordnungen und Befehle. Die Ausgehmützen mußten genau rund sein und einen Draht zur Verstärkung des Mützenrandes besitzen. Die Hose mußte genau mit der Oberkante der Schuhhacke abschließen, das Soldbuch mußte unbedingt in der linken Brusttasche getragen werden. Jeder mußte im Besitze eines weißen, sauberen Taschentuches und eines Schutzes gegen Geschlechtskrankheiten sein. Ohne letzteren wurde niemandem ein Ausgang gewährt. Unsere erste Instruktionsstunde war übrigens nicht über allgemeine militärische Angelegenheiten, sondern über Geschlechtskrankheiten und deren Verhütung.

Am Sonntag, nachmittags um zwei Uhr, empfingen wir endlich unsere Soldbücher mit einer letzten Warnung, ja nicht zu spät heimzukommen. Mit einer zackigen, vorschriftsmäßigen Ehrenbezeigung passierten wir zu dritt den Posten am Kasernentor. Von Übungsmärschen her kannten wir bereits einen großen Teil der Stadt, daher lenkten wir unsere Schritte sofort zum „großen Markt", dem Zentrum von Groningen. Wenn auch zu Anfang etwas unsicher und sorgsam, nur keinen Vorgesetzten zu verpassen und wegen der unterlassenen Ehrenbezeigung zur Kaserne zurückgeschickt zu werden, fanden wir uns doch sehr schnell zurecht in diesem neuen Abschnitt unseres Soldatenlebens.

Mit Erstaunen und Begeisterung wurden die, im Verhältnis zu den deutschen Läden, mit Waren vollbepackten Schaufenster betrachtet. Schokolade und Pralinen, fertige Kleider und Anzüge sowie Stoffe, Fahrräder, Motorräder und Radioapparate wurden ohne Bezugscheine, jedoch zu hohen Preisen, zum Verkauf angeboten.

All dies jedoch verlor unser Interesse, als wir das Reklameschild eines Fotografen erspähten. Ein Bild in Uniform zum Verschicken an die Angehörigen. In späteren Monaten und Jahren habe ich oft über die Aufnahme gelacht, die der holländische Fotograf nach vielen Hin und Her auf die Platte bannte. In meiner Ausgehuniform mit silbernen Aufschlägen und hohem steifen Kragen sowie der kreisrunden Mütze glich ich eher einem Hotel-Liftboy. Meine Mutter dagegen war anderer Ansicht. Sie betrachtete das Bild immer als meine beste Aufnahme.

Die wichtigste Angelegenheit des Fotografierens hinter uns, hatten wir ein wenig Ruhe verdient. Im Cafe „India" erwischten wir trotz des Andranges einen guten Eckplatz, von dem wir alles übersehen konnten. Unser guter Hans Johannsen aus Hamburg machte hier sofort die Bekanntschaft einer netten blonden Kellnerin.

Am Eingang des Cafe's erhielt jeder eine kleine gelbe Karte, welche von den Kellnerinnen beim Servieren von Getränken, Gebäcken usw. geknipst wurde. Gezahlt wurde am Ausgang, wo die Karten vorgezeigt werden mußten. Nachdem Hannes die kleine Blonde wiederholt ins Kino begleitet hatte, „vergaß" sie oft, unsere Karten zu knipsen und half uns somit, unseren Wehrsold von zwölf Gulden aufzubessern.

Am Abend landeten wir im „Astoria", wo wir, auf Grund des guten Rufes unserer inzwischen angelachten weiblichen Begleitung, mit Eierlikör bedient wurden. Wir fühlten uns dort recht wohl und mit jedem zusätzlichen Likör vergaßen wir mehr und mehr die vergangenen harten Ausbildungswochen. Mit leichter Schlagseite wankten wir kurz vor dem Zapfenstreich, am überlegen lächelnden Posten vorbei, in den Kasernenbereich.

Das beim Ausgang empfundene Gefühl der Freiheit und Selbständigkeit verloren wir am nächsten Morgen, einem typischen Montagmorgen. Alles schien den Ausbildern zu müde und zu lahm; sie führten unsere „angebliche" Langsamkeit auf den Ausgang zurück. Um uns aus unserem Schlaf zu wecken, befahl Uffz. Huismann, Jonny genannt, das Aufsetzen der Gas-

maske. Anscheinend erschienen unsere Bewegungen dadurch noch mehr verlangsamt, denn unter Fluchen und Schnauzen wurden wir auf unsere Stube kommandiert. Hier begann das sogenannte Flachrennen oder Eisenbahnfahren. „Unter die Betten, in die Betten, auf die Spinde Ihr Affen, vor die Spinde, Knie beugt 1. . . 2. . . 3. . . 4, auf die Schemel, Gewehr in Vorhalte, Knie beugt 1. . ., 2. . . unter die Betten." In dieser Weise hielt das Flachrennen für etwa zehn Minuten an. Die Gasmasken hinderten und drückten bei diesen Manövern. Im Innern sammelten sich Schweißtropfen zu einem kleinen Fluß, der seinen Ausweg durch das Ausatemventil nahm, das durch den schnellen Atem klappernde Geräusche von sich gab. Zum Pech der ganzen Gruppe wurde dann ein Tölpel mit gelockertem Filter erwischt. Unter wütendem Grunzen der Gruppe und höhnischem Lächeln des Gruppenführers begannen wir den Fahrpreis der sogenannten Rückfahrkarte mit unserem Schweiß zu bezahlen. Gewöhnlich dauerte die Rückfahrt länger als die Hinfahrt und schloß einen oder mehrere Uniformenwechsel, der beim Kommiß so gut bekannten „Maskerade", ein. Einmal in vollständiger Marschausrüstung mit Tornister, in der nächsten Minute in Sportzeug, dann im Nachthemd mit aufgesetzter Gasmaske, im Drilliganzug und in der Ausgehuniform setzten wir unsere Eisenbahnfahrt fort. Mit schnell aufeinanderfolgenden Befehlen erreichte „Jonny", daß ein oder zwei Angehörige der Gruppe mit dem Zeugwechsel nachhinkten und bestrafte die gesamte Gruppe für deren Langsamkeit mit Kniebeugen, Liegestützen und anderen kleinen Schikanen. Auf dem am „schwarzen Brett" angeschlagenen Dienstplan wurden diese Methoden mit „Gewehrexerzieren innerhalb der Gruppe" angegeben.
Wußten die Kompanie-Offiziere eigentlich nichts von diesen Vorgängen oder wollten sie es nicht wissen? Nachdem ich vom Zugführer, Leutnant E. aus Emden, als Hilfsausbilder eingeteilt war, erfuhr ich, daß die Offiziere sehr wohl davon wußten, aber es nicht zur Kenntnis nahmen und etwaigen Beschwerden gegen die Unteroffiziere kein Gehör schenkten. Es war alles Teil einer strengen und uns jungen Rekruten guttuenden Ausbildung.
Eines Tages wurde ich von meiner alten Gruppe zu einer neuen, als Hilfsausbilder- und Offiziersanwärtergruppe bekannten Abteilung versetzt. Dies geschah wider meinen Willen, und wie ich später erfuhr, auf Vorschlag von Jonny, unserem Gruppenführer. Bereits acht Tage nach diesem Wechsel kam die Versetzung meiner bisherigen Gruppenkameraden zur Feldeinheit. Kurt Lautenschlager und ich meldeten uns freiwillig von der Hilfsausbildergruppe zu dieser Versetzung, wurden jedoch mit der Bemerkung, daß wir noch früh genug zur Front kämen, vertröstet.
Bis zur Ankunft der neuen Rekruten, 14 Tage später, hatten wir ein ruhiges Leben. Wir wurden zum Stamm- und Ausbildungspersonal der Kompanie gezählt und unser einziger Dienst bestand aus Unterrichtsstunden.

Sobald die neuen Rekruten in Gruppen aufgeteilt waren, traten wir unsere neue Dienststellung als Hilfsausbilder an, obgleich wir auch erst seit fünf Monaten Soldat waren. Im Anfang unsicher und deshalb zurückhaltend, machten wir jedoch sehr bald von unserer Stimme Gebrauch. Oft hatte uns der Kompanie-Chef erklärt, daß laute Kommandos das halbe Spiel seien.

Einmal brauchte der Hauptfeldwebel einen Mann für eine Dienstreise nach Oldenburg. Als Oldenburger und Angehöriger des Stammpersonals fiel die Wahl für diesen Auftrag auf mich. Dieser bestand in der Überbringung eines großen Paketes und von drei Flaschen Eierlikör an einen mir sehr gut bekannten, in Oldenburg stationierten Hauptfeldwebel. Auf der Fahrt brach der Hals einer der Flaschen. Auf Grund dessen kamen die drei Mitreisenden, drei Gefreite einer anderen Kompanie, und ich mit etwas unsicheren Schritten durch die Sperre des Oldenburger Bahnhofes. Die restlichen zwei Flaschen und das Paket lieferte ich beim Empfänger mit der Unglücksmeldung der dritten Flasche ab. Dieser Meldung zufolge fiel die Flasche aus dem Gepäcknetz und zerbrach vollkommen.

Dritte Flasche oder nicht, der Empfänger, die Frau des Hauptfeldwebels, war nach einer kurzen Überprüfung des großen Paketes sichtlich erfreut und händigte mir 1.500 RM für unseren Spieß aus. Folgerung: „Schwarz-Markt".

Am Rückfahrtstage meines dreitägigen Urlaubs, den mir diese Dienstreise eingebracht hatte, besuchte mich Kurt Lautenschlager unerwartet mit drei anderen Kameraden der Hilfsausbildergruppe. Sie teilten mir mit, daß wir alle zu einem Offiziersanwärterlehrgang, zum Inf. Ers. Regt. 489 Oldenburg-Kreyenbrück, versetzt seien. Dieser Lehrgang sollte acht Wochen dauern und begann am folgenden Morgen.

Zum zweiten Mal wurden wir als Rekruten behandelt und durchgingen eine erneute Grundausbildung. Uffz. Fritz Rabenreiter und Uffz. Gerh. Mewes waren zwei typische Ausbilder. Während das Drillen und die Ausbildung sehr gewissenhaft und sorgfältig von Rabenreiter ausgeführt wurde, nahm er die Grammatik der deutschen Sprache nicht so genau. Aus „wissentliches Belügen" eines Vorgesetzten machte er zum Beispiel „wissenschaftliches Belügen" eines Vorgesetzten. Wenn der gute Fritze gewußt hätte, wie oft wir über ihn lachten, hätten wir wahrscheinlich noch längere Zeit der acht Wochen auf dem Erdboden liegend und robbend verbracht, als wir es so schon taten. Uffz. Mewes war ein viel ruhigerer Mensch. Im allgemeinen waren beide erträglich und wir kamen gut mit ihnen aus.

Da ich fast jeden Abend während dieser acht Wochen nach Hause fuhr, ja manchmal sogar schon beim Waffenreinigen verschwunden war, nannte Fritze Rabenreiter mich den „Flitzer" der Gruppe. Zu seinem Bedauern konnte er mich an Wochentagen nicht länger in der Kaserne behalten, denn ich war vorsichtig; bemühte mich, nie aufzufallen und hatte meine Waffen und Ausrüstung immer in bester Ordnung und Sauberkeit. Am Sonnabend beim Revierreinigen, welches übrigens von Fritze als ältestem Unteroffizier überwacht wurde, wußte er dem „Flitzer" aber eine besonders schöne Arbeit zuzuteilen. Jeden Sonnabend schrubbte, scheuerte und schmirgelte ich den Fußboden der Unteroffizierstube. Es kam so weit, daß ich vom Fritze einen Feldspaten in die Hand bekam und denselben an Stelle eines Hobels zum Schaben des hölzernen Fußbodens benutzen mußte. Trotz allem waren wir sehr zufrieden mit Fritze und Gerhard. Oberleutnant Z. lehrte uns recht viel während unserer Zeit beim 3. IR. 489. Nach Ablauf der acht Wochen und einer sehr feuchten Abschiedsfeier im „Bümmersteder Kurier" ging es zurück zum IR 154 Groningen.

Bei unserer Ankunft im Kompaniegebäude stellten wir zu unserer Überraschung fest, daß wir alle zu Gefreiten befördert waren. Am schwarzen Brett hing der Beförderungsbefehl:

    Die Schützen
    Werner Habenicht
    Herbert Tönnies
    Hans Johannsen
    Peter Kutsch
    Heinz Pieken
    Hartwig Schröter
    Kurt Lautenschlager
    Hermann Würdemann

sind mit Wirkung vom 1. 3. 1942 zu Gefreiten befördert. Wenn die Unterschrift des Kompanie-Chefs, Hauptmann Thoms, diesen kurzen Satz nicht bestätigt hätte, wären wahrscheinlich bei uns allen Zweifel über die Richtigkeit dieses Satzes aufgekommen. Bei der Rückmeldung beim Spieß erhielten unsere Soldbücher die ersten Beförderungseintragungen auf Seite 1 und deren Bestätigung auf Seite 4 durch den Chef. Den Gefreitenwinkel bezahlte der Rechnungsführer aus der Kompaniekasse. Der erste Schreiber teilte uns geheimnisvoll mit, daß wir sehr bald zur Feldeinheit versetzt würden.

Fronteinsatz im „Kessel vom Demjansk"

Endlich sollte also auch für uns der große Augenblick kommen, zu den kämpfenden Männern an der Front gezählt zu werden. Nach weiteren 14 gut verbrachten Tagen in Groningen erreichte uns der Marschbefehl zur Feldeinheit. Das Regiment 503, irgendwo an der Ostfront, war das Bestimmungsregiment für Herbert Tönnies, Hartwig Schröter, Kurt Lautenschlager und mich. Die restlichen vier Kameraden hatten verschiedene Regimenter aufzusuchen. Mit uns fuhr ein erfahrener Frontsoldat, Feldwebel Wilhelm Lippmann. Er legte die erste Fahrtunterbrechung in Bremen ein.
Die Nacht in Bremen, wo ich meinen Onkel aufsuchte, werde ich nie vergessen. Telefonisch teilte ich ihm meine Ankunft in Bremen mit. In seiner Wohnung wartete schon ein dampfendes Bad auf mich. Nach Beendigung dieser Erfrischung öffnete ich den Abfluß der Wanne. Wegen Ausbesserungsarbeiten war das Abflußrohr am Nachmittag abgeschraubt worden. Bevor meine Tante mir allerdings eine Warnung darüber geben konnte, hatte ich die halbe Wohnung schon überschwemmt. Mit vereinten Kräften hatten wir die Fluten nach drei Stunden beseitigt und die Fußböden der angrenzenden Zimmer trockengelegt. Zum Lohn und zur Kräftigung entkorkte Onkel Heini, der später in Rußland gefallen ist, dann eine gute Flasche Wein und wir verbrachten den Rest der Nacht in fröhlichem Beisammensein.
Über Hamburg, wo wir einen schönen Tag mit Peter Kutsch und seinen Eltern verbrachten, setzten wir unsere Fahrt fort: Nach Berlin. Leider war unser dortiger Aufenthalt nur kurz. Gern hätte ich bei diesem, meinem ersten Aufenthalt in der Reichshauptstadt, längere Zeit dort verbracht, aber der Fahrplan der Reichsbahn gönnte mir diese Freude nicht. Durch Westpreußen, den Polnischen Korridor und Ostpreußen ging es auf Tilsit zu. Der letzte Stop zum Amüsieren war in Riga. Da wir aber noch zu jung, neu und unerfahren in dieser großen Stadt waren, fanden wir nicht die Orte und Lokale, welche Riga den Namen „Paradies der Frontsoldaten" gaben. In späteren Jahren lernte ich viele der Vergnügungsstätten und Nachtlokale kennen. Riga bildete das Sprungbrett zur Front.
Die folgende Bahnfahrt durch sehr dünn besiedeltes, ödes Gebiet bis Pleskau an der russischen Grenze verbrachten wir zum größten Teil schlafend im Gepäcknetz. Ab und zu sah man von Partisanen zerstörte deutsche Eisenbahnwaggons auf den Gleisen liegen. In Pleskau bemerkten wir die ersten Zeichen der Front oder deren Nähe. Alles schien zwangloser, weniger militärisch, vor sich zu gehen. Ein lebhafter Verkehr von Landsern mit Feldausrü-

stung bewegte sich laufend zwischen dem Bahnhof und der Frontleitstelle. Bestaubte Lastkraftwagen, beladen mit Munition und Benzinfässern, hielten die Verbindung zwischen dem großen Munitions- und Kraftstofflager und der Front aufrecht. Rot-Kreuz-Ambulanzen transportierten Verwundete vom Flugplatz zum Feldlazarett 916 jenseits des Flusses „Biskaya". Die Biskaya-Brücke wurde von vier Posten gegen Sabotageanschläge gesichert. Auf dem Markt am Fuß der Brücke handelten Landser mit alten, bärtigen, in Pelzmäntel gekleideten Russen. Gegen Zuckerersatz und Feuersteine wurden Eier und handgemachte Russenstiefel mit weichen Schäften eingetauscht. Saccharin stand in besonders hohem Kurs, da die Russenbevölkerung es zuvor nie oder nur höchst selten bekommen hatte. Die uralte Pleskauer Kathedrale am Nebenarm der Biskaya mit den schneeweißen Zwiebeltürmen blickte auf all dieses Leben vorwurfsvoll herunter, als ob sie sagen wollte: „Was wißt Ihr schon vom Leben."

Zu meiner Überraschung traf ich im Pleskauer Soldatenheim, beinahe 1000 km von der Heimat entfernt, unseren Nachbarn Heinz Wille. In der Frontleitstelle erfuhr Feldwebel Lippmann, unser Transportführer, zum ersten Mal den Einsatzort des Regiments 503. Die 290. Infanterie-Division, zu der 503 gehörte, war zu der Zeit mit der 30., 32., 58., 12., 122. Division sowie der 5. und 8. Jägerdivision in der Umgebung von Demjansk am Illmensee vom Feinde eingeschlossen. Der Transport dorthin sollte auf dem Luftwege vor sich gehen, aber der Zeitpunkt war unbestimmt, da hunderte von Landsern warteten.

Zwei Nächte später wurde ich von Heinz Wille geweckt. Er hatte seinen Flugbefehl zur 30. Division erhalten. Lustig und in guter Stimmung, wie er immer war, nahm er von mir Abschied. Drei Tage später, beim ersten Fronteinsatz bei der 30., fiel er durch Kopfschuß.

Wartend und voll Spannung verbrachten wir noch einige Tage in Pleskau, bevor wir unseren Flugbefehl erhielten. Auf Lastkraftwagen beförderte man uns zum Flugfeld, acht km außerhalb der Stadt, wo schon 32 Junkers 52 auf uns warteten. Alle waren mit Verpflegung und Munition voll beladen. Neben der Besatzung flogen nur zwei Mann in jeder Maschine mit. Herbert Tönnies und ich bestiegen eine fast neue Ju 52. Der Flugzeugführer, ein Oberfeldwebel, teilte uns sofort als Maschinengewehrbedienung des hinteren Bord-MG ein und versorgte uns reichlich mit Schokolade. Unsere Namen wurden in die Listen des Bodenkommandos aufgenommen für den Fall eines Abschusses oder Unglückes. Einen Fallschirm erhielten wir nicht, obgleich wir etwa 20 Minuten über vom Russen besetztes Gebiet flogen, wo der Iwan seine „Ratas" Jagdbomber einsetzte. Daher war es nicht gerade ein beruhigendes Gefühl, als die Männer der Flugzeugbesatzung auf ein Klingelzeichen vom Piloten ihre Fallschirme anlegten. Tönnies und ich wurden also wie die Güter um uns herum „verfrachtet". Die Heckschütze erkletterte seine Drehkuppel und rief uns zu, Ausschau nach feindlichen Jägern zu halten.

Eifrig suchten wir den weiten Raum unter uns ab, bis zum weit entfernten, etwas gewölbten Horizont, konnten aber keinen Feind sehen. Überall aus der grünen Erdmatte schauten die auffallend weißen Kirchtürme und kleinen Ortschaften und Dörfer hervor. Alles schien winzig klein. Manchmal wurde unsere Sicht von tiefhängenden Wolken versperrt. Durch einen hellen Rauchpfeil wurden wir auf einen Zug aufmerksam. Über dem russischen Gebiet empfing uns Flakfeuer. Entweder hatten die Richtschützen schlechtes Schätzungsvermögen oder die Geschütze eine zu geringe Reichweite, denn die schwarzgrauen Sprengwölkchen lagen tief unter uns.

Das brennende Dorf Saletje zeugte noch von der am Vortage begonnenen russischen Sommeroffensive gegen den Kessel. Wir waren gerade zur richtigen Zeit eingetroffen. Cirka eine Stunde zogen die drei tosenden Motoren die „Mutter Ju" durch den weiten Luftraum. Unsere Ohren begannen zu summen. Oft machte die Maschine Luftsprünge von acht bis zehn Metern; dabei stießen unsere Köpfe jedesmal hart gegen die Decke. Als Gegenmittel gegen eine beginnende Luftkrankheit tat die Schokolade gute Dienste.

Ein aufsteigender Beobachter vom Typ Vocke Wulf Doppelrumpf zeigte uns das Flugfeld zehn km außerhalb Demjansk an. Über kleine Sandhügel und Tannen hinweg schwebten wir auf das Rollfeld zu. Schon während dieser Zeit stieß der Beobachter die Tür an der linken Seite auf und befahl uns, sofort beim Stillstand der Maschine hinauszuspringen und uns soweit wie möglich von dieser zu entfernen. Vollkommen erstaunt über diesen seltsamen Befehl liefen wir jedoch los, sobald unsere Füße den Boden berührten.

Die Begründung des Befehls erhielten wir in dem plötzlich und schnell folgenden Angriff von acht russischen Schlachtfliegern. Während dieselben die zusammengefaßte Feuerkraft der 32 Junkers-Maschinen in der Luft fürchteten, machten sie es zu ihrer Taktik, die Maschinen auf dem Boden anzugreifen. Aus allen Rohren feuernd, jagten die zweimotorigen „Schlachter" trotz Flak- und MG-Feuer in sehr niedriger Höhe über das Rollfeld und warfen ihre Bomben zwischen die gerade gelandeten Junkers Flugzeuge. In wenigen Sekunden war alles vorüber und einige der deutschen Maschinen brannten. Wahrscheinlich war das ein besseres Ergebnis als sie erreichen konnten, wenn sie uns in der Luft angegriffen hätten.

Das Bodenpersonal war schon so an diese Taktik des Feindes gewöhnt, daß der Betrieb sofort nach dem Verschwinden der Ruskis normal weitergeführt wurde. Ein zehn to-Traktor schleppte die Reste der zerstörten Maschinen an den Rand des Feldes, wo schon viele vom gleichen Schicksal getroffene Flugzeuge lagen. Besonders bemerkenswert war, daß einige Rot-Kreuz-Maschinen darunter waren. Rußland war und ist kein Mitglied des Internationalen Roten Kreuzes.

Beim Sammeln stellten wir fest, daß Feldwebel Lippmann nicht anwesend war. Vom Führer des Bodenpersonals wurden wir mit der Bemerkung, daß der Feldwebel sicher mit dem nächsten Schub in zwei Stunden ankommen würde, beruhigt. In Abständen von zwei Stunden trafen Tag für Tag 32 Ju 52 mit Verpflegung und Munition für die 96.000-köpfige Besatzung des Kessels ein. Da man uns auf dem Flugfeld nicht beherbergen wollte, setzten wir uns nach Demjansk in Marsch, um Feldwebel Lippmann dort zu erwarten. Mit einem schwerbeladenen Munitionslastkraftwagen hatten wir eine Freifahrt bis zur Demjansker „OT Brücke".

Quartier wurde uns in der brüchigen, morschen Sammelstelle auf der Anhöhe diesseits der Brücke angewiesen. Beim Feldlazarett neben der Kirche jenseits der Brücke herrschte reges Leben. Die Verwundetenzahlen hatten sei zwei Tagen sehr zugenommen.

Zwei väterliche OT-Männer warnten uns vor der verlausten, schmutzigen Sammelstelle und rieten uns, die Nacht in ihrem selbstgebauten unterirdischen Bunker zu verbringen. Beim ersten Anblick konnte man sehen, daß Fachmänner den Bunker gebaut hatten. Jeder Balken war eingepaßt und mit den übrigen fest verbunden. Die Stützbalken für die Decke waren mit Sperrholz verschalt. Ein altes, eingemauertes Benzinfaß bildete den Kamin. Auf dem eichenen Sims desselben standen Fotografien von den Angehörigen der OT-Männer. Die rechte Wand wurde von zwölf Betten eingenommen, alle mit einem sauberen Strohsack und Kopfkissen versehen. Unter dem Bett hatte jeder einen Auszug für seine Ausrüstung und Bekleidung. Eine eingebaute Winkelbank und ein behäbiger Tisch füllten die linke hintere Ecke des Raumes aus. Das grelle Licht der drei in Nischen hängenden Karbidlampen wurde von mit Seidenpapier beklebten Glasplatten gebrochen.

Kurt und ich waren die einzigen, die der Einladung folgten. Im Kreise von neun OT-Männern verbrachten wir einen gemütlichen Abend. Nicht nur mit reichlicher Verpflegung versorgten unsere Gastgeber uns, sondern sie hatten auch die nötigen Flaschen vorrätig. Da diese harten und zähen Arbeiter zum größten Teil aus Ostfriesland stammten, fanden wir uns bald in einer regen Unterhaltung über die Heimat. Wir verlebten eine ungestörte Nacht in unseren Betten, während Hartwig und Tönnies bereits die erste Bekanntschaft mit Läusen machten. Das Stroh in der Sammelstelle war stark verlaust.

Da Feldwebel Lippmann am Morgen noch nicht eingetroffen war, beschlossen wir, uns ohne Marschpapiere beim Divisions-Gefechtstand zu melden.

Am Eingang einer kleinen Schlucht kurz vor Stepanowo stießen wir auf die dreieckige eiserne Divisionsstandarte, die uns den Gefechtsstand anzeigte.

In dem Bunker, den man uns für die Nacht anwies, traf ich Fritz Neuhaus aus Eversten, Uffz. und Koch bei der 290. Division. Er trug zu der Zeit einen buschigen roten Schnauzbart.

Nach gründlicher Säuberung unserer Uniform und Stiefel sowie Rasur und Wäsche wurden wir am nächsten Morgen dem Divisionskommandeur, Generalleutant Heinrichs, vorgestellt. Er war sehr zufrieden mit unserem Auftreten und hielt uns eine kurze Ansprache über Pflichterfüllung und Anforderungen, die von einem Off.-Anwärter erwartet wurden. Mit kräftigem Händedruck und „gut Glück"-Wunsch entließ er uns zu unserem neuen Regiment 503.

Genügend Gerüchte über das Regiment, dessen Einsatzort Tuganowo und Regimentskommandeur Oberst Schenk hörten wir schon vom Divisionsstab. Tuganowo schien ein heißer Flecken zu sein, denn die Landser sangen davon schon in einem Lied:

> „Wo fahren Panzer, wo schießt die Pak?
> Wo stürmt der Iwan nur?
> Wo werden Landser stur?
> In Tuganowo, in Colobowo und am Kanonenberg.

Die drei genannten Orte lernte ich in den kommenden zwei Monaten zur Genüge kennen. Oberst Schenk wohnte trotz Feindeinsicht und dauerndem feindlichen Artilleriefeuer in einem der drei von Tuganowo übrig gebliebenen Holzhäuser. Zu unserer größten Überraschung trafen wir Feldwebel Lippmann mit dem Rest unserer Marschgruppe beim Regimentsgefechtsstand.

Um uns an das Leben an der Front zu gewöhnen, gliederte uns der Regt.-Adjutant O. Lt. Howe der Stabskompanie als Reserve zu. Beim Pionierzug fanden wir Unterkunft. Unser Bunker lag bei einem zerschossenen T 34-Panzer an der Wegabzweigung Tuganowo-Colobowo. Im Vergleich zum OT-Bunker in Demjansk kam uns die neue Unterkunft wie ein Rattenloch vor. In den Kellerresten eines alten Russenhauses hatte die Pioniergruppe, deren Gäste wir waren, sich tief ihren düsteren, von der Bodennässe muffigen Unterschlupf eingebaut. Die Decke bestand aus einigen Baumstämmen und aufgeschütteter Erde. Die Holzreste der Hauswände waren an einer Ecke von einer russischen Panzergranate zerrissen. Gerümpel und zersplittertes Holz lagen überall in der Umgebung. Tuganowo war bei den Märzangriffen der Russen auf Strelitzi sehr stark zusammengeschossen worden.

Nur sechs Meter neben uns befand sich ein Unterschlupf der 14. Kompanie, welche fünf Tage später bei der Maioffensive des Iwan durch Volltreffer schwerer russischer Artillerie zerstört wurde. Während eines deutschen Stukaangriffes auf Nikolskoje schlug die Granate einer 5 cm-Pak zwischen der auf dem Bunker stehenden Geschützbedienung, die den Stukaangriff beobachteten, ein und forderte fünf Menschenleben.

Am 3. Mai 1942, morgens um fünf Uhr, begann die bereits genannte Maioffensive des Féindes gegen Nikolskoje, den „Kanonenberg" und den „Teufelswald". Zum ersten Mal hörten wir das Geräusch der heranrauschenden und explodierenden Raketen der „Stalinorgel". Nach Gefangenenaussagen hatte der Iwan 17 dieser Teufelsmaschinen vor unserem Abschnitt zusammengezogen. Ein gewaltiger Artillerie-, Granatwerfer- und Orgelfeuerschlag ging auf das Gebiet zwischen und auf Nikolskoje und Tuganowo herunter.

Der Angriff war bereits seit Tagen von deutscher Seite erwartet worden, denn die langsamen Nachtbomber des Russen, „lahme Ente", „Kaffeemühlen" und „eiserner Gustav" genannt, waren in den letzten Nächten sehr regsam gewesen. Schon in der ersten Nacht in Tuganowo nahmen wir am „Sportschießen" mit Leuchtspurmunition auf die „Krähen" teil.

Nach den ersten krachenden Explosionen befahl Feldwebel Lippmann uns in die Verteidigungsstellung Tuganowos. Hier erhielten wir vier Neulinge am 3. Mai 1942 unsere Feuertaufe. Zu zweit in ein kleines Erdloch gequetscht hörten wir die Granaten um uns herum einschlagen. So sehr ich vor und während meiner Ausbildung in der Heimat auf diesen Augenblick gewartet hatte, so muß ich ehrlich gestehen, daß ich, wenn auch nicht ängstlich, so doch erregt und unruhig war in den ersten Minuten. Ein Blick auf das Gesicht des vor mir hockenden kampferfahrenen Feldwebels L. beruhigte mich jedoch augenblicklich. Mit einem Lächeln und den Worten: „Tscha, Hermann, das ist der Beginn deiner Feuertaufe", reichte er mir eine Dose Oelsardinen.

Von unseren Löchern und Grabenstücken, welche lediglich eine 2. Linie und Auffangstellung darstellten, verfolgten wir den russischen Angriff auf Nikolskoje und sahen die feindlichen Panzer in den Ort rollen. Mit den ersten zurückkommenden Verwundeten kam die Nachricht, daß Nikolskoje von dem Iwanj besetzt sei und er sich auf den Angriff auf den „Kanonenberg" vorbereitete. Zur Verstärkung der „Kanonenbergstellung" wurde eine neue eingetroffene Marschkompanie und Teile der Stabskompanie herangezogen.

Meine drei Kameraden waren darunter, ich wurde Feldwebel Lippmanns Melder. Er war als z. b. V (zur besonderen Verfügung) zum Regiments-Gefechtsstand berufen und mit der Verteidigung von Tuganowo beauftragt. Als Melder lernte ich sehr schnell die Umgebung von Tuganowo sowie verschiedene Kompanie-Gefechtsstände und Artillerie- und Pakstellungen kennen.

Am frühen Morgen des 4. Mai erhielt der „Kanonenberg" einen langen, schweren, feindlichen Artillerie- und Orgelfeuerschlag, dem ein Panzer- und Artillerieangriff folgte. Jegliche Verbindung mit der am „Kanonenberg" liegenden Kampfgruppe war unterbrochen. Da eine Annäherung während des Tages wegen Feindeinsicht neuerdings unmöglich war, erhielt ich beim Einbrechen der Dunkelheit den Befehl, eine Lage- und Verlustmeldung vom „Kanonenberg" zu holen.

Kurz vor dem Berg, der eigentlich nur ein kleiner Hügel war, stieß ich auf das Gepäck der Marschkompanie, welches in der Eile einfach abgelegt worden war. Die Soldaten kamen nur mit Waffen und Munition zum Einsatz. Obwohl die deutsche Stellung von russischem Maschinengewehr- und Gewehrfeuer von verschiedenen Richtungen aus laufend eingedeckt war, regte sich nichts in unserem Graben und nur sehr vereinzelt fiel ein Gewehrschuß am Ende der Stellung. Dies führte ich auf unsere Munitionsknappheit zurück. Mit raschen Sprüngen von Busch zu Busch und Granattrichter kam ich in die Nähe des langgestreckten Hügels. Nach Beschreibung von Feldwebel Lippmann mußte ich jetzt die Stellung in einem langen Sprung erreichen können. Inzwischen war es ziemlich dunkel geworden.

Nach mächtigem Anlauf schoß ich kopfüber in den nur kniehohen, stellenweise brusthohen Graben. Ein Unteroffizier, der mit vorüberhängendem Kopf und ausgestreckten Beinen im Graben saß, schien zu tief im Schlaf, um mich zu bemerken. Ich kroch über seine Beine hinweg einige Meter den Graben entlang. Dann war mein Weg von vier im Graben liegenden Kameraden versperrt. Wegen der flach über das Gelände streifenden Geschosse konnte ich den Graben nicht verlassen. So stieß ich den mir nächstliegenden Landser an, erhielt aber keine Antwort. Nach näherer Untersuchung stellte ich zu meiner Verblüffung fest, daß alle vier sowie der Unteroffizier am Anfang des Grabens tot waren. Über ihre Körper hinweg kroch ich, um an mein Ziel, den Gefechtsstand, zu kommen. Ich traute dem Laden nicht recht und hielt meine Maschinenpistole schußbereit vorgestreckt. Wenige Meter voneinander entfernt lagen Tote über die ganze Länge des ersten Grabenstückes verstreut. So viele Verluste habe ich in meiner ganzen Fronteinsatzzeit in einer deutschen Stellung nicht wiedergesehen. Alles schien in Ordnung, die Maschinengewehre standen feuerbereit auf der Grabenböschung, Handgranaten und Munitionskisten lagen sauber aufgestapelt daneben und der Graben selbst hatte nur zwei oder drei Treffer erhalten.

Aus späteren Erzählungen hörte ich, daß der größte Prozentsatz der Grabenbesatzung durch Lungenrisse gefallen, die die Folge schwerster Explosionen waren. Ob es eigene Stukabomben oder die Stalinorgel war, konnte niemand sagen.

Als ich das Totengrabenstück verlassen wollte, um in den nächsten etwa acht bis zehn Meter entfernten Graben zu springen, wurde ich von einem wachsamen Posten angerufen. Der Posten, ein alter Obergefreiter, dem ich das Kennwort zugerufen hatte und mich dann in den Graben springen ließ, erzählte mir, daß ich der Erste sei, der aus der Richtung gekommen sei. Gleichzeitig sprach er die Vermutung aus, daß die Marschkompanie, welche dort am Morgen eingesetzt gewesen sei, wahrscheinlich das Weite gesucht hätte. Da ihre Gruppe am Tage keine Verbindung mit dem angrenzenden Graben herstellen konnte wegen der Einsicht von der Feindseite, war er sehr über meine Schilderung des Totengrabens erstaunt und überzeugte sich mit einem Sprung in denselben von der Wahrheit.

Der neue Abschnitt war sehr gut bewacht, die Hälfte der Soldaten war auf Posten und der Zugführer stellte gerade eine zusätzliche Horchpatrouille für die Nacht auf. In einem kleinen Erdbunker, der einem Artilleriebeobachter als Beobachtungsstelle diente, fand ich Kurt, Hartwig und Tünnes. Der Abschnittsführer, ein Oberfeldwebel, war ebenfalls anwesend und ich übergab ihm meine Meldung.

Meine drei Freunde schilderten mir den Verlauf des Tages. Den ganzen Morgen hatte der Iwan sie mit Granatwerfer-, Artillerie-, Ratschbum- und Infanteriefeuer eingedeckt. Ein T 34 hatte versucht, ihrem Bunker nahezukommen, war aber im sumpfigen Vorgelände steckengeblieben. Mit großer Begeisterung erzählten sie vom Tiefangriff der einundzwanzig Stukas auf Nikolskoje. Wie Streichholzschachteln wurden die hölzernen Russenhäuser vom Druck der Bombenexplosionen zerrissen.

Etwas beschämt und neidisch hörte ich ihnen zu. Sie hatten bereits zwei feindliche Infanterieangriffe hinter sich, während ich nur in der 2. Linie gehockt und nicht einmal den ersten Schuß aus meiner Maschinenpistole abgegeben hatte. Ein Gefühl, ähnlich dem Heimweh, kam über mich und ich bat Feldwebel Lippmann bei meiner Rückkehr, mich zu meinen Freunden am „Kanonenberg" zu versetzen. Seit dem Treffen mit meinen Kameraden hatte ich das Gefühl, etwas versäumt zu haben.

Nach drei Tagen ließ der feindliche Druck erheblich nach. Kurt, Hartwig und Tünnes kamen zurück nach Tuganowo für unsere endgültige Versetzung zu den Kompanien.

Auf Wunsch konnten Kurt und ich zusammenbleiben. Ein Gefreiter der 2. Kompanie holte uns vom Regts.-Gefechtsstand ab. Die anderen beiden Kameraden wurden der 7. Kompanie zugeteilt. Auf dem Wege zur neuen Einheit überschüttete uns Iwan mit einigen schnellen Feuerüberfällen. Sepp Tabelander, unser Begleiter, freute sich diebisch über unsere Ungelenkigkeit beim Deckungnehmen, denn unsere vollen Tornister hinderten uns beträchtlich darin.

„Gell, Herr Leutnant, do sein's die Neuen", mit diesen Worten meldete er uns auf echt österreichische Art beim Kompanieführer, Leutnant Eckhardt. Schmunzelnd nahm der unsere Meldung entgegen, drückte uns die Hand und begann eine ungezwungene Unterhaltung. In seiner ruhigen selbstverständlichen Art machte er von Anfang an großen Eindruck auf uns. Je länger ich später mit ihm zusammen war, desto größer wurde meine Achtung vor ihm. Als tapferer, unerschrockener Soldat war er seiner Kompanie ein Führer und Vorbild im Kampfe. Für seine Zähigkeit und Ausdauer im Kampfe um die sogenannte Teufelsinsel 1941 und seine Verdienste in der Abwehr der Märzangriffe des Russen, wurde ihm im April 1942 das „Deutsche Kreuz in Gold" verliehen und 1942 das Ritterkreuz. Er lebte mit seinen Soldaten, kannte jeden einzelnen bei Namen und wußte für jeden ein paar Worte, und, wenn es sein mußte, eine Ermunterung. Wegen seines freundschaftlichen und kameradschaftlichen Verhältnisses zu den Angehörigen seiner Kompanie war er sehr beliebt und überall bekannt. Unter uns nannten wir ihn den „sturen Eckehardt".

Kurt erwischte die bessere Wahl bei der Aufteilung auf die Züge. Sein Zugführer vom I. Zug, Oberfeldwebel J., war als Draufgänger und Raufbold bekannt. Oberfeldwebel L., mein Zugführer, trug den Ruf, ein Bunkerhocker zu sein; nicht zu Unrecht, wie ich persönlich bald feststellen konnte.
Sofort nach meiner Ankunft beim Zuge teilte er mich als Posten für die nächsten zwei Stunden ein. Dies geschah nicht, weil er mich mit dem Grabendienst vertraut machen wollte, sondern weil ich ihm als Offiziersanwärter unsympathisch war. Uffz. Neugebauer, war mein Gruppenführer. Als dieser einige Tage später mit einer winzigen Handverwundung zum Hauptverbandsplatz ging und sich von dort bis Deutschland durchschlug, übernahm Gefreiter Werner Harden die Gruppe. Mit Werner, der schon 1941 als Gefreiter das EK I. Klasse erhalten hatte, befreundete ich mich sehr schnell. Wir unternahmen mehrere Stoß- und Spähtruppunternehmen zusammen. Bis zur Verschiebung der 2. Kompanie in einen anderen Abschnitt machte ich Dienst in Werners Gruppe als M. G.-Schütze I. Zuweilen traf ich Kurt und wir sprachen über unsere gemeinsame Zeit mit den Groninger Mädchen.

Ende Mai packten wir unsere Sachen zu einer Verschiebung der Kompanie in den Abschnitt der Teufelsschlucht neben Colobowo. Auf Kompaniebefehl wurde ich gleichzeitig dem Kompanietrupp als Melder zugeteilt. Dieser bestand aus dem inzwischen zum Uffz. beförderten Kompanietruppführer Sepp Tabelander aus Österreich, dem Gefreiten Herbert Heuermann aus Emden, einem Gefreiten Gustav Wispereit aus Ostpreußen, einem Sanitätsgefreiten Schneider und mir. Obwohl ich jetzt von dem langweiligen Postenstehen befreit war, machte sich die Müdigkeit gegen Abend doppelt bemerkbar. Durch die vielen Meldegänge war ich manchmal so ermattet, daß ich zu jeder Tageszeit und in jeder Lage schlafen konnte. Trotzdem verbrachte ich eine schöne Zeit mit dem Kompanietrupp. Man war nicht an sein Panzerdeckungsloch gebunden, sondern kam zu verschiedenen Kompanie- und sonstigen Gefechtsständen.

Auf einem dieser Gänge lernte ich den Zugführer und derzeitigen Kompanieführer, Leutnant Berding, kennen. Sobald er erfahren hatte, daß ich, genau wie er, aus Oldenburg kam, wurde ich bei jedem Besuch mit einem doppelten Schnaps beschenkt. Deshalb brachte ich freiwillig fast alle Meldungen zu ihm, und das waren nicht wenige, denn Leutnant Eckhardt und Berding waren gute Bekannte. Ein zweiter guter Schnapsverteiler war der Regimentsarzt, Assistensarzt Dr. Frischeisenköhler.

Bis auf Gustav, der es manchmal für nötig hielt, auf meine Faulheit beim Bunkerbau hinzuweisen, kam ich mit den Angehörigen des Kompanietrupps sehr gut aus. Für ihn war ich bis zur Teilnahme an einem Spähtrupp nur ein nichtszählender Mitläufer. Als Kompanietruppmelder wurde ich zu meinem Bedauern natürlich nicht zu solchen Unternehmungen eingeteilt.

Der neu zum Uffz. beförderte Werner Harden meldete eines Tages einen Spähtrupp beim Kompanieführer an und sagte mir, daß er etwas Besonderes vor habe. Ich bat den Chef um Erlaubnis, an dem Spähtrupp teilzunehmen, um Erfahrung darin zu erwerben. Ein dritter Mann wurde von Werner gewählt; er war Rudi Munderloh aus Wildeshausen.

Ohne jegliches Aufsehen machten wir uns mit unseren Maschinenpistolen und je vier Eigranaten bewaffnet auf den Weg zu den eigenen Horchposten. Diese freuten sich, bis Mitternacht von uns Gesellschaft zu haben. Inzwischen hatte Werner uns seine Absicht mitgeteilt, überraschend in den russischen Graben einzufallen und einen Posten zu „stehlen". Niemand außer uns dreien wußte von dieser Absicht. Leutnant Eckhardt würde sicher nicht seine Zustimmung gegeben haben oder unsere Gruppe zumindest vergrößert haben. Ihm und allen anderen war nur ein harmloses Spähtruppunternehmen bekannt.

Kurz nach zwölf Uhr nachts legten wir unsere grünen Mückennetze und Handschuhe an zur Tarnung und nahmen von den Horchposten Abschied. In aufrechter Haltung bewegten wir uns zu Anfang von Busch zu Busch, bis Werner, der das Vorgelände genau kannte, uns durch Zeichen zu verstehen gab, uns nur noch kriechend vorzuarbeiten. Mit einem seitlichen Zwischenraum von etwa acht Metern glitten wir geräuschlos durch das dichte Gebüsch. Ohne Zwischenfall gelangten wir an den jenseitigen Rand desselben, wo wir lange Zeit auf dem Bauch liegen blieben und beobachteten.

Vor uns breitete sich eine ungefähr 80 Meter weite freie Wiese mit 15-20 cm hohem Gras aus. Werner kam zu mir gekrochen und deutete auf einen schlanken Birkenbaum an der gegenüberliegenden Wiesenseite. Der Baum bildete unsere nächste Kriechrichtung, denn am Fuße desselben war der Maschinengewehr-Stand, den wir auszuheben gedachten. Nachdem auch Rudi dieselbe Anweisung erhalten hatte, näherten wir uns wie Katzen unserem Ziel.

Ich reichte zunächst weit mit dem rechten Arm mit der Maschinenpistole durch das Gras vor, zog das rechter Bein an und schob mein ganzes Gewicht langsam über den angewinkelten linken Unterarm nach. Dabei blieb ich fest an den Boden gepreßt, bewegte mich auf diese Weise neben meinen beiden Kameraden vorwärts, Werner in der Mitte, Rudi links und ich rechts. Das Motorengeräusch der niedrigfliegenden „Kaffeemühlen" nutzten wir aufs Beste aus. 30 Meter vor der Birke stoppte Werner. Obwohl nur acht Meter von mir entfernt, mußte ich meine Augen sehr anstrengen, um ihn in seiner Tarnjacke zu erkennen.

Das Geräusch eines zurückgezogenen Spannschiebers des feindlichen Maschinengewehrs und das Husten des Russen auf Posten hörte ich, konnte ihn aber bisher nicht ausmachen. Erst das Mündungsfeuer des folgenden kurzen Feuerstoßes verriet mir die genaue Stellung. Das singende Geräusch der Geschosse beunruhigte mich zu der Zeit wegen meiner Angespanntheit nicht im geringsten. Der Punkt, von dem der rosige Feuerschein ausging, nahm alle meine Gedanken in Anspruch und hatte große Anziehungskraft. „Wir mußten das Maschinengewehr erbeuten." Zentimeter um Zentimeter näherten wir uns dem Baum. Nur zehn Meter vom Stand entfernt gab es ein erneutes Stop. Durch das grüne Tarnnetz konnte ich den Posten ausmachen. Er stand in einem brusthohen, an den Seiten aufgeworfenen Erdloch. Ab und zu erstieg er eine Stufe, dem Geräusch nach eine Munitionstrommel oder Blechdose, um einen besseren Überblick des Vorfeldes zu haben. Daß er uns dabei nicht sah, ist wahrscheinlich nur auf seine Sorglosigkeit zurückzuführen.

Durch einen glücklichen Zwischenfall wurde uns eine unliebsame Überraschung erspart. Ein Essenträger kam vom russischen Hinterland, wurde vom Posten angerufen und dann von mehreren Stimmen freudig begrüßt. Direkt neben dem MG.-Stand befand sich ein Bunker, dessen Einwohner wir hörten. Den Stimmen nach mußten es drei oder vier Mann sein. Falls der Essenholer nicht gekommen wäre, hätten wir nur den Posten angegriffen und die Bunkerbesatzung hätte uns leicht abschießen können.

Das Ende meiner, und wie ich später erfuhr, auch Werners im Kreise gehender Gedanken, wurde durch eine tieffliegende Kaffeemühle verursacht. Der Posten bestieg seine erhöhte Stufe und beobachtete die von russischer Seite kommende Maschine. Unsere nächsten Handlungen folgten so schnell und automatisch aufeinander, daß ich es heute noch nicht verstehen kann, wie sie ohne jegliche Vorbereitung und Verabredung möglich waren.

Mit einem mächtigen Satz schnellte Werner vorwärts. Über das sich in Stellung befindliche Russen-Maschinengewehr hinweg stürzte er sich auf den völlig verdutzten Iwan. Gleichzeitig stürmten auch Rudi und ich vor. Da ich dem Bunker am nächsten gelegen hatte, konnte ich den Eingang sofort nach dem Aufspringen sehen und mit meiner Maschinenpistole decken. Rudi rannte Werner nach und half ihm, den erschrockenen, wild um sich schlagenden Posten aus dem Loch herauszuziehen. Sobald dieser uns zu dritt in seiner unmittelbaren Nähe sah, vermutete er sicher ein großes, gut geplantes Unternehmen, denn er gab allen Widerstand auf und wurde von Werner mit vorgehaltener Maschinenpistole auf unsere Linie zugetrieben.

Inzwischen war ich neben dem Bunker und sandte einen aus dem Eingang neugierig hervorgestreckten Russenkopf mit einem heftigen Schlag meiner Maschinenpistole ins Innere zurück. Die Folge war ein jammerndes, ängstliches Geschrei von drei oder vier Stimmen. Rudi zerrte an dem mit Schutzschild versehenen Maschinengewehr, welches nicht freikommen wollte. Während der ganzen Zeit war nicht ein einziger Schuß von uns gefallen. Nach dem Unternehmen stellte sich heraus, daß wir alle drei denselben Gedanken hatten, nämlich uns nicht mit der langsamen Schußfolge der deutschen Maschinenpistolen an den Russen zu verraten.

Werner war bereits mit dem Gefangenen außer Sicht, als Rudi endlich das Maschinengewehr frei bekam und damit und einer Munitionstrommel losrannte. So gern ich einen der Bunkerinsassen als meinen Gefangenen mitgenommen hätte, wurde dies jedoch durch fragende näherkommende russische Stimmen unmöglich.

In letzter Minute klemmte ich meine „Feuerspritze" zwischen die Knie, lockerte die Sicherungskaspeln von zwei meiner Eihandgranaten, zog dieselben ab und warf sie ins Innere des Bunkers. Im Vorbeilaufen, die Maschinenpistole in der Linken, ergriff ich mit der Rechten einen Munitionsbehälter und stürmte über die Wiese dem schützenden Gebüsch zu. Zwei dumpfe, durch die Erdwände des Unterschlupfes gedämpfte Detonationen, ein Schrei und anhaltendes Stöhnen sagten mir, daß meine Eihandgranaten ihre Arbeit getan hatten.

Von einem feindlichen schweren Maschinengewehr wurde ich mit einem langen Feuerstoß zur Deckung gezwungen. Dabei verlor ich den Halt des Munitionskastens. Mit dem ratternden Geräusch einer Winterhilfswerks-Sammelbüchse rutschte er über das vom Morgentau nasse Gras vor mir her. Sofort nach der Feuergarbe sprang ich auf, ergriff den Behälter und wurde nach wenigen Schritten wieder auf die Erde gezwungen. Durch die in meiner Nähe einschlagenden Geschosse wußte ich, daß ich gezieltes Feuer erhielt und der Iwan auf mein erneutes Aufspringen wartete. Diesen Gefallen tat ich ihm jedoch nicht, sondern robbte in mühsamer Weise, den MG-Kasten und meine MP vor mir herschiebend, bis an den Buschrand.

Hier fand ich Rudi, der das Russen-Maschinengewehr in Stellung gebracht

hatte, um mir eventuell folgenden Feinden einen heißen Empfang zu bereiten. Niemand schien jedoch die Absicht zu haben, denn der Ruski bestrich sein Vorfeld von mehreren Stellungen aus mit wütendem Maschinengewehrfeuer. Wir warteten dies ruhig ab und setzten uns dann mit unserer Beute in Marsch. Die geklaute Waffe trugen wir in unserer Mitte, Rudi an der Mündung und ich am Kolben. In der freien Hand hielten wir je einen Munitionsbehälter und unsere MP.
Werner, der den Gefangenen beim ersten Horchposten abgeliefert hatte, kam uns wieder entgegen und nahm uns die Russenspritze ab. Völlig sorglos und mit Freude erfüllt über den Erfolg, wanderten wir schwatzend durch das Niemandsland unseren Stellungen zu. Die Horchposten starrten uns an, als ob wir plötzlich verrückt wären. Man hatte ihnen jegliches Flüstern auf Posten untersagt und nun kamen wir wie Straßenpassanten in reger Unterhaltung aus dem Niemandsland; das war zuviel! Wir drei fühlten uns vollkommen sicher.
Später habe ich oft von der Erfahrung dieses Spähtrupps Gebrauch gemacht. Oft nach dem Einrücken in eine neue Stellung machte ich Spähtrupps und besah mir das ganze Vorfeld. Die Kenntnis des Vorfeldes gibt jedem ein viel größeres Sicherheitsgefühl in der Stellung.
Beim Komp.-Gefechtsstand begrüßte uns eine kleine Ansammlung von Kameraden mit freudigen Ausrufen und Gratulationen. Gustav war der erste, der meine Hand ergriff und mir seinen Glückwunsch aussprach. Von dem Augenblick an waren wir gute Kameraden und ich hörte keinen Vorwurf über meine Faulheit beim Bunkerbau mehr. Der Chef hörte sich Werners Bericht ruhig an und versuchte anschließend, den Gefangenen zu verhören. Sein Russisch reichte aber nicht aus. Gustav bekam die ehrenvolle Aufgabe, den Gefangenen zum Regt.-Gefechtsstand zu bringen, was einen guten Nachtmarsch bedeutete. Nach einigen guten „Benedektinern" aus des Chefs Flasche kroch ich auf meine Pritsche zur Nachruhe. Im Traum erlebte ich den ganzen Vorfall noch einmal.
Durch dieses Unternehmen entstand unser Schlagwort: „Rangerauscht und nicht gezittert"; und Werner und ich wurden noch mehr befreundet. Wir machten mehrere ähnliche Stoß- und Spähtrupps. Auf dem letzten, am 26. Mai 1943, fiel Werner. Über den traurigen Ausgang jenes Tages schreibe ich an späterer Stelle.
Es war in derselben Stellung an der Teufelsschlucht, daß Werner eines Nachmittags allein einen verirrten russischen Melder gefangen nahm. Ein Posten seiner Gruppe meldeten ihm die Anwesenheit eines Russen im Vorgelände. Werner, nur mit einer Badehose bekleidet, unterbrach sein Schachspiel und eilte zu dem Beobachtungsposten. Ohne lange zu zögern, nahm er dessen Maschinenpistole und Feldbluse und kroch durch unser Minenfeld ins Nie-

mandsland hinaus. Kaltblütig und draufgängerisch näherte er sich dem Iwan. Bevor dieser wußte, wie ihm geschah, war Werner im Besitze seiner Waffe und der Russe marschierte in Gefangenschaft. Durch seine Unerschrockenheit und Tapferkeit war Werner weit über die Grenzen des Regiments bekannt. Der Regiments-Kommandeur, Oberst Schenk, nannte ihn den besten Kämpfer seines Regiments. Mir war er Freund und, wie Leutnant Eckhardt, Vorbild.

In der 2. Kompanie wurde ich nach dem ersten Stoßtrupp als einer der Alten angesehen. Mein Verhältnis zu verschiedenen Kameraden, die vorher immer nur den Anfänger und Unerfahrenen in mir sahen, wurde freundlicher und leichter.

Am 15. Juni 1942 befahl der Chef Rudi und mich in vollem Dienstanzug mit Stahlhelm zum Gefechtsstand. Das zweite Mal nach meiner Feuertaufe trug ich an diesem Tage einen Stahlhelm. Die meisten Landser bevorzugten eine Feldmütze, denn die unter dem Stahlhelmrand entstehenden Windgeräusche verminderten die Hörfähigkeit erheblich. Beim Wegtreten vor dem Gefechtsstand leuchtete an dem Abend das schwarz-weiß-rote Bändchen des EK II in meinem Knopfloch, und ich war stolz darauf.

Schon seit meinem ersten Tag im Kessel kannte ich die Gerüchte über das Herausziehen der 290. Infanterie-Division und deren Versetzung nach Frankreich. Anfangs sollte die Versetzung auf dem Flugwege und später auf dem inzwischen freigekämpften Landweg durch den russischen Einschließungsring vor sich gehen. Als wir in der Teufelsschlucht dann die Nachricht über das Hinausziehen unserer Bataillone erhielten, stiegen die Hoffnungen höher und höher. Die Kameraden, die das Sprichwort: „Der einzige Weg aus dem Kessel geht über den Hauptverbandsplatz" aufstellten, sollten allerdings bis zum Frühjahr 1943 recht behalten. Denn erst dann wurde der Kessel aufgelöst und „leergeschlaucht".

Die Ablösung durch eine fremde Einheit geschah über Nacht. Bis zum Morgengrauen marschierten wir und erreichten unseren Ruheplatz am Fluß Pola gegen vier Uhr. Zelte waren in wenigen Minuten errichtet und getarnt. Wegen der Müdigkeit kümmerte sich am ersten Tag niemand um Unterlagen, sondern alle schliefen auf der Erde. Die nächsten Tage waren mit dem Einbauen der Zelte zum Schutz gegen Bomben und Granatsplitter, sowie dem Auswerfen von zusätzlichen Splittergräben und Latrinen ausgefüllt. Diesen Anordnungen nach wollte man uns anscheinend eine gute Ruhepause gönnen. Die Tage verbrachten wir mit leichter Ausbildung und Baden in der Pola.

Des abends strolchten Kurt, Werner und ich oft an dem Fluß entlang bis zu einem Troßbunker der Artillerie. Hier liehen wir uns eine Ziehharmonika und das Boot der Einheit. Während Werner und ich ruderten, spielte Kurt alte deutsche Volksweisen und Märsche auf der Quetsche. In der Abendstille waren seine Lieder weit über den Fluß zu hören.

Hier in der Ruhestellung wechselte ich meine Stellung als Kompanietruppmelder mit Kurt. Ich wurde zum 2. Zug zurückversetzt, als Granatwerferführer. Damit begann eine meiner schlechtesten Zeiten. Oberfeldwebel L., der Zugführer, versuchte bei jeder Gelegenheit, mir eins auszuwischen. Nebenbei wurde ich sein „Mädchen für alles". Wenn er seinem Melder, Hermann Wilking, einen Weg ersparen konnte, so tat er es und schickte mich an Stelle von ihm. Während der Ausbildungstage an der Pola nahm ich wenig Notiz von Oberfeldwebel L.

Am 17. Juli 1942, mittags um Punkt ein Uhr, machte der Iwan unserer Ruhepause ein plötzliches Ende. Wie immer vor einem größeren Angriff überschüttete er die deutsche Front und das Hinterland mit Artillerie-, Granatwerfer- und Orgelfeuer. Am selben Tage erreichte er bei der 6. Kompanie einen Einbruch von etwa 80 Metern Breite. Nachmittags erhielten wir den Alarmbefehl und bald danach bewegte sich unsere Marschschlange in Richtung Tuganowo. Im Wald diesseits Tuganowo gruben wir uns in der Höhe des Regiments-Gefechtsstandes ein. Panzerwarnung bestand und die Ersatzgeschütze der 14. Kompanie rollten zur Verstärkung heran.

In der Nacht schleusten wir die Züge unserer Kompanie schubweise bis in die Verteidigungsgräben von Tuganowo. Hier erhielt ich den Befehl von Leutnant Eckhardt, den 2. Zug zu dem mir bekannten Gefechtsstand der 7. Kompanie zu leiten. Auf dem Wege dorthin machte sich die Feigheit des Ofw. L. bemerkbar. Ans Ende des Zuges hatte er sich verkrochen und fragte jeden entgegenkommenden Landser, wie die Lage vorn sei, wieviele Ausfälle sie gehabt hätten und wo ein neuer russsicher Angriff zu erwarten sei. Auf die leichthin geworfene Antwort eines entgegenkommenden Unteroffiziers, die Lage sei völlig klar und der Iwan habe die Nase voll, wollte Ofw. Logemann schon kehrt machen und wäre am liebsten sofort bis zur Pola zurückgelaufen.

Der Kompanieführer der 7., Leutnant Steck, zögerte keinen Augenblick, uns in den Bereitstellungsraum für einen nächtlichen Gegenangriff zu führen. Oberfeldwebel L. war spurlos verschwunden und der Kompanieführer der 7., Oberfeldwebel Jahn, leitete unseren ersten Versuch, die Einbruchstelle zu begradigen. Aufgrund des zu starken wütenden Feuers des Russen mußten wir den Versuch schon nach kurzer Zeit aufgeben. Verluste: ein Toter, drei Verwundete. Der Iwan hatte in dem 80 Meter breiten Abschnitt eine ganze Kompanie und drei Panzer eingesetzt. Die Letzteren standen in einem Dreieck unmittelbar hinter dem Graben. Als alles ruhig war, traf Ofw. L. auch wieder ein. Er brachte die lächerliche Entschuldigung vor, sich ver-

laufen zu haben. 50 Mann vor sich und dann noch verlaufen. Dieser Feigling hatte sich bei der Nachricht des Gegenangriffes aus dem Staube gemacht.
Wir gruben uns in einem großen Halbkreis um den vom Russen besetzten Graben ein. Am nächsten Morgen kamen mit dem regen Leben beim Iwan auch seine Panzer. Drei Riesenpanzer, T 34 und ein K 75 stahlen sich langsam an Colobowo heran. Wir waren vollkommen machtlos, denn es waren weder Pak noch Magnetminen vorhanden. Ohne Hinderung rollten die Kolosse bis zum Höhenrücken von Colobowo, von wo sie einen guten Blick auf Tuganowo hatten. Ein Besatzungsmitglied des letzten Panzers öffnete das Turmluk und winkte den zögernden russischen Infanteristen zu. Wenn diese damals in genügender Menge gefolgt wären, hätten sie sich leicht in den Besitz des für das deutsche Hinterland so gefährlichen Höhenrückens von Colobowo setzen können. Obgleich von deutscher Seite kein einziger Schuß fiel, wagten die russischen Infanteristen sich nicht vor.
Die dringliche Anforderung unseres Rgts.-Kommandeurs brachte uns abends um 8.15 Uhr die ersehnte Entlastung und Hilfe in Form von Stukas. Die russischen Panzer hatten sich in ihre Dreieckstellung zurückgezogen. Nach langem Beobachten wurden sie von unseren Sturzbombern erspäht. Die Führermaschine stürzte sich aus dem im Kreise fliegenden Verband auf das Ziel. Eine abgeworfene rosa Rauchbombe kennzeichnete das Ziel für die folgenden Maschinen. Immer wieder und wieder rasten sie unter dem Heulen ihrer Sirenen auf die Einbruchstelle zu.
Inzwischen erhielten wir den Befehl, uns für einen Gegenstoß bereit zu halten. Unsere Artillerie hämmerte gleichzeitig auf den Feind ein. Einem russischen Panzer gelang es, sich ins tarnende Gebüsch zurückzuschleichen. Eine Stukabombe machte die restlichen drei bewegungsunfähig. Es war eine Zeitbombe, welche von der letzten Maschine, die bis auf 50 Meter Höhe herunterschoß, genau in das Panzerdreieck gezielt wurde. Die verzögerte Explosion hinterließ drei bis zu den Ketten eingeschüttete Panzer. So entstand die im Regiment gut bekannte „3 Panzerstellung". Die Besatzung der beiden vorderen Panzer wurde beim Aussteigen abgeschossen. Die von der Führermaschine abgeschossene grüne Leuchtkugel gab das Ende der Bombardierung und den Beginn unseres Gegenangriffes an.
Durch den schwunghaften Angriff unserer Bomber und das gutliegende Artilleriefeuer ermutigt, brausten wir mit lautem Hurra auf die Feindstellung zu. Wenn auch der Infanteriewiderstand nicht stark war, so wußten die Ruskis doch sehr gut, wohin sie ihre Artilleriesperre legen mußten. Die in einem Teppich einschlagenden, krachenden Granaten zerrissen unseren zusammengefaßten Gegenstoß vollkommen. Dabei erwischte mich ein kleiner Splitter am linken Knie.
Mit nur sieben Mann gelangten wir anfangs in das mit toten Russen übersäte

Grabenstück. An Oberfeldwebel Jahn und Uffz. Vogt von der 7. Kompanie sowie Obergefreiten Jank von der 2. Komp. erinnere ich mehr sehr gut. Uffz. Vogt fiel noch am selben Abend durch Kopfschuß bei der Postenanweisung unserer kärglichen Verstärkung. Mit dieser Verstärkung traf auch Ofw. L. ein. Wo er vorher gewesen war, wußte niemand, jedenfalls war er nicht beim Gegenstoß dabei. Von einem Btl.-Melder hörte ich jedoch, daß L. in der Nähe des Btl.-Gefechtsstandes „aufgefischt" worden sei und nun unter strengem Btl.-Befehl stehe, den Graben auf keinen Fall zu verlassen.
Im Graben selbst sah es furchtbar aus. Überall lagen von Bomben zerrissene Körper, verstreute Munition und Waffen und eine ganze Menge feindlicher Gasschutzausrüstungen. Von den 47 Toten hatten viele Lungenrisse durch den Explosionsdruck der Bomben und nicht die geringste äußerliche Verletzung erhalten. In jeder Nacht vergruben wir einige Leichen. Bevor wir allerdings die letzten zerfleischten Körper verscharren konnten, hatte die Sonnenhitze bereits gewirkt und ein scheußlicher Gestank verbreitete sich über den ganzen Abschnitt.
Auf Horchposten wurde ich verständigt, daß Pioniere mit T-Minen auf dem Wege seien, um das Vorgelände zu verminen. Mit je zwei T-Minen beladen erreichten sie die Drei-Panzerstellung um Mitternacht. Ein Pionier-Unteroffizier kam zu mir gekrochen und suchte das Gras vor uns nach Minen ab. Auf sein Wort, daß keine Minen vorhanden seien, kamen sieben Pioniere mit ihrer Minenladung nach vorn. Bei meinem Loch nahmen sie Deckung, um nacheinander vom Unteroffizier ins Vorgelände gerufen zu werden. Der Unteroffizier hatte seine zwei Minen verlegt und rief den ersten seiner Männer zu sich. Dieser hatte nur wenige Schritte gemacht, als eine dröhnende, bellende Explosion in meiner unmittelbaren Nähe erfolgte. Ein warmer, muffiger Luftdruck wirbelte mich herum. Im selben Moment verspürte ich verschiedene harte Schläge an meiner linken Schulter, linken Hüfte und linkem Zeigefinger. Etwas benommen lag ich auf dem Boden. Einer der Pioniere schrie um Hilfe. Beim Versuch, mich aufzurichten, fühlte ich, daß mein linker Zeigefinger gebrochen war und lose an der Hand hing. Ein schweres, lahmes Gefühl machte sich an meiner Schulter bemerkbar, mit dem linken Fuß konnte ich nicht auftreten. Mich auf die rechte Hand stütztend, welche ebenfalls mit Blut von einer Wunde am rechten Unterarm beschmiert war, kroch ich in den Graben zurück und meldete mich bei Oberfeldwebel L. ab.

Verwundung und Lazarettzeit

Von zwei Kameraden gestützt, legte ich den Weg bis zum Gefechtsstand der 7. Kompanie zurück. Der Sanitätsdienstgrad der 7. verband meine Wunden. Einen Bleistift verwendete er als Schiene für meinen linken Zeigefinger. Gleich nach mir kamen drei der Pioniere mit leichten Verwundungen an. Einer ihrer Kameraden fand den Tod durch die Minenexplosion. Aus Mangel an einer Tragbahre legte man mich in eine Zeltbahn und schleifte mich wie ein Bündel über den Boden bis zur 5. Kompanie. Die 5. stellte eine ihrer behelfsmäßigen Tragen zur Verfügung, auf die ich zum Regiments-Arzt geschafft wurde.

Der Regiments-Arzt verpaßte mir eine Spritze und sandte mich in einer Ambulanz zum nächsten Verbandsplatz. Von den Vorgängen auf dem Hauptverbandsplatz weiß ich nichts, denn unmittelbar nach meiner Ankunft schob man mich auf den Operationstisch, um unter Narkose Splitter aus meinem Körper zu entfernen. Ich erwachte im Feldlazarett Demjansk, nur 150 Meter vom OT-Bunker entfernt, dessen Gäste Kurt und ich in der ersten Nacht nach unserer Ankunft im Kessel gewesen waren.

Vor lauter Verbänden konnte ich mich fast nicht regen. Mein Oberkörper war von einem „Gipspanzer" umschlossen, mein linker Arm ruhte auf einem Drahtgestell, „Stuka" genannt, meinen linken Stiefel hatte man aufgeschnitten und dem Fuß einen riesigen Verband verpaßt. Zwei weitere Verbände verhüllten die Wunden am rechten Unterarm und an der linken Hüfte.

Ein Sanitäter flößte mir ein Glas Wein ein. Auf dem roh gezimmerten Nachtschränkchen neben meinem Bett lagen Kekse, Bonbons und eine halbe Zitrone. Selbst durch den kühlen frischen Inhalt derselben wurde mein Appetit nicht gesteigert. Alles war mir vollkommen gleichgültig. Eine bleiernde Müdigkeit erstreckte sich über alle Glieder. Vollkommen teilnahmslos lag ich für einige Stunden da, bis ich erneut in tiefen Schlaf verfiel. Der Schlaf nach einer Äthernarkose tritt sanft und leicht ein.

Früh am nächsten Morgen bekleideten mich zwei Sanitätsgefreite für den Transport zum Demjansker Flugfeld. Meine vom Lehmboden steife und immer noch feuchte Hose wurde über den Fußverband gezwängt und die Feldbluse um meine Schulter gehängt. An meiner Armstütze baumelte eine Verwundetenkarte mit roten Streifen an der Seite. 13 Verwundete bildeten eine Lastkraftwagenladung und ab ging's über den holperigen Knüppeldamm zur alten „Mutter Ju".

Nach der Personalaufnahme auf dem Rollfeld verlud man uns zu je zwölf Mann in ein Flugzeug. Die Motoren liefen bereits, als der Arzt jedem der Verwundeten eine Spritze gab. Das Morphium wirkte sehr schnell als Schlafmittel, deshalb erlebte ich, obwohl ich einen schönen Fensterplatz besaß, nicht viel von dem Flug. Ich weiß nur, daß wir nicht, wie bei unserem ersten Flug, in großer Höhe flogen, sondern sehr niedrig über Bäume und Häuser hinweghuschten.

Bei meinem Erwachen stand zu meiner Überraschung eine deutsche Rot-Kreuz-Schwester neben meiner Trage. Mit „Hallo Sonni" begrüßte sie mich. Eine heimatliches, kräftigendes Gefühl überkam mich. So gut ich konnte, richtete ich mich auf und besah mir meine Umgebung. Meine Trage stand unter dem Flügel einer weißgestrichenen Ju 52 auf dem Pleskauer Flugfeld. Nicht weit von mir entfernt verluden Rot-Kreuz-Schwestern, Sanitäter und russische Hilfswillige die Verwundeten einer anderen Ju in Sanitätskraftwagen. Uns hatte man bereits entladen und bis zum Abtransport in den Schatten der Maschine gelegt. Die Schwester versorgte uns mit Broten und heißem Kaffee. Zum ersten Mal nach meiner Verwundung hatte ich guten Appetit. Die im Pendelverkehr stehenden „Sankras" brachten uns nach und nach zum Kriegslazarett 906 am Rande Pleskaus.

Unter den Kastanienbäumen vor dem großen weißen Gebäude warteten wir einige Stunden. Das Waschen und Entlausen jedes Verwundeten brachten diese Verzögerung mit sich. Eine russische Krankenschwester stillte meinen Heißhunger gegen Mittag mit einer Schüssel dicker Nudelsuppe. Als man mich in das Lazarett trug, bemerkte ich die weißleuchtenden Grabkreuze des Heldenfriedhofes unmittelbar vor dem Hospital. Im Baderaum herrschte Hochbetrieb. Zwei Sanis halfen mir beim Entkleiden. Die schmutzigen Klamotten durchgingen die Entlausungsanstalt, während man mich wie eine Puppe auf einen hölzernen Tisch setzte und meine Verbände entfernte. Zwei russische Hilfswillige transporten mich in die Badewanne und schrubbten mich.

Die Wunden schienen von diesen Rohlingen gar nicht bemerkt zu werden, denn ihre Schrubbürsten gingen über kleinere Wunden grundsätzlich hinweg und machten nur einen geringen Bogen um allzu große Löcher. Dies war zuviel für einen Oberfeldwebel mit Unterarmdurchschuß. Wütend sprang er aus der Wanne und schlug mit einer Bürste auf die 2 Hilfswilligen ein. Danach wurde die Behandlung sehr viel sanfter und vorsichtiger. Auf Grund der Beschwerde des Oberfeldwebels verloren die Ruskis ihre Stellung und mußten im Hof Kohlen schaufeln.

Nach dem Bad ging es in den Operationssaal zur Wundversorgung. Ein vom Internationalen Roten Kreuz eingesetzter Schweizer Arzt behandelte mich. Seine 26jährige Assistentin, die ich wegen ihres rabenschwarzen Haares und ihres lieblichen Gesichtes sehr bewunderte, besuchte mich nach dem Verbinden im Krankenzimmer. Auf diese Besuche, die sie von dann an jeden Abend wiederholte, war ich sehr stolz. Da sie immer auf meinem Bettrand

saß, sprachen die Kameraden des Zimmers in ihrer Abwesenheit die tollsten Vermutungen aus. Es war nur Mitleid und mein Alter, das sie zu diesen Besuchen bewegte. Ganz gleich, was ihre Gründe waren, ich freute mich den ganzen Tag auf die allabendliche Unterhaltungsstunde mit dem schwarzhaarigen, hübschen Schweizer Mädchen. Drei Wochen durfte ich das Bett nicht verlassen, da ich Fieber hatte. In der vierten Woche teilte mir meine Besucherin mit, daß ich am nächsten Tage in ein Heimatlazarett versetzt würde.
Auf dem Pleskauer Bahnhof wartete ein riesig langer Lazarettzug mit mehreren hundert Betten. Ich kam mit dem letzten Kraftwagen an. Da alle anderen Waggons belegt waren, fand man für mich ein Bett im Offiziersabteil. Dieses war mit 24 Betten ausgestattet, zu dritt übereinander. Sobald sich der Zug in Bewegung setzte, war die Radioanlage in Betrieb. Ein Landser in weißer Jacke servierte jedem sein Essen auf einem hellgeschrubbten Holzbrettchen. Am Bett war ein runder Tisch angebracht, den man nach innen einschwenken konnte. Am Kopfende hing ein Gepäcknetz. Nach dem Abendessen erhielt jeder Verwundete einen Beutel Bonbons, Kuchen und einen guten Likör. So konnte das Leben weitergehen. Leider hing mein Bett direkt unter der Decke, dadurch war mir jegliche Sicht genommen. Einmal täglich durchging der Zugarzt die Abteile und überzeugte sich von dem Wohlsein seiner Patienten.
Drei Tage dauerte die Fahrt bis Braunsberg in Ostpreußen. Das dortige Marien-Krankenhaus nahm die Hälfte der Verwundeten auf. Der Rest fuhr weiter nach Elbing. Mit zehn Verwundeten teilte ich ein helles Krankenzimmer. Die Zimmerschwester Marga Schwarz gab sich alle Mühe, uns Bettpatienten die Lage so leicht wie möglich zu machen. Sie hatte immer Zeit für einen kleinen Scherz. Meine Wunden machten bis auf den Zeigefinger gute Fortschritte in der Besserung. Ein Streckverband hielt die beiden Knochenenden des Bruchfingers voreinander. An Stelle des Gipspanzers traten in Braunsberg Binden, die meine Armstütze in Position hielten.
Mit Marga's Hilfe löste ich diese eines Tages und entfernte die Stütze. Der Arm war so steif und an die alte Lage gewöhnt, daß es mich zwei Stunden in Anspruch nahm, ihn langsam in hängende Lage zu bringen. Als mir dies endlich gelungen war, öffnete sich die Tür und der Chefarzt kam zur Visite. Zum Glück war die Schwester nicht anwesend, denn sonst wäre die folgende Zurechtweisung auf sie herabgehagelt. Bevor der Arzt meinen Arm auch nur berührte, erhielt ich eine lange und gründliche Standpauke, dann befühlte er ihn an mehreren Stellen und befahl mir, den schwachen Arm anzuheben. Es hatte mich all meine Zeit gekostet, das vom Gipsverband verdünnte Glied an meine Hüfte zu bringen und nun wurde sogar von mir verlangt, den Arm anzuheben. Meine Antwort, daß es unmöglich sei, beantwortete der Doktor mit dem Ergreifen meines lahm herabhängenden Unter-

arms. Langsam hob er denselben bis in Schulterhöhe und weiter bis über den Kopf. Der Schweiß rann mir nur so aus meinen Armachseln. Unter Schmerzen und Stöhnen erduldete ich all diese Freiübungen in der Hoffnung auf die Gewährung eines Stadturlaubs. Diese Hoffnungen sanken allerdings bis auf den Nullpunkt bei der Besichtigung meines Zeigefingers. Der Arzt entschied sich, am folgenden Morgen eine Operation an demselben vorzunehmen, „welche wahrscheinlich mit der Amputation enden werde". Mein Finger sollte aber durch einen glücklichen Umstand gerettet werden.

Unangemeldet traf am selben Abend ein Lazarettzug aus dem Osten ein, welcher in Braunsberg aufgefüllt werden sollte. Bestimmungsort war unbekannt. Die Aussortierung für die Verlegung nahm ein Oberarzt vor, der nichts von der bevorstehenden Operation meines Fingers wußte und mich als transportfähig auf die Versetzungsliste schrieb. Die Vorbereitungen wurden kurz und hastig durchgeführt. Fünf Stunden nach der Ankunft des Zuges waren wir auf dem Weg ins Reich. Durch den polnischen Korridor, das Egerland und Sachsen näherten wir uns nach eineinhalbtägiger Fahrt der bayerischen Landesgrenze.

In Ingoldstadt, wo der erste Schub entladen wurde, erhielt ich meinen Bestimmungsort. Schrobenhausen hieß das Städtchen. Den Angaben des Reichsbahnpersonals zufolge war dies ein sehr gutes Lazarett mit herrlicher Umgebung und reichlicher Verpflegung. Nach wenigen Tagen war ich in der Lage, diese Angaben zu bestätigen, ja sogar zu verbessern. Nie habe ich ein besseres Lazarett besucht als Schrobenhausen. Auf einem Nebengleis wurden wir entladen und im Krankenwagen zum Hospital neben der katholischen Kirche in der Mitte der Stadt gefahren.

Lachende, scherzende Bayernmädchen in Rot-Kreuz-Uniformen empfingen uns dort und schleppten unsere Tragen zum Baderaum im Keller. Überall der gleiche freundliche Ton. Die Behinderten wurden von Rot-Kreuz-Schwester gebadet. Ich war natürlich behindert mit meinem Arm und Finger. Katholische Ordensschwestern entfernten die alten Verbände und legten nach Beendigung des Bades neue an. Vor dem Baden besichtigte der Arzt die Wunden.

Das sonst beim Baden übliche Murren und Nörgeln der Landser vermißte ich vollkommen. Jeder war zufrieden und selbst die Schwerstverwundeten wurden von dem fröhlichen Treiben angesteckt und aufgemuntert. In gehobener Stimmung erreichten wir unser neues Zimmer. Jeder war mit einem Lazarettanzug, ein Paar weißen Wollsocken, ein Paar Pantoffeln und einem Taschentuch versorgt worden.

Unsere Raummuter, eine fleißige, stets lächelnde Ordensschwester, trug bei der Ankunft des zwölften und letzten Neuankömmlings schon das Abendessen auf. Kartoffelsalat und Würstchen, Brot, Butter und Kakao waren in solchen Mengen vorhanden, daß wir unseren Augen nicht trauten. Die Kantine lieferte noch am selben Abend die besten Zigarettensorten und Flaschenbier. Unser Erstaunen sollte von Tag zu Tag gesteigert werden. Sei es, daß wir anstatt Kommißbrot Weißbrot und um zwei Uhr Nachmittagskaffee mit Semmeln bekamen oder daß wir jeden Abend ein Glas Wein erhielten und fast jede Woche an einer Varietévorstellung teilnehmen konnten. Alles dies zeigte uns die großzügige Verwaltung des Lazaretts und den guten Willen, uns die Leidenszeit zu verschönern.

Kurz, wir alle kamen uns vor, als ob wir den Sprung ins Paradies gemacht hätten. Selbst die alten Frontkämpfer, die etliche Lazarette bei ihren früheren Verwundungen durchwandert hatten, waren erstaunt.

Das Städtchen Schrobenhausen liegt zwischen Ausgsburg und Ingolstadt an dem Flüßchen Paar. Innerhalb der alten brüchigen Stadtmauern leben etwa 7.000 Einwohner. Wie in einem Puppentheater sind die Häuser dicht aneinandergebaut. Bis auf die Hauptstraße, der Hindenburgstraße, gibt es nur schmale Gassen und Gänge. Das Rathaus und das nächststehende „Hotel zur Post" erinnerten mich an Erzählungen über die Zeiten, wo es nur Pferdedroschken und noch keine Kraftwagen gab. Die Wirtshäuser innerhalb der Stadt sind echte bayerische Bierstuben mit derben Tischen, Bänken und Hockern. „Kaffee Bayerl" war als Stammlokal der Lazarettinsassen bekannt. Das Kino befand sich außerhalb der Stadtmauer. Wenn man die Innenstadt verläßt, gelangt man auf den Lenbachwall, dessen hohe Bäume den herrlichen Spazierweg beschatten, der die Stadt umgibt. Der Bahnhof liegt etwa zehn Minuten vom Stadtzentrum entfernt. Das neue städtische Krankenhaus schaut von einer langgestreckten Anhöhe auf das Städtchen herab. Hinter dem Krankenhaus erstreckt sich Tannenwald.

Meine Eltern besuchten mich fünf Tage und fanden die bayerischen Knödel sehr komisch. Das bayerische Bier schmeckte meinem Vater aber sehr gut.

Da wir morgens grundsätzlich innerhalb der Hospitalgrenzen bleiben mußten, belagerten wir die Liegestühle im Sonnenhof. Während einige Kameraden lasen, schrieben und Schach spielten, lag ich gewöhnlich faul in meinem Stuhl und ließ mich von der Sonne bescheinen. Mit geschlossenen Augen daliegend und halb im Traum hörte ich eines Morgens eine fragende Mädchenstimme, ob ich Gefreiter Würdemann sei. Vor mir stand DAS MÄDCHEN. Ihr langes Haar hing lose bis auf die Schultern herab. Das hübsche Gesicht war frei von Lippenstift und Puder. So natürlich und sportlich wie das Mädchen selbst war ihre Kleidung. Das weiße Seidenblüschen gab die Form ihrer jungen Brüste wieder. Der bunte, bis kurz über die Knie reichende Faltenrock schmiegte sich fest an ihre Hüften und ließ ihre wunderbare Figur erkennen. Die braungebrannten nackten Beine konnten manche Filmschauspielerin neidisch machen. Die modernen Korksandalen schienen für dieses Mädchen erfunden zu sein.

Vom ersten Augenblick an war ich in sie verliebt. So verwirrt war ich bei dem geraden, offenen Blick ihrer schönen Augen, daß sie ein zweites Mal nach meinem Namen fragen mußte. In der Unterschrift meiner Raucherkarte, wegen der sie kam, spiegelte sich meine derzeitige Erregung wieder. Obgleich sehr vornehm und kühl in ihrer Haltung, nahm ich mir vor, trotz meines Gefreitendienstgrades eine nähere Bekanntschaft mit ihr herzustellen. Selbst die Wahrscheinlichkeit einer kalten Abweisung änderte meine Entscheidung nicht. Die Gedanken an dieses selbstbewußte, elegante Mädchen ließen mir keine Ruhe. Ich mußte Näheres über sie erfahren. Wer war sie, wie alt war sie, wo wohnte sie, hatte sie einen Freund und viele andere Fragen wurden mir bereitwillig von einem Angehörigen des Stammpersonals beantwortet.

Ihr Name war Inge, ihr Vater war hoher Staatsbeamter, sie war 18 Jahre alt, wohnte in der Nähe des Bahnhofes und war in der Zahlmeisterei und Apotheke beschäftigt. Ob sie einen Freund hatte, konnte er mir nicht mitteilen, wohl aber, daß es an Werbern unter den Lazarettinsassen, vor allen den jungen Ärzten und Offizieren, nicht mangelte. Höchstwahrscheinlich für mich, einem kleinen Gefreiten, also ein hoffnungsloser Fall. Trotzdem hatte ich keine Ruhe. Versuch macht klug. Mehr wie eine kurze empörte Abweisung konnte mir nicht geschehen.

Durch Zufall fand ich heraus, daß sie jeden Morgen einige Minuten vor acht zur Arbeit eintraf. Ich brachte durch Umherwandern im Haus oft Begegnungen zwischen uns beiden zustande. Aber während der ersten Tage mußte ich zu meinem Bedauern feststellen, daß sie mich gar nicht beachtete. Nichts konnte mich jedoch erschüttern und dazu bewegen, mein Ziel aufzugeben.

Mit einer Berufskameradin verteilte Inge am Wochenende die Kuchenmarken auf unserem Zimmer. Inzwischen mußte ihr Interesse für mich durch unsere allmorgendlichen Begegnungen erweckt sein, denn sie sah mich verschiedene Male fragend und ungewiß an. Gewißheit darüber erhielt ich, als ich die Tür für die beiden Mädchen öffnete. Inge verließ das Zimmer als zweite. Beim Schließen der Tür trafen sich unsere Blicke und ein tiefes Rot überzog ihr Gesicht. War es das Rot der Verlegenheit oder das der Empörung über meinen herausfordernden Blick. Ich wollte die Ungewißheit nicht länger ertragen und entschied mich, sie beim nächsten Zusammentreffen um eine Verabredung zu bitten.

Der große Zeiger der Hausuhr machte am folgenden Morgen gerade einen Minutensprung auf zwei Minuten vor acht, als Inge mir auf dem langen Flur entgegeneilte. Ihr Gesicht nahm einen ernsten Ausdruck an, als ich auf sie zutrat. Ich ahnte das Schlimmste. Auf meine Frage, ob ich sie am Abend zu einer Filmvorstellung einladen dürfe, sagte sie mir, daß sie bereits von ihrer Mutter eine Einladung erhalten habe, aber versuchen werde, sich für mich frei zu machen. Ich traute meinen Ohren nicht und konnte den Abend kaum erwarten. Falls sie kommen konnte, wollten wir uns kurz vor acht Uhr vor dem Kino treffen.

Mit den besten Platzkarten versehen wartete ich hoffend und etwas zweifelnd vor dem Lichtspieltheater. Erfeut und stolz war ich, als sie plötzlich in der Dunkelheit neben mir stand. Von den Vorgängen auf der Leinwand bemerkte ich fast nichts. Meine Gedanken waren bei dem charmanten Mädchen neben mir.

Warum war sie meiner Einladung gefolgt? Sicher nicht wegen der Freivorstellung, denn die konnte sie sich doch mit ganz anderen Dienstgraden leisten als einem Gefreiten. Warum hatte sie mich morgens nicht einfach stehen lassen? Warum war sie am Vortage so errötet?

Auf Spaziergängen und Streifzügen durch die Umgebung Schrobenhausens lernten wir uns besser kennen. Fröhlich und ausgelassen stöberten wir einmal durch den Wald, bis wir jegliche Richtung verloren hatten. Wir beschlossen, eine Ruhepause einzulegen und setzten uns nebeneinander im Unterholze des Waldes nieder.

Die Arme hinter ihrem Nacken verschränkt, legte Inge sich hintenüber und lauschte mit geschlossenen Augen dem Rauschen der Baumkronen. Die neben mir liegende Schönheit war eine zu große Versuchung für mich. Langsam rückte ich ihr näher, griff mit meiner rechten Hand über sie hinweg und legte meinen Kopf über ihr hübsches Gesicht. Aus großen Augen sah sie mich für einen Moment fragend an, dann legte sie ihre nackten Arme um meinen Nacken und zog mich wild zu sich herunter, bis sich unsere Lippen zum ersten stürmischen Kuß fanden. Die Umgebung versank, alles war vergessen. Nun wußte ich, sie liebte mich.

An dem Nachmittag überschritt ich meine Urlaubszeit um eine Stunde und 20 Minuten. Selbst wenn der Chefarzt mich mit drei Tagen Arrest bestraft hätte, ich hätte dieses Vergehen gegen die Disziplin nicht bereut, denn Inge's Zuneigung bedeutete mir alles.

Sie war sehr streng erzogen und ihr Vater sah die 18jährige nicht gern in Begleitung eines Soldaten. Trotzdem besuchte Inge mich auf unserem Zimmer und schenkte mir eine große Fotografie mit der Aufschrift „Deine Inge". Meine Zimmerkameraden, die alle mehr oder weniger von meinem heimlichen Werben um Inge erfahren hatten, waren erstaunt über meine Fortschritte.

Nur allzu schnell heilten meine Wunden, und die Wochen in Schrobenhausen, die mir durch Inge's Liebe zu einer der unvergeßlichsten Zeiten meines Lebens gemacht wurden, näherten sich ihrem Ende. Kurz vor meiner Abreise wurde ich vom Chefarzt gründlich untersucht, für die Teilnahme am 12. Offiziersanwärter-Lehrgang an der Kriegsschule. Schweren Herzens nahm ich am 17. November 1942 von Inge Abschied.

Beim Ersatztruppenteil meines Regimentes, dem Infanterie-Regiment 16 in Oldenburg, meldete ich mich am folgenden Tage. Ohne Verzögerung konnte ich meinen Erholungs- und Genesungsurlaub antreten. In Oldenburg traf ich Kurt, der bis zum Beginn des Kriegsschullehrganges im Januar ebenfalls dem I. R. 16 zugteilt war. Er erzählte mir viele Neuigkeiten vom alten Regiment.
Sie hatten nach meiner Verwundung an schweren Schlachten im Kessel teilgenommen, in deren Verlauf er zum Unteroffizier befördert und mit dem E. K. I ausgezeichnet worden war. Werner Harden wurde wegen seiner hervorragenden Tapferkeit als Einzelkämpfer zum Leutnant befördert und mit dem „Deutschen Kreuz in Gold" ausgezeichnet. Wir erwarteten damals immer seinen Namen in der Liste der Ritterkreuzträger. Leider traf dies niemals ein, denn er fiel im Sommer 1943 neben mir.

Kriegsschule Potsdam und erneuter Fronteinsatz

Meinen vierwöchigen Urlaub sowie Weihnachten 1942 verlebte ich zu Hause mit meinen Eltern. Bis zum Anfang des 12. O. A.-Lehrganges machten wir geringen Dienst und bereiteten uns auf die Schule vor. 59 Unteroffiziere, Feldwebel, Oberfeldwebel und ein Gefreiter warteten in Oldenburg auf ihre Versetzungen zu den verschiedenen Kriegsschulen im Reich und den besetzten Gebieten. Ich war der einzige Gefreite und wurde erst am 10. 1. 1943, zwei Tage vor der Abfahrt, zum Unteroffizier befördert. Es war am Sonntagmorgen. Ein Melder des Regiments suchte mich in der elterlichen Wohnung auf, um mir den Befehl, mich um 12 Uhr mittags beim Regiments-Kommandeur zu melden, zu überbringen. Der Regiments-Spieß verabreichte mir den letzten Anschnauzer als Gefreiter, weil ich ohne Stahlhelm kam. Der Kommandeur, in Zivil, teilte mir mit, daß er sich entschlossen habe, mich zur Kriegsschule Potsdam zu schicken und beförderte mich zum Unteroffizier. Der Regimentsschneider nähte mir gegen Ablieferung von fünf RM sofort die Silberlitzen auf meine Feldbluse.
Als „neugebackener" Unteroffizier fuhr ich zwei Tage später voll Ungewissheit mit Kurt nach Potsdam. Die dortige Kriegsschule war wegen des preußischen Geistes und ihrer strengen Disziplin allgemein bekannt.
Zum dritten Mal begannen wir eine Grundausbildung, nur mit dem Unterschied, daß unsere Ausbilder diesmal, genau wie wir, Unteroffiziere, ja manche nur Obergefreite waren. Besonders für die alten Feldwebel und Oberfeldwebel war es ein komisches Verhältnis, denn wir alle mußten die Ausbilder mit „Herr Unteroffizier" oder „Herr Obergefreiter" anreden.
Von morgens fünf bis abends acht oder neun Uhr drillten, lernten und übten wir. Die Schießübungen in Döberitz besuchten wir auf Fahrrädern. Es war jedesmal eine herrliche Fahrt am frühen Morgen. Um die Schützen nicht unnötig nervös zu machen, gab es an diesen Tagen keine „Geländekunde", wie das Robben und die kurzen Sprünge genannt wurden. Dies wurde aber am nächsten Tage auf dem Bornstedter Feld doppelt nachgeholt.
Die Ausbildungsunteroffiziere, die zum größten Teil sehr rauhe Burschen waren, sahen ihre größte Freude darin, uns als Unteroffiziere und Feldwebel zu scheuchen. Anscheinend war der Drill ihre einzige Aufgabe. Die Ausbildungsoffiziere waren fast alle alte Frontsoldaten, die wegen einer Verwundung zum Heimatdienst versetzt waren. Einige waren allerdings alte Stammkunden auf der Schule und waren eifrig bemüht, ihre Stellung zu halten. Unser Lehrgruppenkommandeur, ein Oberstleutnant, den ich 1945 in engli-

scher Kriegsgefangenschaft wiedersah, war, glaube ich, einer von dieser Sorte. Seine schwunghaften Reden und Vorträge vor 500 Offz.-Anwärter über Nationalsozialismus und den alten preußischen Militärgeist standen in krassem Gegensatz zu der Ansprache vor 1000 Offizieren im P. o. W. Camp 191 Crewe-Hall. Wegen seiner Bullerstimme und vielen Bestrafungen von Offiziersanwärtern war er nicht sehr beliebt. Unseren Zug verurteilte er eines Samstagmorgens zu zwei Stunden Strafexerzieren, weil ein Mann angeblich seinen Kopf bei der Meldung nicht schnell genug herumgeworfen hatte. Auf diese Art wurden uns die freien Stunden am Sonntagnachmittag genommen, denn Strafexerzieren wurde nur dann durchgeführt.

Die Schule selbst war eine der vorbildlichsten Kasernen des deutschen Heeres. Zu viert belegten wir zwei Zimmer, ein Schlafzimmer und ein Wohnzimmer und Arbeitszimmer. Das Schlafzimmer war mit modernen Betten, Nachtschränkchen, Waschbecken usw. versehen. In dem Wohnzimmer besaß jeder seinen Schreibtisch, Wäscheschrank sowie Schuh- und Ausrüstungskiste.

Alle Mahlzeiten nahmen wir im Fähnrichsheim ein. Jede Stube besetzte dort einen weißgedeckten Tisch. Ordonnanzen servierten auf Wink des Aufsichtsoffiziers die verschiedenen Gerichte; nach der Mahlzeit konnte geraucht werden. Bier und sonstige Kantinenwaren waren gleichzeitig käuflich. Zu jedem Mahl mußten Ausgehuniformen getragen werden, was hieß, daß wir in der Mittagszeit und abends zweimal Bekleidung wechseln mußten.

Oft kamen wir an regnerischen Tagen vollkommen durchnäßt und verschlammt in die Kaserne zurück. Sobald das Kommando „Weggetreten" über den Hof schallte, eilte alles dem Gebäudeeingang zu. Die Mittagszeit war kurz und mußte geschickt ausgenutzt werden, um im jeweiligen Dienstanzug zum Mittagsmahl und zum Nachmittagsdienst fertig zu sein. Auf der Stube wurden die Klamotten heruntergerissen. Falls es geregnet hatte und der halbe Exerzierplatz an unserer Uniform hängengeblieben war, stellten wir uns in Klamotten unter die Brause, um zunächst den dicksten Schlamm abzuspülen. Nachdem Feldbluse und Hose ausgewrungen waren, hängten wir sie während des Nachmittages zum Trocknen auf. Die Nacht über schliefen wir darauf, um ihnen die immer verlangten Bügelfalten zu verleihen. In der zweiten Diensthälfte nach Mittag erschien die gesamte Inspektion an solchen Tagen im Drillichanzug.

Abends von sieben bis neun war Waffenreinigen und Vorbereitung auf den nächsten Tag. Diese zwei Stunden standen zum Bürsten der Uniformen, Polieren der Stiefel und Lederwaren, Reinigen der eigenen und Gruppenwaffen sowie zum Beschaffen von irgendwelchem Lehrmaterial für die Ausbildung am folgenden Tag zur Verfügung. Anschließend verblieb uns eine Stunde zum Studieren der Themen für den Morgenunterricht.

Gefreiter Lautenschlager und Gefreiter Würdemann als Ausbilder in Groningen

Kompanietrupp Eckhardt
Gefreiter Tabelander, Gefreiter Heuerman, Gefreiter Wispereit, Leutnant Eckhardt

Kriegsschule I, Potsdam

*Feldwebel Hinrichs, Oberfeldwebel Matthöfer, Unteroffizier Sulkowski,
Unteroffizier Buck vor einem Erdbunker*

Feldwebel Behrens, Leutnant Würdemann, Feldwebel Thoben

Feldwebel Hinrichs, Leutnant Würdemann

*Hauptmann Johannmeyer,
Leutnant Lisson
beim Besuch in der Auffangstellung*

*Beim Bunkerbau
in der Auffangstellung*

Leutnant Werner Harden (ganz links) mit Landsern seiner Kompanie in Minino

Oberst Schenk hält Ansprache bei der Beisetzung von Leutnant Harden

Kompanietruppe Würdemann
Oberst Joost, Gefreiter Heine, Feldwebel Behrens, Gefreiter Lange,
Leutnant Würdemann, Sanitäter

Oberbefehlshaber Heeresgruppe Nord Generaloberst Lindemann
bei der Verleihung EK I an Leutnant Würdemann

Schule von Enghien, Belgien, von wo der erste Fluchtversuch scheiterte

Hauptquartier FFI, Mouscron, St.-Josephs-Stift, Belgien

Schloß „Crewe Hall", vor dem sich das Pow-Lager 191 befand

Unterbringungsraum während der Untersuchungshaft

Saal in Crewe Hall, in dem die Kriegsgerichtsverhandlung stattfand

Auszug aus dem Sträflingsalbum Dartmoor (x Würdemann, xx Lübbermann)

*Zuchthaus Dartmoor, Devon,
mit den uralten Gebäuden und der acht Meter hohen Umgebungsmauer*

*Innenansicht
Zuchthaus Dartmoor
heute*

Governor C. Heald beim Empfang von J. Lübbermann und H. Würdemann in Dartmoor, 1978

Empfang von C. Heald in Oldenburg, 1980

Erstes Zusammentreffen mit Governor C. Heald 1978
Hermann Würdemann, Dorothy Heald, Joachim Lübbermann, Colin Heald

Nach 35 Jahren:
Theo Elting, Joachim Lübbermann, Hermann Würdemann, Günter Uhl

Beim Durchgang des „Offiziers vom Dienst" beim Zapfenstrreich gab es oft wegen geringer Kleinigkeiten das berühmte „Scheuchen" auf dem langen Flur. Dabei jagte man uns im Nachthemd und Hausschuhen über den langen Fliesenflur. Hier wurden wir durch von einer Trillerpfeife imitierten Granateinschlägen zum Deckungnehmen gezwungen. Türeingänge, Mülleimer und leere Gewehrnieschen mußten so gut wie möglich als Deckung ausgenutzt werden. Wehe, wenn sich einer in der Mitte des Flures niederlegte.

Jeden Monat wurden zwei oder drei Nachtübungen durchgeführt. Diese Tage waren besonders anstrengend, denn der Tagesdienstplan am vorhergehenden und folgenden Tage wich um nichts von der gewohnten Art ab. Wenn die Schulzeit auch nur drei Monate dauerte, so war es doch die strengste und härteste Ausbildung für die meisten der Offz.-Anwärter.

Von Mitte Februar ab liefen die tollsten Gerüchte über unsere Beförderung zum Feldwebel um. Am 1. März kam dann die Bestätigung, daß ein großer Prozentsatz der Lehrgangsteilnehmer zum genannten Dienstgrad befördert war. Stolz hefteten wir unseren silbernen Stern auf die Schulterklappe.

Am Samstag nach der Beförderung war Schießen um die Inspektionsmeisterschaft. Mit 59 Ringen aus 60 möglichen war ich der beste Schütze und wurde vom Inspektions-Chef Major Becker direkt vom Schießstand in Wochenend-Urlaub geschickt. Die Zeit reichte gerade aus, nach Oldenburg zu fahren. Am Montagmorgen wurde ich von den Ausbildern natürlich als einer der verhaßten Urlauber besonders gedrillt.

Neben dem harten Dienst fanden wir aber immer wieder Zeit für einen Scherz oder eine gemütliche Nacht. Ich erinnere mich zum Beispiel sehr gut, als wir eine Nachbarstube ausräucherten und das gesamte Inspektionsgebäude nach Pulver und Rauch stank. Einer meiner Stubenkameraden hatte versehentlich einen Knallkörper von der Geländeübung heimgebracht. Da man für den Besitz von Munition und Leuchtmitteln streng bestraft wurde, wollte er denselben los werden. Einer kam auf den Gedanken, den Körper aufzubrechen und die Nachbarstube mit dem Pulver auszuräuchern.

Wir schütteten also das ganze Pulver auf den Deckel eines Mülleimers, öffneten langsam die Tür der Nebenstube, schoben den Deckel hinein und hielten ein Streichholz zum Pulver. Mit einer meterlangen zischenden Verbrennungsflamme vergaste das Schießpulver zu Rauch. Unser Ziel erreichten wir damit, ja sogar viel mehr als das. Die Belegschaft der Nachbarstube wurde nicht nur durch den Rauch aus den Betten getrieben, sondern obendrein noch vom herbeieilenden „Offizier vom Dienst" auf dem Flur gescheucht.

Ein anderes Mal trafen wir uns zu sechsen auf der Stube des Feldwebels Mönke zu einer gemütlichen Nacht mit Wein und Cognac. Der Sohn eines Weinbergbesitzers hatte die erforderlichen Getränke beschafft. Aus Mangel an Schnapsgläsern benutzte jeder sein Wasserglas. Die riesengroßen Co-

gnacs ließen nicht sehr lange mit der Wirkung auf sich warten. Das Ergebnis war, daß wir beim Wecken in den verschiedensten Lagen im Raum vorgefunden wurden. Übermüdet und mit einem schweren Kater traten wir zum Morgendienst an.
Der schönste Abend jedoch war die Abschiedsfeier der Inspektion zwei Tage vor Schluß des Lehrganges. In dieser Nacht war ich ziemlich betrunken, denn vom Spieß, Oberfeldwebel Diek, hatte ich heimlich erfahren, daß meine Beförderung zum Leutnant bereits auf der Schreibstube war. Die Ungewißheit über die Beförderung ließ bei manchen Kameraden anfänglich nicht die richtige Stimmung aufkommen. Gegen Mitternacht allerdings tobte der ganze Saal wie ein Irrenhaus. In dem wogenden Hin und Her wurden Gläser und Flaschen zerschmettert, und viele Uniformen durch Likör- und Weinflecken verdorben.
Am nächsten Morgen wurde vor der Wohnungstür des Schulkommandanten ein „Parkverbot"-Verkehrszeichen vorgefunden. Der Inspektionschef wurde in seinem Zimmer von einem Glücksschweinchen, dessen Besitzer einen Tag später eine Suchanzeige in der Zeitung aufgegeben hatte, begrüßt. Im großen Schwimmbad tummelten sich die fünf Goldfische des Inspektionsspießes. Beim Öffnen der Schreibstubentür erschütterte ein gewaltiger Knall das ganze Gebäude. Dasselbe geschah beim Ziehen der Abortkette im Offizierskasino. Die Tür des Schulgefängnisses war mit drei cm dicken Brettern vernagelt. Obgleich von mehreren hohen Dienststellen strenge Nachforschungen gemacht wurden, konnte man keine Verantwortlichen für diese Vergehen finden. Die Beförderungen wurden dadurch einen Tag später ausgesprochen.
Freudig und stolz zogen Kurt und ich am 6. Mai 1943 unsere Offiziersuniformen an und bereiteten uns auf die Heimfahrt zum Ersatztruppenteil nach Oldenburg vor.
In Oldenburg sandte uns das IR 16 in Urlaub. Von Feldwebel Sanders, dem Bearbeiter von Offiziersangelegenheiten, erfuhr ich, daß in drei Tagen eine Offizierabteilung zur Heeresgruppe Nord und damit zur 290. Inf.-Div. versetzt würde. Unbedingt wollten wir mit diesem Schub zu unserer alten Einheit zurück, denn von der Heimat hatten wir nach der Kriegsschule die Nase voll. Nach Abmachung mit Sanders, den ich persönlich gut kannte, strich er zwei Namen von der Versetzungsliste und setzte Kurt's und meinen Namen dafür ein.
Hamburg war Sammel- und Abgangsort. Während die Vorbereitungen in Oldenburg hastig und drängend durchgeführt wurden, ließ man sich in der Hansestadt Zeit. Der Transportführer unterrichtete uns, daß der Zeitpunkt der Abfahrt noch nicht festgesetzt sei und wir uns besser nach einem Hotel umsehen sollten.

Zu zweit mieteten wir ein Zimmer, obgleich wir alle die Absicht hatten, es, wenn nur eben möglich, nicht zu benutzen. Die Hauswirtin teilte uns mit, daß um Mitternacht abgeschlossen würde, und wir bis dahin daheim sein müßten. So etwas hatte uns nach der Kriegsschule gerade noch gefehlt. Die letzten Stunden, eventuell Tage vor dem erneuten Fronteinsatz wollten wir ausnutzen und nichts von Zapfenstreich hören.

Mit mehreren Kameraden ließen wir uns in einem Nachtlokal, der „Jungmühle", nieder. Die Tischpost war im Einklang mit unserer Stimmung, die sich bald danach durch einige zu hohen Preisen erstandene Flaschen Sekt steigerte. Da wir die einzigen Offiziere in dem Lokal waren, flatterten von allen Seiten Briefe mit der Tischpost ein. Kurt und ich saßen nebeneinander und waren entschlossen, uns eine Nachtunterkunft zu verschaffen, wo es keinen Zapfenstreich und keine Hauswirtin gab.

Zwei flotte Mädchen von etwa 24 bis 26 Jahren schienen uns die rechten Partnerinnen zu sein. Unser Brief wurde augenblicklich mit einer Einladung an den Tisch der beiden beantwortet. Wenn wir bisher nur die Gesichter der zwei Hamburgerinnen gesehen hatten und danach unsere Wahl getroffen hatten, so wurden wir durch ihre reizenden Figuren überzeugt, daß wir nicht fehlgegriffen hatten. Wir beide hofften, daß sie uns mit einem Bett versorgen würden. Im Laufe der Unterhaltung, während der wir und besonders die Mädchen fleißig die Gläser hoben, erfuhren wir, daß sie bei einer älteren Dame am „Großen Burstar" in der Nähe des Hamburger Rathauses zusammen ein Zimmer bewohnten. Ideal! Nach unserer Versicherung, daß wir sehr gut im Schleichen seien und einigen zusätzlichen Gläsern Sekt gelang es uns, die zu Anfang „angeblich zögernden Vamps" zu einem nächtlichen Abenteuer zu überreden. Arm in Arm lenkten wir unsere Schritte unserem Nachtquartier zu.

Vor dem fünfstöckigen Haus erhielten wir die letzten strengen Instruktionen, uns sehr leise zu verhalten. Auf dem Treppenabsatz des dritten Stockwerkes zogen Kurt und ich unsere Stiefel aus. Das wäre ein Bild für die Heeresstreife gewesen; zwei preußische Leutnants auf der Treppe sitzend und an ihren Stiefeln zerrend, die nicht nachgeben wollten. Kurt's Stiefel zogen wir auf alte Landserart aus, indem ich seinen Stiefel zwischen meine Knie nahm, meine Hände fest um die Hacke legte und er mir mit seinem freien Fuß einen kräftigen Stoß in den A . . . versetzte. Der Stiefel gab so plötzlich nach, daß ich beinahe die Stufen heruntergepurzelt wäre. Unsere zwei aufgeregten und erwartungsvollen Begleiterinnen waren froh, als wir ihnen endlich, mit unseren Stiefeln in der Hand, den dunklen fünften Treppenabsatz hinauf folgten.

Obgleich sie uns sehr geheimnisvoll und mysteriös in ihr Schlafzimmer führten, so waren ihre folgenden Handlungen ein Zeichen dafür, daß mein

Freund und ich nicht die ersten männlichen Personen waren, die dieses Zimmer zu einem bestimmten Zweck betraten. „Never mind" würde ein Engländer gesagt haben. Wir verbrachten eine recht abenteuerliche Nacht, wie sie uns die Berufstätigen in Hamburgs „Kalkhof" wahrscheinlich nicht besser hätten bieten können.

Nach einer flüchtigen Wäsche über dem Spülbecken und der Feststellung, daß alle unsere Wertsachen noch vorhanden waren, verließen wir am nächsten Morgen nüchtern, aber entkräftigt, das Lusthaus, dem die rote Laterne über dem Eingang fehlte. Unsere Zimmerwirtin sprach entsetzt über unser Ausbleiben; im Stillen jedoch war sie froh, daß sie keine Betten machen brauchte, sondern uns lediglich mit Frühstück zu versorgen hatte.

Durch Telefonanruf bat uns der Transportführer, uns für eine plötzliche Abfahrt bereitzuhalten. Mit 45 Offizieren aller Rangklassen traten wir am Abend die Reise zur „Heeresgruppe Nord" an, deren Hauptquartier sich im kleinen lettischen Örtchen Petseri befand. Auf der Fahrt benachrichtigte man uns, daß die 290. Division augenblicklich in einem Raum 80 km hinter der Front Ausbildungsdienst mache und aufgefrischt werde. Petseri war ein kleines Städtchen mit einem Kino und Offiziersheim. Der Aufenthalt von drei oder vier Tagen schien uns eine Ewigkeit. Endlich erhielten wir dann die Marschbefehle zu unseren Einheiten.

Beim Regiment empfing uns Oberst Schenk persönlich. Er freute sich darüber, daß wir alle Hebel in Bewegung gesetzt hatten, um zur alten Einheit zu gelangen. Während des Mittagessens in einem ausgebauten alten Russenhaus, das als Offizierskasino diente, wurden wir mit den letzten Ereignissen vertraut gemacht. Oberleutnant Hille, Kompaniechef der Stabskompanie, war zum Hauptmann befördert, Leutnant Eckhardt zum Oberleutnant und Werner Harden führte die 6. Kompanie 503. Als ich dies hörte, war mir klar, zu welcher Kompanie ich gehen würde, falls ich die Wahl hatte. Oberst Schenk schien unsere Gedanken lesen zu können, denn er versetzte mich zur 6. und Kurt zur 2. Kompanie. „Ich weiß, Würdemann, daß Sie ein alter Freund und Kampfgenosse von Leutnant Harden sind, daher sende ich Sie zur 6., obgleich Harden selbst nur kurze Zeit Offizier ist", waren seine Worte, als er mir seine Entscheidung über die Aufteilung mitteilte.

Ich freute mich riesig auf das Wiedersehen mit Werner. Per Kraftrad mit Beiwagen fuhren wir zu unseren neuen Kompanien. Die 6. lag in dem langgestreckten Örtchen Minino, wo ebenfalls der Btls. Stab des 2. Btls. Quartier bezogen hatte. Vor dem ersten Holzhaus am Eingang des Dorfes, welches der 6. als Schreibstube diente, verabschiedete ich mich von Kurt, der weitere fünf Kilometer bis zu seiner Kompanie fahren mußte.

Hauptfeldwebel Notemann, den ich in der Schreibstube antraf, machte auf mich von Anfang an den Eindruck eines alten, mit allen Wasser gewaschenen Spießes. Wie gewöhnlich bei diesen alten Hasen üblich, schenkte er mir als Neukömmling und frisch beförderten Offizier nur geringe Beachtung. Alle seine Antworten und Fragen waren in kurzer, soldatischer Weise, aber trotzdem fühlte ich vom ersten Augenblick an, daß er sich mir gegenüber dienstälter fühlte und ihm meine nagelneuen Schulterstücke nicht recht gefielen. Durch meinen Eintritt in die Kompanie rückte er nämlich an die dritte Stelle nach dem Kompanieführer. Während er bisher dem Chef jeden Morgen die Kompanie gemeldet hatte, nahm ich seine Meldung von jetzt ab an und meldete dem Kompanieführer die Kompanie.

Es mußte ein drückendes Gefühl für diese alten Berufssoldaten sein, die zwölf und mehr Dienstjahre hinter sich hatten, vor einem jungen Offizier, der noch nicht zwei Jahre Soldat war, Haltung anzunehmen und zu gehorchen. Auch zwei der Zugführer, Stabsfeldwebel Assenmacher und Oberfeldwebel Eifert, begegneten mir mit derselben Zurückhaltung. Ich war entschlossen, diese Einstellung zu ändern, ohne die leicht verführbare Dienstgewalt meines neuen Ranges zu gebrauchen. Auf der anderen Seite durfte ich ihnen natürlich auf keinen Fall nachgeben. Ich war überzeugt, es auf ruhigem und menschlichem Wege zu schaffen.

Das Wiedersehen mit Werner war freundlichst und herzlich. Er wohnte mit seinem Melder Helmuth Trost bei einem alten russischen Ehepaar in deren Haus hinter der Schreibstube. Wir führten lange Unterhaltungen über die alten Zeiten im Kessel von Demjansk. Obergefreiter Trost stellte seine Kochkunst unter Beweis. Die reichhaltigsten und besten Gerichte brachte er auf den Tisch. Die alten Russen versorgten ihn mit Mehl, Eiern, Kartoffeln und Milch. Einen Teil des einräumigen Russenhauses hatte Werner mit Wolldecken und aufgeschlitzten Postsäcken zu einem gemütlichen Eckchen abteilen lassen.

Beim ersten Mittagsmahl im Btls.-Offz.-Kasino meldete ich mich beim Btls.-Kommandeur, Major Christiani, einem Weltkriegsteilnehmer. Seine Schwäche war „Doppelkopfspielen". Ob wohl oder übel, er hielt seinen Adjutanten, Leutnant Kröger, den Ordonnanz-Offizier, Leutnant Rode und Werner nach jedem Mahle zurück zum Kartenspielen. Von Werner wußte ich, daß es ihm manchmal gar nicht gefiel. Ein Glück, daß ich damals noch nicht das Doppelkopfspielen erlernt hatte.

Am vierten Tag nach meiner Ankunft übernahm ich den 1. Zug der 6. Komp. und konnte somit die Gastfreundschaft meines Freundes nicht länger in Anspruch nehmen. Mein Zuggefechtsstand war das letzte Haus in Minino. Mit Feldwebel Hinrichs, der als Unteroffizier in Groningen mein Ausbilder gewesen war, richtete ich mir eine nette Wohnstube ein. Hinrichs war vor mir Zugführer des ersten Zuges und blieb demselben als stellvertretender Zugführer zugeteilt. Später, als ich die 6. Kompanie übernahm, war er mein bester Zugführer.

Der Dienst im Ruheraum setzte sich aus Ausbildung, Partisanenkampf und Erholung zusammen. Vor allen Dingen war es das letztere. In dieser Zeit lernte ich die Angehörigen der Kompanie nach und nach kennen. Überall stieß ich zu Anfang auf die Zurückhaltung der alten Frontsoldaten. Meine Uniform schien zu neu und das E. K. II eine zu meinem Rang wahrscheinlich nicht ausreichende Auszeichnung. Wie ich später erfuhr, machte Unteroffizier Konrads, zu der Zeit Kompanietruppführer, zu einigen Kameraden die Bemerkung, daß er mich gerade noch als Melder gebrauchen könne. „Spucht", wie er wegen seines geringen Gewichtes genannt wurde, wechselte allerdings sehr schnell seine Ansicht, nachdem er mich näher kennengelernt hatte. Überhaupt alle alten Feldwebel und Kompanieangehörigen wurden zugänglicher und redsamer, als sie herausfanden, daß ich nicht einer der „jungen Schnösel" war, die die Befehlsgewalt der Offz.-Uniform bei jeder sich bietenden Gelegenheit anwendeten. Ich war stolz auf diesen kleinen Wechsel. Jede Gelegenheit nutzte ich aus, zu den Soldaten zu sprechen und ihre Ansichten und Verhältnisse kennenzulernen. Ich fühlte mich auch später, mit der Ausnahme von einigen wenigen Offizieren, viel wohler im Kreise von Landsern.

Besonders an eine Nacht erinnere ich mich sehr gut in Minino. Werner war wieder einmal vom Kommandeur zum Kartentisch gerufen worden. Beim Gang durch das Dorf traf ich bei der Feldküche auf Spucht, Uffz. Becker, unseren Koch, Uffz. Toben, den Troßführer, und Unteroffizier Gerstenköper, den Verpflegungsunteroffizier. Gerstenköper fuhr am folgenden Tag in Urlaub und schlug eine kleine Abschiedsfeier vor. Ich sagte zu und ließ Feldwebel Hinrichs ebenfalls benachrichtigen.

Wie beim Troß üblich, waren natürlich große Mengen Getränke vorrätig. Selbstgemachter Bohnenkaffeelikör und Rum mit Eiern und Zucker sorgten dafür, daß Erich Becker und Spucht gegen Mitternacht schnarchend unter dem Tisch lagen. Fränzchen Gerstenköper verbesserte unseren Zustand etwas mit einer großen Pfanne voll in Fett schwimmender Bratkartoffeln und Spiegeleiern. Nach einer starken Tasse Bohnenkaffee verabschiedeten Hermann Hinrichs und ich uns und stolperten unserem Quartier zu. Als wir im Bett lagen, hörten wir einen Schuß, aber wir schenkten dem Zwischenfall keine Beachtung, da keine weiteren Schüsse folgten.

Am Morgen erfuhr ich den Grund des Einzelschusses. Spucht und Erich Becker hatten im betrunkenen Zustand mit Fränzchen Gerstenköper und Georg Toben eine Wette gemacht, daß sie dem Btls.-Stab die einzige Kuh stehlen und sie bis Mittag fertig im Kessel haben wollten. Die Aktion verlief reibungslos, bis die beiden Unteroffiziere die Kuh bis zur Dorfmitte geführt hatten. Den beiden Dieben zum Trotz wollte sich das Biest dann aber nicht mehr bewegen. Kurz entschlossen zog Spucht seine 08 Pistole und erschoß das Tier. Mit aufgerollten Ärmeln und mit Blut beschmiert schlachteten sie die Kuh in der Mitte der Dorfstraße, schleppten das Fleisch zur Feldküche und verscharrten die Überbleibsel bis zum ersten Morgenlicht.

Die Unteroffiziere Konrads und Becker gewannen ihre Wette, aber der Kommandeur die nachfolgende Kriegsgerichtsverhandlung. Auf Grund der von Werner ausgestellten guten Führungszeugnisse kamen die zwei Rabauken mit 14 Tagen Arrest glimpflich davon. Ferner sollte Unteroffizier Becker, sobald wie möglich, seinen Kochposten aufgeben, welches aber wegen baldigen Fronteinsatzes nicht durchgeführt wurde. Uffz. Konrads verbrachte 14 Tage seines Lebens als Haft in einer alten Sauna des Dorfes. Da es an Freunden nicht fehlte, wurde er des Nachts reichlich mit Verpflegung und Zigaretten versorgt. Unteroffizier Becker hatte Pech, denn er leistete seine Zeit beim Divisions-Strafzug ab. Der Zug schlief in Zelten, es war nicht erlaubt zu rauchen, und wurde zu besonders gefährlichen Unternehmen, wie Minenverlegen und -aufnehmen, zum Bauen von Stacheldrahthindernissen vor den Gräben und ähnlichen Teufelskommandos herangezogen.

In Minino saß ich zum ersten Mal seit meiner Jugend auf einem Pferd. Reiten ist gar nicht so einfach. In meinen ersten Reitstunden muß ich einem Affen auf einem Schleifstein geglichen haben. Ob es die Bewegungen des Pferderückens oder die Anziehungskraft der Erde war, die mich immer wieder ins Rutschen brachten, kann ich nicht sagen. Jedenfalls wankte ich wie ein besoffener Seemann im Sattel. Als ich dann nach einigen Tagen die erste niedrige Hürde nehmen wollte, warf mich mein Roß im hohen Bogen in den Sand jenseits des Hürdenbalkens, während der Bock selbst diesseits stehen blieb und mich blöde anschaute. Ein Reitersmann bin ich nie geworden, aber abwerfen konnte mich selbst der bockigste Gaul nicht mehr, als wir Minino verließen.

An einer Partisanenjagd meines Zuges nahmen Feldwebel Hinrichs und ich beritten teil. Hinrichs hatte sich einen knochigen Russengaul ausgeliehen, der zusammen mit dem großen Hornsattel der Indianerzeiten den Eindruck machte, als ob er frisch aus dem Wilden Westen kam. Wir ritten, oder besser gesagt trotteten nebeneinander vor dem Zuge her, solange wir Wege benutzen konnten. Die Partisanen aber waren in einem unwegsamen Gelände gemeldet, deshalb ging es querfeldein. Vor einer kleinen Wasserrinne überlegte sich der Russenbock, ob er springen oder umkehren sollte. Er entschied sich für das letztere, entledigte sich zunächst aber von seiner lebenden Rückenlast. In wildem Galopp sauste der Hengst dann mit solcher Schnelle davon, die ihm niemand zugetraut hätte. Über den im Dreck liegenden Feldwebel konnte ich ein Lächeln nicht unterdrücken, da es mir die Beruhigung gab, daß ich nicht allein ein Anfänger im Reiten war.

Auf den Partisanenjagden kamen wir in Dörfer, die nie zuvor von deutschen Truppen besucht worden waren. Hier lernten wir den niedrigen Lebensstandard des russischen Bauern kennen. In den einräumigen Holzhäusern lebten sie mit ihren Familien, Hühnern und manchmal sogar Schweinen zusammen. Fast in jedem dieser Häuser war ein Kupferstich der „Heiligen Maria" vorhanden. Teller und Gabeln kannten die meisten nicht. Die gesamte Familie nahm ihr Mal aus derselben Schale oder Bratpfanne. Kartoffeln wurden grundsätzlich nur als Pellkartoffeln in einem großen gußeisernen oder steinernen Krug gekocht. Die riesigen Lehmöfen, die manchmal ein Viertel des Raumes einnahmen, dienten tags zum Wärmen und zum Kochen, während sich die ganze Familie des Nachts darauf zum Schlafen zurückzog, in filzige Lumpen und Fellen eingehüllt.

Die Bevölkerung bestand zum größten Teil aus alten Leuten, Frauen und Kindern. Junge Männer waren entweder vom russischen Heere zum Waffendienst herangezogen oder hatten sich den Partisanenverbänden angegliedert. In diesen Dörfern fand bei unseren Streifen ein eifriger Tauschhandel statt. Saccharin betrachteten die Ansiedler als ein Wundermittel und waren bereit, es für alles einzutauschen. Ein Päckchen von 100 Pillen war in manchen Gegenden fünf Hühner oder sogar ein Schwein wert. Auch Kerzen standen in hohem Kurs. Nachdem wir dies wußten, schickte jede Kompanie wöchentlich unerlaubt einen bewaffneten Tauschtrupp in diese Gegenden.

Mit Kerzen, Zacharin und Zündhölzern zogen zehn bis elf Landser auf einem Pferdegespann los und kamen abends mit Eiern, Butter, Hühnern, Milch und manchmal auch einer Kuh oder einem Schwein für die Kompanie zurück. An Verpflegung fehlte es nie. In den Unterkunftshäusern sah man zu jeder Tageszeit Landser, die brieten und brutzelten. Die verschiedensten Gerichte, vom Kotelett zum Spiegelei über Bratkartoffeln, Milchsuppen und Pfannkuchen bis zu Weißbroten und Buttertorten, wurden vom Küchenpersonal aufgetischt.

Um so schwerer fiel uns die Umstellung auf normale Heeresrationen beim nächsten Fronteinsatz. Nur drei Wochen konnte ich die Erholung in Minino genießen, dann hieß es wieder einmal Packen und Vorbereiten zur Versetzung.

Mit der Eisenbahn ging es nordwärts bis etwa 30 km südlich Karbussel. Bei Schapki bezog unsere Division eine ruhige Waldstellung. Ein kleiner Waldweg bildete das Schußfeld vor meinem Zugabschnitt „Illona". Wegen Mangel an Bunkern bezog ich mit einem Zugtrupp denselben Bunker, wie die Gruppe Haskamp.

So still und ungestört war der Frieden in der Stellung, daß wir alle in Sporthosen umherliefen. In diesem Abschnitt übernahm Ritterkreuzträger Hauptmann Johannmeyer unser Bataillon. Hier verlor ich auch meinen guten Freund Werner Harden.

Mit umgehängter Maschinenpistole kam er eines Nachmittags zu meinem Gefechtsstand und bat mich, meine Posten zu verständigen, daß ein Spähtrupp draußen sei. Er wollte ganz allein auskundschaften, wie die feindliche Linie verlief. Ich bat ihn, einige Minuten zu warten, damit ich mich mit meiner Maschinenpistole bewaffnen und einen dritten Mann benachrichtigen konnte. Er war einverstanden und so schlichen Werner, Uffz. Ahrens und ich bald darauf ins Niemandsland hinaus. Ohne etwas vom Feinde zu bemerken, legten wir etwa 300-400 Meter im dichten Untergehölz des Waldes zurück. Unsere Stellungen waren hier ungeheuer weit vom Iwan entfernt.

Plötzlich entdeckte ich nur 25-30 Meter neben uns einen gut getarnten überirdischen Bunker. Nichts regte sich und kein Laut war zu hören. „War dieser Koloß unbemannt?" Lange Zeit lagen wir nebeneinander und starrten auf die drei breiten Schießscharten. Als uns nichts die Anwesenheit einer Besatzung verriet, krochen wir langsam näher. Ein in Kopfhöhe von Baum zu Baum gezogener Stacheldraht machte uns stutzig. Bei näherer Untersuchung des Bodens fanden wir dicht nebeneinander verlegte und gut getarnte Holzminen von der Größe einer Zigarrenkiste.

Auch die konnten Werner nicht abschrecken. Schritt für Schritt mit vorhaltener Maschinenpistole ging er auf den mit Erde umgebenden Bunker zu. Da sich nichts bewegte, nahm ich an, daß derselbe verlassen sei, bis Werner uns durch ein Zeichen zu verstehen gab, uns ruhig zu verhalten. Sehr schwach hörte ich Geräusche durch die Schießschlitze dringen. Dann erschien ein Kopf am mittleren. Blitzschnell hatten wir alle unsere Maschinenpistolen hochgerissen und pfefferten wild darauf los. Werner war nur etwa fünf Meter vom Feinde entfernt, während Uffz. Ahrens und ich gerade den ersten Minengürtel durchschritten hatten und etwa fünf bis sechs Meter hinter Werner standen.

Mit Gepolter und Krach ergriffen fünf Russen vom Bunker die Flucht. Drei wurden von unseren Geschossen getroffen. Da wir nicht wußten, ob neben oder hinter dem Bunker noch andere Stützpunkte waren, zogen wir uns langsam durch die Minensperre zurück. Sobald wir dieselbe durchschritten hatten, begann Werner zu laufen, um einen Feuerschlag der eigenen schweren Granatwerfer auf den feindlichen Stützpunkt zu lenken.

Nur 30 Meter vor dem eigenen Drahtverhau bemerkte ich, daß Werner direkt auf eine der Abzugsminenladungen meines Zuges zulief. Mein Warnungsschrei kam zu spät. Nur wenige Meter neben der T-Minenladung stolperte Werner über den getarnten Abzugsdraht und fiel zu Boden. Bevor er bemerkte, was ihn zu Fall gebracht hatte, detonierte die Mine. Von dem gewaltigen Druck wurden Uffz. Ahrens und ich auf die Erde geschleudert. Eine haushohe Erdfontäne stand vor uns und bedeckte uns mit dem süßlich riechenden Waldboden. Sofort sprangen Ahrens und ich auf und eilten der Stelle zu, wo wir unseren Kompanieführer zuletzt gesehen hatten. Er lag mit mehreren Wunden am Hinterkopf, Brust, Unterkörper und Beinen nur etwa zwei Meter vom frisch ausgeworfenen Trichter entfernt. Er hatte einen augenblicklichen Tod. Auf solch traurige Art fand dieser tapfere und unerschrockene Einzelkämpfer sein Ende.

Erschüttert und unentschlossen saß ich lange Zeit vor dem Telefon, bevor ich die schreckliche Todesnachricht zum Btl. weitergab. An der feierlich und groß aufgezogenen Beerdigung, bei der der Divisionsgeneral und der Regimentskommandeur sowie rund 20 andere Offiziere und eine starke Ehrenkompanie anwesend waren, konnte ich leider nicht teilnehmen, denn der neue Kompanieführer war noch nicht eingetroffen und ich mußte die Kompanie übernehmen.

Wenige Tage später traf Oberleutnant S. frisch als Ausbilder von der Kriegsschule ein. Alle seine Anordnungen und Befehle waren nach Heeres-Dienst-Vorschrift. Er versuchte, aus dem ruhigen kameradschaftlichen Verhältnis der Kompanieangehörigen den Kasernenhofton hervorzubringen, stieß dabei aber überall auf härtesten Widerstand. Durch seine unüberlegte Anordnung, rücksichtslos bei Tag und Nacht Stacheldrahthindernisse vor dem Graben zu verlegen, hatten wir einige Verluste.

Entgegen meiner Warnung, das Gelände zunächst von Pionieren absuchen zu lassen, befahl er den augenblicklichen Bau der Hindernisse. Drei Landser mußten diesen unsinnigen Befehl mit dem Leben bezahlen, da sie eine nicht bekannte Abzug-T-Mine mit einem „Spanischen Reiter" zur Detonation brachten.

Hinrichs hatte inzwischen den 3. Zug übernommen, da Oberfeldwebel Eifert als Ordonnanz-Offizier zum Btls.-Stab berufen wurde.

Kurz nach meinem Geburtstag erhielt ich vom Btls.-Kommandeur den Befehl, mit einem Vorkommondo in der Gegend von M-Ga einen Ruheunterkunftsraum für das Btl. vorzubereiten. Bei der Ankunft in dem Raume stellte ich fest, daß die vorhandenen Bunker nicht für das Btl. ausreichend waren. Für den Rest der Kompanien schafften wir Zeltplätze. Mit dem Vorkommando von fünf Mann von jeder Kompanie und dem Stab verbrachte ich einige gute Tage; Verpflegung war reichhaltig, da wir extra gute Zuteilungen von der Artillerie erhielten. Wieder einmal mußten wir feststellen, daß die Infanterie bei weitem nicht die beste Verpflegung der Fronttruppe erhielt.

Nach drei Tagen gelangte das Btl. in die neuen Räume. Von Hauptmann Johannmeyer erhielt ich einen mächtigen Anschiß, da ich mit meinen

24 Männern noch nicht begonnen hatte, Bunker zu bauen. Die Arbeit, die vorhandenen „Ställe" auszumisten und bewohnbar zu machen, hatte uns all unsere Zeit gekostet. Ohne Werkzeuge schafften wir das verlauste und feuchte Stroh nach draußen und entzündeten es, sobald es trocken war. Alle Kompanien waren natürlich unzufrieden, denn wie vorher gesagt, reichte der Raum bei weitem nicht aus. Ein Chef nörgelte, da er keinen Gefechtsstand hatte, ein anderer, weil er seine Küche nicht unter wasserdichtem Dach unterbringen konnte, für den dritten waren nicht genügend Zeltbahnen vorhanden. So hatte ich in den ersten Tagen als Führer des Vorkommandos die verschiedensten Beschwerden anzuhören, die mich durchaus nichts angingen. Ich übernahm meinen Zug, sobald die 6. Kompanie eintraf, baute mir ein Zelt und ließ alles über mich hinwegbrausen, sogar die Geschosse der 22 cm Artillerie des Iwan.

Der Dienst der folgenden 14 Tage bestand aus Bunkerbau. Überall wuchsen kleine drei bis vier Mann-Unterschlüpfe aus dem Boden. Oberleutnant Seidler ließ sich einen behäbigen Gefechtsstand bauen. Während eines „Ratschbum"-Feuerüberfalles stellte er sich breitbeinig neben seinen Bunker und forderte seine Kompaniemelder auf, den Bau trotz des Feuers fortzusetzen. Der nächste Einschlag versetzte ihm den tödlichen Splitter in den Hinterkopf.

Wieder einmal war die Kompanie führerlos. Hauptmann Johannmeyer übergab mir trotz aller Hinweise des Regiments-Kommandeurs auf meinen Dienstrang und mein Lebensalter die Kompanie. Falls Johannmeyer einen Wunsch hatte oder etwas verlangte, so setzte er seinen Willen auch gegen den Regt.-Kommandeur durch.

Ich verlegte also meinen Wohnort in den Kompaniegefechtsstand; Unteroffizier Haskamp übernahm den ersten Zug.

Schon am ersten Tage mußte ich den Kompanietruppführer Feldwebel Behrens zurechtweisen. Er hatte den Führerwechsel dazu benutzt, die Likörzuteilung des Chefs zu versetzen.

Mein Kummer stieg, als ein Gefreiter in den Gefechtsstand gestürzt kam und mir meldete, daß einer meiner Kompanieangehörigen in dem nahen See ertrunken sei. Die Feldbluse abwerfend und Hose aufknöpfend raste ich mit dem Melder zurück zur Unglücksstelle. Er deutete mir die ungefähre Stelle an, wo sein Kamerad versunken sei. Mehrere Tauchversuche von Feldwebel Franz Lück, Unteroffizier Adolf Salkowski und mir blieben anfangs ohne Erfolg, bis ich zufällig in einem etwas größeren Umkreis tauchte und den leblosen Körper zu fassen bekam. Mit letzter Luft und größter Anstrengung brachte ich ihn an die Wasseroberfläche, wo mir Franz Lück half. An Land wurden über eine Stunde lang Wiederbelebungsversuche unternommen, welche aber erfolglos blieben.

Nicht genug mit diesen beiden Zwischenfällen. Abends kam der Spieß nach vorn und meldete mir, daß zwei der bei der Küche beschäftigten russischen Hilfswilligen entflohen waren. Wenn es kommt, kommt alles auf einmal. Es klingt sehr gut, Kompanieführer zu sein, aber es bringt auch große Verantwortung und viele unerfreuliche Zwischenfälle und Sorgen mit sich.

Wie meistens beim Bunkerbau, wurden wir auch diesmal kurz vor der Beendigung der Arbeiten versetzt. Das I. Btl. war bereits 4 Wochen in der Frontstellung, welche wir nun übernehmen sollten. Vorkommandos machten sich wieder einmal auf den Weg und auch die Kompanieführer besahen sich die Stellungen vor dem Einzug.

Für die 6. Kompanie war es diesmal eine ruhige Auffangstellung 300 Meter hinter der HKL. Der Zugang war wegen des verschlammten Weges der „Eletroschneise", einem Knüppeldamm, besonders schwierig. Alle meine drei Züge waren bereits unterwegs, als ich mit zwei Meldern den alten Raum verließ. Auf der „Schneise" traf ich Kurt, der mit dem Vorkommando des I. Btls. unsere Bunker übernahm. Scherzend sagte er beim Abschied, ich solle den Kopf in der Stellung unten halten, denn es würde scharf geschossen.

Schon auf dem Wege zu derselben erwischte es mich. Schwere russische Artillerie belegte den Knüppeldamm mit Feuer. Der erste Heulton sagte mir, daß die Granaten über uns hinweggingen und ich nahm deshalb keine Deckung. Beim Umsehen nach dem Einschlag erhielt ich plötzlich eine klatschende Ohrfeige. Blut spritzte im Bogen von meiner linken Schläfe und für einen Moment verlor ich das Gleichgewicht. Unmittelbar nach den ersten Einschlägen waren zwei Kurzschüsse direkt neben uns krepiert. Ein ohrgroßer Granatsplitter des Geschoßkopfes war mit der leicht abgerundeten Seite gegen meine Schläfe geprallt und hinterließ einen fünf cm langen und ein cm tiefen Riß. Gefreiter Heine wickelte mir ein Verbandspäckchen um den Kopf und stillte den Blutstrom.

Beim Troßeinsatzraum empfing man uns mit großem Staunen, denn wie ich erst jetzt bemerkte, war das Blut über mein ganzes Gesicht verschmiert. Nach kurzer erfrischender Wäsche und einer Pfanne Bratkartoffeln ging's weiter zur Stellung. Die Einweisung und Unterbringung der Kompanie klappte tadellos, so daß ich dem Btls.-Kommandeur das Stichwort „Sonnenschein" telefonieren konnte, welches „Einweisung ohne Zwischenfälle beendet" bedeutete.

Hauptmann Johannmeyer verabreichte mir eine saftige Zurechtweisung wegen „Belügen eines Vorgesetzten", da ich ihm meine Verwundung nicht gemeldet hatte. Auf Eilwegen sandte er mir den „Feld-Wald- und Wiesenarzt", der mit allerlei kleinen Süßigkeiten bei mir eintraf. Apfelmus, Schokolade, Drops und Kekse zog er neben Verbandszeug und Spritze aus seinem Brotbeutel für mich hervor. Die Wundbehandlung war schnell beendet und wir ließen uns zu einer gemütlichen Kaffeerunde um Mitternacht in meinem Bunker nieder. Immer wieder versuchte der Doktor mich davon zu überzeugen, daß meine Einweisung ins Feldlazarett notwendig sei. Ich ließ mich aber nicht dazu überreden, sondern zog es vor, bei der Kompanie zu bleiben. Etwa drei Wochen lief ich mit einem Kopfverband umher, dann trat ein Pflaster an seine Stelle.

Wenn wir auch wohl in einer Auffangstellung saßen, so gab es doch keine Ruhe. Laufend mußte meine 6. Kompanie für die beiden in der HKL eingesetzten Kompanien Arbeitskommandos stellen. Für die 7. Kompanie bauten wir niedrige, zerlegbare MG-Stände aus dicken Baumstämmen, welche des Nachts in die Stellung eingebaut und mit Erde getarnt wurden. Oberleutnant Schuch, der Chef der 7., hatte diese Bunker entworfen. Da die Wohnbunker im Abschnitt seiner Kompanie durchschnittlich unter Wasser standen, begannen die Landser, neue Unterschlüpfe zu bauen. Die 7. Kompanie konnte natürlich ihre Wachmannschaft nicht dazu einsetzen, deshalb mußte die 6. wieder einmal mit Schaufelkommandos einspringen. So waren meine Landser immer beschäftigt. Besonders unangenehme Zwischenfälle bereitete uns die Verpflegungsbahn zur 7. Kompanie. Die Schienen waren aus dünnen Tannenstämmen hergestellt, welche ständig brachen. Wegen Feindeinsicht konnte die 7. am Tage nicht verpflegt werden. Der Wagen der Bahn wurde an langen Stahlseilen hin- und hergezogen. Die Länge der Bahn betrug 300 Meter und wurde vom 1. Btl. unter Kurt's Leitung gebaut.

Wir waren froh, als wir die „Ruhe-Stellung" verlassen konnten und die 5. Kompanie im rechten Bataillonsabschnitt ablösten. Der Kompaniegefechtsstand befand sich am äußersten Flügel des Regimentsabschnittes. Feldwebel Welper, der bisher beim Troß Waffenmeister war, übernahm den 2. Zug. Feldwebel Hinrichs war mit dem 3. Zug am rechten Flügel im Anschluß ans Regiment 501 eingesetzt. Er wehrte schon in den ersten Tagen einen nächtlichen Stoßtrupp des Iwan ab. Im Nahkampf wurde Unteroffizier Banach, Führer eines schweren Maschinengewehrs im Abschnitt, durch Handgranatsplitter verwundet. Später wurde ihm für seine Entschlossenheit das E. K. I verliehen.

Es war mir bekannt, daß im Abschnitt des Zuges Hinrichs ab und zu getrunken und gefeiert wurde. Woher die Getränke immer kamen störte mich wenig, nachdem ich sicher war, daß dieselben nicht aus den Beständen meiner Kompanie stammten. Leute wie Hinrichs, Spucht und Uffz. Paul Buck konnten überall etwas auftreiben, mit und ohne Bezahlung. Da ich wußte, daß ich mich auf diese „Haudegen" verlassen konnte, selbst wenn sie angetrunken waren, unternahm ich nichts, diese Feiern zu unterbinden. Gewöhnlich spielten sie 17 und 4. Ein Feuerüberfall der russischen 17,2 Artillerie erschütterte diese Bande nicht im geringsten, deshalb mußten wir Buck und drei seiner Männer nach einem Bunkervolltreffer ausschaufeln. Ein Balken hatte Paul's Nase leicht verschoben, was aber nicht den kleinsten Einfluß auf seine Stimmung hatte.

Ein anderes Mal mußten wir Oberfeldwebel Toni Matthofer von der 8. Kompanie, Feldwebel Welper und Unteroffizier Solkowski nach einem Bombeneinschlag um Mitternacht aus ihrem Bunker ausgraben. Der Eingang war total verschüttet, aber die Telefonleitung zu meinem Gefechtsstand war unbeschädigt. Oberfeldwebel Matthofer rief mich an und bat um ein Schaufelkommando. Während draußen einige Landser fleißig schaufelten, setzten die drei im Bunker ihren Skat fort. Durch die langen Fronteinsätze waren die alten Hasen schon so stur geworden, daß sie durch nichts klein zu kriegen waren.

Unser Bataillonsabschnitt schloß sich rechts an den Abschnitt des I. Btls. an. Das I. war in der sogenannten „Wenglernase" eingesetzt. Dieser nasenförmig ins Russengebiet vorstoßende Frontteil lag unter dauerndem Feuer des Feindes und hatte fast jede Nacht Besuche von russischen Späh- und Stoßtrupps.

Sehr erfreut waren wir deshalb nicht, als wir, nach einem Tag Ruhe in der Nähe des Regimentsgefechtsstandes, in diesen Abschnitt gesetzt wurden. Die 5. Kompanie, welche bis dahin die Auffangstellung besetzt hatte, bezog Stellung in der Nase, die 6. rechts davon und die 7. einen Reserveraum in der Nähe des Btls.-Gefechtsstandes. Inzwischen war Hauptmann Johannmeyer verwundet und in die Heimat gefahren. Hauptmann Eckhardt übernahm das Btl. und Leutnant Berding war sein Adjudant. Da Feldwebel Behrens in Urlaub fuhr, setzte ich Feldwebel Welper als Kompanietruppführer ein.

Mein Abschnitt war vom Feinde gut einzusehen und stand zum größten Teil unter Wasser. Um dem Feinde die Sicht zu nehmen, ließ ich vor allem in Hinrichs Abschnitt Sandsackbarrikaden errichten. Iwan ließ uns 14 Tage lang ruhig bauen und zerschoß unsere ganze Arbeit dann im Laufe eines einzigen Nachmittags mit einer 7,5 cm Pak.

Auf einem meiner täglichen Grabenspaziergänge traf ich beim Bataillons-Gefechtsstand auf Erich Korte aus Eversten. Er war zum Unteroffizier befördert und zur Ableistung seiner Frontbewährung zum Regiment 503 gekommen. Da Kriegsoffiziersbewerber die besonderen Lieblinge von Franz Berding waren, hatte er Erich und einen zweiten K. O. B. Unteroffizier mit dem Bau einer Latrine beauftragt. Auf meinen Wunsch sandte Franz Berding Erich am nächsten Tage zur 6. Alte Erinnerungen wurden an dem Abend aufgefrischt, denn für die ersten Tage wohnte Erich bei mir im Bunker, dann teilte ich ihn dem Zuge Hinrichs zu.

Seine Feuertaufe erhielt Erich bei einem Einbruch des Russen in meinen Kompanieabschnitt. Feldwebel Hinrichs meldete mir eines Nachmittags telefonisch, daß sich ein feindlicher Spähtrupp im Vorgelände befinde. Bei meiner Ankunft bei seinem Zuge konnte ich mich persönlich mit dem Fernglas von den Bewegungen im Vorgelände überzeugen. Nach meiner sowie Hinrichs Meinung schienen etwa zwei bis drei Russen zu versuchen, sich in dem kniehohen Gras unserer Stellung zu nähern.

Ich schenkte der Angelegenheit keine besondere Beachtung, sondern beauftragte Hinrichs, lediglich stärkere Posten aufzustellen und forderte von der Artillerie einen Feuerschlag auf das Vorgelände an. Trotz gut liegendem Feuer unserer „Ari" gelang es dem Iwan, zwei Kompanien bis auf Einbruchweite unbemerkt an uns heranzuschieben.

Mit ohrenbetäubendem Gebrüll und „Feuerzauber" der Infanteriewaffen erzwang er einen etwa 80 Meter breiten Einbruch. In der Einbruchstelle lag der Bunker einer meiner Gruppen, welche von der feindlichen Übermacht bis in einen Auffanggraben zurückgedrängt war. Beim Rückzug erlitten sie zwei Ausfälle durch Kopfschüsse.

Feldwebel Hinrichs persönlich konnte mit einem gut gezielten Einzelschuß einen, der ersten feindlichen Angriffswelle folgenden, Russen mit aufgeschnalltem Flammenwerfer ins Jenseits schicken. Die Feuerspritze hätte uns gerade noch gefehlt.

Gleich nachdem dem Feinde der Einbruch bei meiner Kompanie gelungen war, hob bei der 5. in der Nase ein mächtiger Lärm an. Verschiedene russische 7,5 cm Pak und Ratschbum behämmerten den Abschnitt, um den folgenden Angriff einzuleiten und unsere Infanteristen niederzuhalten. Hier gelang dem Feind ein noch größerer Einbruch.

Hauptmann Eckhardt rief mich an, um die Lage zu erfahren. Da ich ihm sofort die Anwesenheit eines feindlichen Spähtrupps im Vorgelände mitgeteilt hatte, hatte er sein Scherenfernrohr auf meinen Abschnitt gerichtet gehabt und die wie aus dem Boden gewachsenen zwei feindlichen Kompanien in meinen Graben einbrechen sehen. Seine selbst in dieser brenzlichen Lage spaßhafte Bemerkung, daß ich ihm ja nicht wieder unter die Augen kommen solle, falls ich den Einbruch nicht bereinige, sagte mir, daß er sich auf mich verließ und mir zutraute, dem Iwan Zunder zu geben. Außerdem teilte er mir mit, daß zwei Ersatzgruppen auf dem Wege zu meinem Gefechtsstande seien, für einen Gegenstoß.

Ich war entschlossen, den Gegenstoß ohne fremde Hilfe durchzuführen. Deshalb rief ich meine Melder und ein paar Angehörige des Zuges Hinrichs zusammen, rüstete sie mit Handgranaten und Maschinenpistolen aus und führte sie soweit wie möglich in den Einbruchsgraben vor. Direkt hinter mir hockten Feldwebel Hinrichs und ein Gefreiter.

Auf Kommando zogen wir unsere Handgranaten ab und überschütteten den vor uns liegenden Graben damit. Noch während dieselben detonierten, stürzten wir vor. Bis zum Gruppenbunker beantwortete der Iwan unseren Gegenstoß nur mit vereinzelten Gewehrschüssen, aber dann setzten seine „schweren Spucker" ein. Dieses gut liegende Feuer konnte nur von einem sehr weit verschobenen Beobachter geleitet sein.

Ich bat unseren vorgeschobenen Beobachter der Artillerie, sein Feuer der 10,5 Kanonen bis auf 25 bis 30 Meter an uns heranzuziehen. Er gab die neuen Werte an seine Batterie durch. Da das ganze Artillerie-Regiment in diesem Dringlichkeitsfalle zusammengekoppelt war, heulten nach wenigen Augenblicken ca. vierzig Schuß 10,5 Munition zu uns heran. Als ich die ersten Schüsse heranpfeifen hörte, dachte ich, der ganze „Segen" würde auf den eigenen Abschnitt heruntergehen. Das Glück schien aber auf meiner Seite zu sein. Von den ganzen Granaten fielen nur 3 kurz, ohne Ausfälle zu verursachen. Die restlichen lagen aber genau in der Einbruchstelle. Die Folge war, daß das russische Granatwerferfeuer augenblicklich eingestellt wurde und mehrere Ruskis das Weite suchten. Der vorgeschobene Beobachter der russischen Granatwerfer wurde wahrscheinlich ausgeschaltet.

Um den günstigen Augenblick nach dem hervorragenden Feuerüberfall unserer Artillerie nicht zu verpassen, stimmten wir ein lautes Hurra an und stürmten den Graben entlang. Dies gab dem Iwan den Rest; eine wilde Flucht setzte ein. Die meisten waren klug genug, sich im Schutze des kniehohen Grases zurückzuziehen, einige rasten aber aufrecht davon und wurden von unsren Maschinengewehren getroffen oder zu Boden gezwungen.

Bevor die zwei Ersatztruppen vom Btl. eintrafen, konnte ich Hauptmann Eckhardt melden, daß die Einbruchstelle im Abschnitt der 6. Kompanie bereinigt sei.

Bei der 5. sah es dagegen trostlos aus. Leutnant Hahmann, der Führer der 5., fand sich mit wenigen seiner Männer bei der 7. in der Auffangstellung ein. Die 15. Kompanie wurde zum Gegenstoß angefordert. Herbert Heuermann, der früher als Gefreiter mit mir zusammen im Kompanietrupp Eckhardt war und inzwischen zum Leutnant befördert war, führte die Kompanie. In schneidigem Gegenangriff säuberte er den größten Teil der Wenglernase vom Feinde. Die Sprößlinge vom „Haufen Eckhardt" hatten es wieder einmal geschafft. Beim Gegenstoß der 15. Kompanie fiel Heinz bei der Kellen vom Prinzessinweg.

Am selben Abend wurde Feldwebel Hinrichs bei einem wütenden Feuerüberfall der russischen Granatwerfer verwundet. Ein schwerer Balken seines Bunkers traf ihn an der Schulter und verursachte Quetschungen. Während er im Bunker des Btl.-Arztes verbunden wurde, schlug Hauptmann Eckhardt ihn telefonisch beim Regimentskommandeur für eine Schnellverleihung des E. K. I. Klasse vor. Oberst Schenk sagte zu und Hauptmann Eckhardt heftete Hinrichs noch vor seinem Abtransport zum Hauptverbandsplatz die schönste der deutschen Kriegsauszeichnungen an die zerrissene Feldbluse. Der alte Grabenkämpfer hielt es auf dem Hauptverbandsplatz nicht lange aus, sondern traf nach wenigen Tagen wieder beim Troß ein, wo er sich nach seinen Worten besser erholen konnte, als in irgendeinem Lazarett. Ich war froh, denn durch seine Anwesenheit beim Kompanietroß war seine Rückkehr zur Kompanie sicher und lediglich eine Zeitangelegenheit.

Am 23. September 1943, etwa 14 Tage nach dem Einbruch des Feindes in unsere Stellung, rief Franz Berding mich an und teilte mir mit, daß Generaloberst Lindemann, der Befehlshaber der „Heeresgruppe Nord", mich beim Btls.-Gefechtsstand sprechen wolle. Da ich annahm, daß diese Meldung eine der „Fehlanzeigen" von unserem guten Franz sei, ließ ich mich damit nicht von meiner Pritsche auftreiben. Erst als Franz persönlich bei mir eintraf, zog ich meine Stiefel an.

In der „Deutschen Zeitung im Ostland" berichtete ein Kriegsberichterstatter:

> Inzwischen hat der Bataillons-Adjutant den Komp.-Gef.-Stand von Leutnant Würdemann angerufen: „Der O.-B. ist auf dem Wege zu Ihrem Gefechtsstand, mein lieber Würdemann. In fünf Minuten..." Die Nacht war unruhig wie immer, und jetzt, mit dem hellen Tag, kriegt der Kompanieführer endlich ein paar Augen voll Schlaf. Unwirsch und ungehalten kommt seine Entgegnung: „Ich kann ja viel Spaß vertragen, aber mir auf so eine dumme Weise schon am frühen Morgen einen Bären aufbinden zu wollen...!" Auch ein erneuter Anruf nützt nichts. Was bleibt dem Adjutanten anderes übrig, als selbst schleunigst zum Komp.-Gef.-Stand zu eilen und Leutnant Würdemann zu überzeugen. Der dreht sich auf die andere Seite und murmelt ein paar, bei aller Unverständlichkeit doch sehr eindeutige Worte. Da wird die Decke vor dem Bunker etwas zurückgeschlagen, und um die Grabenecke kommt der Regiments-Kommandeur. Auf die Beine springen, den Rock zuknöpfen und zu einer zackigen Meldung ansetzen, das ist eins. Aber nun wird dem völlig Verdatterten buchstäblich rot vor den Augen, sehr viel Rot sieht er nur noch. Der Oberbefehlshaber in seiner väterlichen, jovialen Art aber freut sich, dem überraschten Leutnant für seine bei der Abwehr in der Wengler-Nase bewiesene Tapferkeit das E.K. I persönlich anheften zu können und gratuliert ihm als Erster mit lobendem Zuspruch.

Richtig genug stand der „alte Lindemann" dort mit seinem „Eichenlaub zum Ritterkreuz". Von unserem Regiments-Kommandeur, Oberst Schenk, der zu der Zeit Divisionsführer war, und von einigen Offizieren und Presseberichtern begleitet, hatte er sich die neue Auffangstellung der Wenglernase angesehen. Mit der bei solchen Anlässen üblichen Tapferkeitsrede überreichte der Generaloberst mir das E. K. I.

Gleich nachdem er sich vom Btls.-Kommandeur verabschiedet hatte, wurde ich von allen Seiten bestürmt, meine Getränkezuteilung für eine kleine Feier zur Verfügung zu stellen. Da Franz Berding mich auf keinen Fall gehen lassen wollte, befahl ich Feldwebel Welper telefonisch, einen Melder mit den Kostbarkeiten zum Btls.-Gefechtsstand zu senden. Wie verabredet, trafen nach und nach einige Offiziere des Regiments ein, so daß wir gegen Abend eine nette Runde um den aus Margarinekisten gezimmerten Tisch des Kommandeurbunkers bildeten.

Unter den Anwesenden waren Oberleutnant Schmidt von der 4., Oberleutnant Lindenau von der 13., Oberleutnant Bruns von der 14., Oberleutnant Schuch von der 7., Leutnant Hannes Lisson vom Füsilierbtl. sowie Hauptmann Eckhardt und Leutnant Berding.

Die „kleine" Feier zog sich bis zum Morgen hin. Im zwei Uhr-Nachrichtendienst des Nachtprogramms hörten wir im Radio, daß Oldenburg von feindlichen Bomberverbänden angegriffen worden war. Im angetrunkenen Zustand stimmten Franz, der ebenfalls Oldenburger war, und ich unser altes Kampflied an:

„Wir sind stur, wie seid Ihr?
Seid Ihr auch so stur wie wir?
Wir sind aus Oldenburg."

Am nächsten Tage machte sich die Ungewißheit über die Zustände in der Heimatstadt bemerkbar. Erich Korte und ich machten uns große Sorgen um unsere Eltern und Angehörigen. Nach drei Wochen traf dann endlich die erste erlösende Nachricht von zu Hause ein. Everstens hatte es diesmal erwischt, aber unsere Eltern waren nicht zu Schaden gekommen. Am Kaspersweg waren die Bomben gefallen und hatten zwei Häuser zerstört.

Während unseres Aufenthaltes in der Ladogastellung fuhr Kurt in Urlaub. Die nächste Urlauberplatzkarte für die Eisenbahn war für mich bestimmt. Bevor ich in die Heimat fahren konnte, wurde das Regiment aber nochmals verlegt, und zwar das 2. Btl. in einen Ruheraum in dem von Zivilisten fast geräumten Ljuban und das I. Btl. in die H. K. L., nicht weit vor Ljuban. Ein Vorkommando vom I. Btl. hatte für uns Quartier gemacht. Ljuban bot einen seltsamen Anblick. Neben einer Eisenbahneinheit bevölkerte nur unser Btl. und der Regiments-Stab die verlassene Stadt. Alle Häuser standen leer. Bei einem Gang durch verschiedene Häuser fanden wir große Mengen von Material, welches von einer Luftwaffenfelddivision hinterlassen wurde. Riesige Rollen schweren Gummifeldkabels waren in einem Haus aufgestapelt. Unser Btls.-Fernsprechzug bereicherte sich hier um einen großen Teil Fernsprechmaterial.

Meine Kompanie belegte fünf Häuser. Zum ersten Mal seit einer langen Zeit konnt ich wieder in einem weichen Matratzenbett schlafen. Auf einer geliehenen Nähmaschine schneiderte Jupp Zepke, der Kompanieschneider, meine Urlaubsuniform. Jetzt wo wir in Reserve lagen, trafen große Vorräte von Marketenderwaren ein. Gerade als wir mit dem neuausgearbeiten Dienstplan für Ausbildung beginnen wollten, flatterte mein Urlaubsschein vom Regiment ein.

Gleichzeitig fuhr Oberleutnant Toni Müller vom I. Btl. in Urlaub. Wir erhielten den Befehl, auf unserem Wege in die Heimat ein Verstärkungskommando zum Ferntroß nach Narwa zu bringen. Dies war eine schöne Abwechslung. Wir konnten uns langsam auf den Urlaub vorbereiten. Einen von Franz Berding geliehenen Koffer füllt ich mit meinen für den Urlaub gesammelten Marketenderwaren. Auf einem Halteort fuhr ein rücksichtsloser Eisenbahner beim Rangieren mit einem Gepäckkarren gegen dieselben und zertrümmerte zwei Flaschen und eine Reihe anderer Kostbarkeiten. Nachdem wir die üblichen Schwierigkeiten und Unannehmlichkeiten der langen Eisenbahnfahrt durch Lettland, Estland und Litauen überwunden hatten, trennten sich Toni's und mein Weg in Berlin. Am Ende unseres Urlaubs wollten wir uns dort wiedertreffen, aber Toni bekam eine Urlaubsverlängerung.

Es ist ein wunderbares Gefühl, im Urlauberzug der Heimat zuzubrausen. Alle Gedanken sind auf den Urlaub konzentriert. Man nimmt sich so viele Dinge vor, die dann aber doch im Urlaub vergessen oder umgestoßen werden. Früh am Morgen um ein Uhr fuhren wir in Oldenburg ein. Mit meinem Gepäck auf der Schulter schleppte ich mich Eversten zu. Mitten in der Nacht weckte ich meine Eltern durch Steinwürfe ans Kammerfenster. Als sich endlich das Fenster öffnete, versuchte ich, meine Stimme zu verstellen und fragte nach einer Luftpumpe, aber meine Mutter erkannte mich sofort und öffnete mir schon wenige Sekunden später die Haustür.

Nach stürmischer herzlicher Begrüßung nahm die ganze Familie in der Küche Platz und dann wurde erzählt. Die ewig fleißige Mutter hatte natürlich nicht eher Ruhe, bis der heimgekehrte Sohn mit einer Tasse heißen Kaffee und einer Pfanne Bratkartoffeln versorgt war. Meine geringen Geschenke aus Marketenderbeständen stellten eine Überraschung dar. Natürlich wurde vor dem Zubettgehen noch eine Flasche geöffnet.

Am ersten Tage meines Urlaubs besuchte ich meine nächsten Verwandten und Bekannten. Ich hatte mir fest vorgenommen, Inge in diesem Urlaub zu besuchen, leider wurde daraus nichts. Gern hätte ich mit ihr im Schrobenhausener Schnee getobt. Einige Monate später sollte dieser Wunsch in Erfüllung gehen. Für mich persönlich wurde der Urlaub nach den ersten Tagen Abwechslung langweilig. Alle Jugendfreunde waren zum Heeresdienst eingezogen. Für meine Eltern konnten die Ferien natürlich nicht lange genug dauern, ich jedoch war froh, als ich die Sperre des Oldenburger Bahnhofes nach zwei Wochen für die Rückfahrt zur Einheit passieren konnte.

Mit dem leichten Marschgepäck, welches bei mir grundsätzlich nur aus einer Kartentasche und einer Packtasche bestand, nahm ich meine lange Rückreise auf. Wenn ich zur Front fuhr, wählte ich immer den bequemsten Dienstanzug, und das war eine Feldbluse und eine lange Hose, welche nach Landserart in die Knobelbecher gefaltet wurde. Dazu die altbewährte Feldmütze mit Schirm.

Der erste Bestimmungsort war Riga. Franz Berding hatte mir inzwischen geschrieben, daß er im Rigaer Lazarett lag. Bei ihm traf ich Oberleutnant Schuch, Leutnant Hamann und einen Assistenzarzt unserer Einheit. Letzterer war im Hospital als Hilfsarzt eingesetzt. Von ihnen erfuhr ich die letzten Neuigkeiten über das Regiment. Es war beim plötzlichen Durchbruch des Russen bei Newel in die Einbruchstelle geworfen worden. Kurt war am Hinterkopf schwer verwundet und hatte das Augenlicht verloren. Hauptmann Johannmeyer, der inzwischen das Btl. wieder übernommen hatte, war mit dem Eichenlaub ausgezeichnet und wurde kurz darauf verwundet, zum Major befördert und zum Generalstab Münster abberufen. Habe ihn später nie wiedergesehen.

Auf Rat von Franz telefonierte ich mit dem Flughafen Riga, um zu einem Flughafen nahe der Front zu fliegen. Leider war jeglicher Flugverkehr nach dort wegen Schneestürmen abgebrochen. Da ich nicht warten konnte, bis sich das Wetter besserte, setzte ich meine Fahrt mit der Bahn über Dünaburg fort. Den Weg vom letzten Bahnhof bis zur Division legte ich teilweise zu Fuß, und wenn sich die Gelegenheit bot, auf einem Raupenschlepper zurück. Andere Fahrzeuge konnten wegen des Schlammes nicht benutzt werden.

Das „Bataillon Johannmeyer" war in der ganzen Gegend wegen des schneidigen Gegenstoßes an der Rollbahn bekannt. Bei Ust Dollisi war es eingesetzt. Auf die erste Einheit der 290. Division traf ich durch einen Vermittlungsfernsprechtrupp. Nach langem Warten wurde ich mit dem Btl. verbunden und wer meldete sich? Hauptmann Eckhardt. Er sandte mir sofort den Btls.-Kradmelder, den Gefreiten Münster, welcher mich in halsbrecherischer Fahrt trotz Dunkelheit bis zum Kdrs.-Bunker brachte. Vom Hauptmann Eckhardt und Leutnant Schubert, seinem Adjutanten, wurde ich aufs herzlichste begrüßt. Unsere Einheit war beiderseits einer breiten Zementrollbahn bei Ust-Dolissi eingesetzt. Die 7. und 5. rechts neben der Rollbahn, die 6. links davon. Mein alter Kompanietrupp hatte einige schwere Ausfälle beim Gegenstoß. Feldwebel Welper schwer verwundet, Feldwebel Hinrichs sowie meine drei Kompaniemelder gefallen.

Vom Kommandeur hörte ich nun die tolle Geschichte über Hauptmann Johannmeyer. Sobald dieser die Nachricht des feindlichen Durchstoßes erhielt, alarmierte er seinen PKW-Fahrer und fuhr mit ihm die Rollbahn entlang.

Kurz vor Ust Dolissi beim Friedhof bemerkten sie in der Dunkelheit im Scheine eines brennenden Heuhaufens einige Männer auf der Straße. Hauptmann Johannmeyer befahl dem Fahrer zu hupen. Als Antwort wurden ihnen einige Maschinenpistolen-Feuerstöße entgegengesandt. An der schnellen Schußfolge erkannten sie sofort, daß es Russen waren. Der Fahrer verlor durch die folgende Schießerei die Kontrolle seines Wagens und der kleine „Opel Kadett" holperte in den flachen Seitengraben. Als der Kommandeur die Tür aufstieß, sah er sich schon einem Iwan gegenüber. Kurz entschlossen schoß er ihn nieder. Mit einem riesigen Sprung war er über die Grabenböschung hinweg auf dem russischen Friedhof. Von hier machte er seinen Weg zurück zur Einheit und leitete anschließend den großen erfolgreichen Gegenstoß, der den Iwan weit zurückwarf und dem Kommandeur das Eichenlaub einbrachte. Der Fahrer wurde gefangengenommen und machte, wie wir später aus erbeuteten russischen Verhörunterlagen erfuhren, nicht die geringsten Aussagen.

Der erste Abend beim „alten Haufen" wurde natürlich mit Erzählen verbracht. Als wir recht gemütlich in den selbstangefertigten Liegestühlen des Bunkers saßen, kam die Nachricht, daß Unteroffizier Buck mit einem Spähtrupp in die russische Stellung eingedrungen sei und dieselbe leer vorgefunden hatte. Sofort alarmierte Hauptmann Eckhardt die Btls.-Reserve, um Halt in der Russenstellung zu fassen. Obgleich ich die Gegend nicht kannte, meldete ich mich freiwillig als Führer des Unternehmens. Es sollte die lächerlichste und beschämendste Angelegenheit meiner Frontzeit werden.

Von der Karte her wußte ich die Lage der Stellung ungefähr. Sie bildete eine Halbinsel in einem langgestreckten See. Als endlich alles zum Abmarsch bereit war, setzten wir uns nach der Stellung der 7., welche als Ausgangsstellung diente, in Bewegung. Mit etwa 25 Mann in Schützenreihe hinter mir verließ ich den Graben und wollte mich am See entlangziehen. Nur 200 Meter mochten wir gegangen sein, als der Iwan uns mit einem solch mörderischen Artillerie-, Granatwerfer- und Pakfeuer eindeckte, daß uns Hören und Sehen verging. Das einzig Vernünftige war, sich flach auf den Boden zu pressen und den Kopf in den Sand zu stecken. Anfangs klappte dies alles sehr gut. In langer Reihe lagen die Landser dort und ließen alles auf sich herunterregnen. Dann geschah, vielleicht zu unserem Glück, etwas sehr Komisches. Durch ein Leuchtspurgeschoß wurde eine Packung Signalmunition getroffen, die einer der Landser im Koppel trug. Zischend brannte die Munition ab; der Mann konnte sie gerade noch rechtzeitig von sich werfen. Im Scheine dieser Leuchtkugeln sahen wir, daß der Iwan von unserer linken Flanke aus einem Wald heraus in großer Stärke herangestürmt kam, um uns auf der Halbinsel abzuschneiden. Alle meine Versuche, die Männer in ihrer Lage zu halten und dem Iwan einen heißen Empfang mit unseren leichten

Waffen zu bereiten, schlugen fehl. In wüstem Durcheinander und Tumult versuchten die meisten, sich möglichst schnell dem Graben der 7. Kompanie zu nähern. Nur wenige, mir bekannte Landser blieben bei mir. Langsam mußten auch wir uns dann auf die eigene Stellung zurückziehen. Unteroffizier Buck mit seinen Männern bemerkte das feindliche Vorhaben früh genug, um sich ebenfalls zurückzuziehen. Einen Mann verlor er unterwegs. Tage später kam derselbe angetrottet. Bis dahin hatte er sich in der russischen Hauptkampflinie im Schornstein eines abgebrannten Hauses versteckt gehalten. Genau wie ich war Hauptmann Eckhardt über den Verlauf des Einsatzes enttäuscht.

Einige Tage später hatte ich bei einem Angriff des Iwan mehr Glück. Der Pionierzug eines fremden Regimentes war unserem Bataillon unterstellt. Da der See zu unserer Rechten inzwischen zugefroren war, setzte Hauptmann Eckhardt die 20 Pioniere entlang des Eises ein. Da die Pioniere gute Arbeiter waren, hatten sie innerhalb von zwei Tagen bereits ein Grabensystem gesprengt und gegraben. Es blieben nur 100 Meter zwischen den beiden Gruppen, als eines Nachts eine Pfeifpatrone im Abschnitt der rechten Pioniergruppe abgeschossen wurde. Dies war unser Alarmzeichen. Vom Btls.-Gefechtsstand konnten wir im Scheine einiger Fallschirmleuchtpatronen nur ein Knäuel Menschen erkennen. Die große Anzahl sagte uns aber sofort, daß es der Iwan war. Ich riß dem Posten vor dem Btls.-Gefechtsstand seine Maschinenpistole aus der Hand und rannte los.

Ohne Zwischenfall gelangte ich in den Graben der linken Pioniergruppe. Zwischen uns und dem Iwan, der sich im Graben der 2. Gruppe eingenistet hatte, lag eine ebene Fläche von etwa 100 Metern. Alle Männer der ersten Gruppe versahen sich mit Handgranaten und luden ihre Karabiner neu. Von einem hämmernden Feuerschlag unserer Artillerie unterstützt, machten wir dann unter lautem Hurra-Geschrei unseren Gegenstoß auf das Grabenstück der 2. Gruppe. Durch unser Geschrei ermuntert, setzte Uffz. Meier seine Männer der 2. Gruppe von der anderen Seite ebenfalls zum Gegenstoß an. Dem Iwan, im Gelände vollkommen fremd und nicht mit unserer Stärke vertraut, schien dies nicht zu gefallen. Meter für Meter zogen die Ruskis sich zurück. Mit letzten Handgranaten und Leuchtpatronen, welche wir direkt im Graben entlangschossen, um dem Iwan die Sicht zu blenden, setzten wir ihm mit neuem Druck nach. Einige russische Verwundete verließen den einigermaßen schützenden Graben und liefen über das spiegelglatte Eis des Sees ihren Stellungen zu. Immer mehrere folgten, bis zuletzt der Rest in panikartiger Flucht zurückrannte. Wenn wir damals auch nur ein Maschinengewehr in der Stellung besessen hätten, wäre wahrscheinlich der größte Teil der Flüchtenden nicht an die andere Seite des Eises gelangt. Leider hatten wir nur Gewehre und Maschinenpistolen, deshalb kam der Russe mit glimpflichen Verlusten davon. Trotzdem waren wir mit unserem Erfolg zufrieden; wir hatten unsere Stellung wiedergewonnen, sieben Gefangene gemacht und Iwan hatte einige Tote hinterlassen.

Als ich im Anschluß mit Unteroffizier Meyer das Vorgelände absuchte, fanden wir einen verwundeten russischen Oberleutnant und zwei schwere Maschinengewehre. Der Oberleutnant war ein fanatischer Kämpfer. Trotz seiner schweren Verwundung am Oberschenkel richtete er noch bei unserem Herannahen eins der schweren Maschinengewehre auf uns. Zu unserem Glück hatte er nach wenigen Schüssen eine Ladehemmung und wir konnten ihn gefangen nehmen. Trotz langer Versuche erhielt unser Dolmetscher nicht die geringste Auskunft von ihm. Er war ein guter Soldat und Kämpfer.

Von einem der sieben Gefangenen erhielten wir dagegen reichhaltige Informationen über Vorbereitungen, Stärke und Ziel des mißglückten feindlichen Unternehmens. Unter der Führung von einem Major und vier Leutnants hatte ein Bataillon mit zwei Kompanien angegriffen, um sich hinter uns in den Besitz von Ust-Dolissi zu setzen, dasselbe solange zu halten, bis sie von einem frontalen feindlichen Angriff aufgenommen würden und sich dann an dem gewünschten Vormarsch zu beteiligen.

Weihnachten verbrachten wir in derselben Stellung an der Rollbahn. Allerdings wußten wir schon, daß wir dieselbe in den folgenden Tagen verlassen würden und nur auf den „Stichtag" warteten. Alle Bunker sowie eine große Holzbrücke, über die die Rollbahn führte, waren zur Sprengung vorbereitet. In dieser Stellung wurde Heinz Tonniesen aus Oldenburg schwer verwundet. Zwei Tage nach Weihnachten erhielten wir den Rückzugsbefehl. Für unser Bataillon war es am ersten Stichtag keine große Rückzugsbewegung, denn wir bezogen eine neue Stellung, nur eineinhalb km hinter der vorherigen. Andere Einheiten dagegen zogen sich bereits am ersten Tage 25-30 km zurück. Von unserem neuen Grabensystem konnten wir das alte teilweise übersehen. Wir erwarteten, daß der Iwan, der sicherlich die vielen Sprengungen unserer Bunker wahrgenommen hatte, uns so schnell wie möglich folgen würde. Es dauerte jedoch einen Tag, bis er langsam mit Spähtrupps vorfühlte.

Am 31. Dezember 1943, nachts 23.45 Uhr, setzte er endlich mit einigen Panzern bei der 5. Kompanie zum Angriff an. Um Punkt zwölf Uhr, wir tranken gerade ein Schnäpschen auf das neue Jahr, rollten drei seiner Panzer auf der Rollbahn an allen Minensperren und acht Panzerabwehrkanonen vorbei in unser Hinterland. Ein Unteroffizier der Sturmgeschützabteilung 912 schoß sie trotz Dunkelheit alle drei ab. Der Infanterieangriff des Feindes bei der 5. wurde glänzend abgewehrt. Iwan ließ wieder einmal gewaltig Haare.

Am 1. Januar war Stichtag Nummer zwei. Diesmal zogen wir uns sechs km zurück und benutzten einen kleinen sumpfigen Fluß als Hindernis vor unserer H. K. L. In dieser Stellung hatte unser Bataillon gar keine Feindberührung und am 3. Januar, dem dritten Stichtag, lösten wir uns aus der Stellung, um vorläufig nicht wieder eingesetzt zu werden. Nach einem Nachtmarsch von 25 km schleusten wir uns durch die von anderen Einheiten besetzte Auffangstellung.

Mit der Eisenbahn erreichten wir die Gegend vom Illmensee, wo wir im Partisanengebiet in Dörfern zur Ruhe untergebracht werden sollten. Hauptmann Eckhardt, Leutnant Schubert und ich hatten diese Dörfer vorher besucht und Quartiere für das Bataillon gewählt. Hauptmann Eckhardt erhielt hier seine Abberufung zum Btls.-Führer-Lehrgang. Oberleutnant Schuch übernahm das Btl.

Gerade als das Btl. einquartiert war, kam ein dringender Einsatzbefehl für Nowgorod. Der gute Iwan war mit Motorschlitten über den zugefrorenen Illmensee geschlittert und hatte an der Rollbahn Nowgorod-Schimskaja Fuß gefaßt. Über Nacht verfrachtete man uns bei grausiger Kälte auf Lastkraftwagen und brachte uns bis etwa sechs km vor Nowgorod. Hier hatte der Iwan die Rollbahn in seinem Besitz.

Oberleutnant Schmidt war in Urlaub gefahren und ich übernahm meine alte 6. Kompanie wieder. Die 5. und 6. bereiteten sich am Morgen zum Gegenangriff vor. Entlang der mit der Rollbahn parallel laufenden Eisenbahn trat ich in Richtung Nowgorod, welches ich in der Ferne sehen konnte, an. Nach 700 Metern schwenkten beide Kompanien nach rechts, auf den Illmensee zu, ein. Mit der Unterstützung von einigen Selbstfahrlafetten und 8,8 Flak-Geschützen säuberten wir die tiefen Straßengräben beiderseits der Rollbahn vom Feinde und stießen weiter in das dichte Gesträuch rechts neben der Rollbahn vor. Neben 60-70 Gefangenen verlor der Feind hier etwa 200-250 Tote. Die 8,8 Flak hatte ungeheure Wirkung im Erdbeschuß. Die Granaten krepierten nur sechs bis sieben Meter über dem Boden. Bis zum Bauch im Schnee stöberten wir durch das Gestrüpp hinter dem Iwan her. An einem 100 Meter breiten gefrorenen Nebenarm des Illmensees kam unser Vorstoß zum Stehen. Im Morgengrauen ging es mit neuer Kraft vorwärts bis zum jenseitigen Rande des Gebüsches. Eine weite Schnee-Ebene, aus deren Mitte die Dächer eines Dorfes hervorlugten, lag vor uns.

Auf Befehl vom Regiment schaufelten sich die Kompanien am Rande der Ebene ein. Noch während die Männer beim Schaufeln waren, setzte der Russe zu erneutem Vorstoß auf die Rollbahn an. Aus dem vor uns liegenden Dorfe kamen sie in breiter Front auf uns zu . . . Unsere Artillerie und Flak machte dem Ansturm auf der Schneefläche allerdings schnell ein Ende.

Früh am nächsten Morgen erinnerten uns nur noch 20-30 verschneite Ruskis an den Angriff. Im Verlaufe desselben Tages versuchte der Feind bei unserem rechten Nachbarn ein größeres Unternehmen. Einheiten der Luftwaf-

fenfelddivision rechts von uns „gingen stiften" und Iwan brachte nicht nur die Rollbahn Schimskaja-Nowgorod in seinen Besitz, sondern stieß weit in unser Hinterland vor. Von einem ehemaligen Flakhochstand hatte ich Gelegenheit, die feindlichen Massen in ihrem Vorstoß zu beobachten.
Auf Grund meiner Meldung davon begab sich Oberleutnant Schuch zum Kommandeur der 1. Luftwaffenfelddivision, Oberstleutnant von Lienen. Von ihm selbst erfuhr er, daß Nowgorod noch in derselben Nacht geräumt werden solle und unser Regiment sich um Mitternacht aus der Stellung zu lösen hatte. Unsere Marschroute war völlig irrsinnig. Von unserer Stellung mußten wir zunächst sechs km auf der Schimskaja-Nowgorod-Rollbahn nach hinten auf Nowgorod zu marschieren und dann auf einer zweiten Rollbahn wieder zurück. Wenn es nach uns gegangen wäre, hätten wir leicht rechts von uns einen Durchbruch erzielt und wären nach Schimskaja marschiert.
Der gute Toni Müller, der das I. Btl. führte und unmittelbar an der Durchbruchstelle gewesen war, fluchte und schimpfte besonders auf die Luftwaffenfelddivision. Während die sich nur aus Nowgorod herauszogen und bereits um 10 Uhr damit begannen, mußten wir zunächst 6 km marschieren, bis wir an demselben Ort waren, nämlich der Rollbahnabzweigung vor Nowgorod. Als wir dort endlich ankamen, fanden wir nur einzelne motorisierte Einweiser sowie zwei Sturmgeschütze vor. Da wir die letzte Einheit waren, zogen wir uns ohne jegliche Rückendeckung zurück. Die Luftwaffenfelddivision hatte uns also zur Nachhut gemacht, ohne uns davon zu verständigen. Eine kleine Beruhigung waren die zwei Sturmgeschütze hinter uns, die uns aber später schmählichst im Stich ließen.
Die Rückzugsstraße war voll von verlassenen Kraftfahrzeugen mit dem Kennzeichnen WL, Luftwaffenfelddivision. Unsere Landser bereicherten sich mit den verschiedensten Gegenständen. Alle möglichen Dinge und Eßwaren kamen zum Vorschein. Der Höhepunkt waren drei Offizierskisten und eine Stabskiste mit Geheimschreiben. Zwei Kannen Benzin und eine Handgranate vernichteten diese für den Iwan so wertvollen Unterlagen. Obgleich gar kein Grund zur Flucht und Panik vorhanden war, mußten die Fahrer alles stehen gelassen haben, um sich persönlich in Sicherheit zu bringen.
Bis etwa zwölf km von Nowgorod marschierten wir ohne Zwischenfälle. Vor uns schleppte sich eine Kompanie der Felddivision die Straße entlang. Beim sogenannten „weißen Haus" empfing uns plötzlich heftiges Pak-, Maschinengewehr- und sogar Granatwerferfeuer. Iwan mußte also inzwischen schon bis zur Rollbahn vorgedrungen sein. Zwei oder drei feindliche Pak-Geschütze schmetterten ihre Granaten die Rollbahn entlang. Ein LKW mit Munition wurde getroffen und flog in die Luft. Bevor wir eine kleine 3,7 cm Pak in Stellung bringen konnten, klotzten die Iwans eine Granate auf das Schlittengespann, hinter das die Kanone gekuppelt war, so daß beides nur so

auf der glatten Rollbahn entlangglitschte. Links hinter und neben uns sorgten einige brennende Häuser und Schuppen für „Festbeleuchtung".
Hauptmann Schuch entschloß sich, augenblicklich anzugreifen. Unser Bataillon links der Straße, das I. Bataillon unter Führung von Oberleutnant Müller rechts neben der Straße. Sobald wir antraten, lief beinahe die Hälfte der Luftwaffenkompanie, welche wir in unseren Verband aufgenommen hatten, mit erhobenen Händen über. In all meiner Fronteinsatzzeit hatte ich nur zwei oder drei Fälle kennengelernt, wo einzelne deutsche Soldaten zum Iwan übergelaufen waren; dieser Fall brachte uns in Wut. Umso stürmischer und verbissener drangen wir vor. Alles Anrennen aber war vergebens. Der Feind hatte sich eingegraben und hatte wunderbare, gedeckte Stellungen für seine Maschinengewehre. Unsere Ausfälle nahmen sehr schnell zu. Direkt auf der Rollbahn wurden mein Melder Helmut Trost und ich verwundet. Ich hörte ihn nach mir rufen, konnte ihm aber nicht helfen, da ich selbst einen Hüftschuß erhalten hatte. Als ich mich einen Augenblick auf dem Boden niederließ, mußte ich die Besinnung für eine Zeit verloren haben.
Als nächstes hörte ich die beiden Sturmgeschütze an uns vorbeibrausen, durch die feindliche Straßensperre hindurch, der Freiheit zu. Damit war unsere letzte Hoffnung auf Unterstützung dahin. Langsam zogen wir uns beiderseits der Rollbahn zurück, um einen Durchschleichversuch in dem Wald links neben der Straße zu versuchen. Viele Verwundete mußten wir liegen lassen.
In langer Reihe wateten wir durch den teilweise hüfthohen Schnee. 4 Mann waren jeweils Wegmacher in Front. Meine Hüfte schmerzte sehr. Alle Männer waren sehr ermüdet und wurden gleichgültig. Sogar Oberleutnant Schuck, der wegen seiner stets frischen und munteren Haltung bekannt war, legte verschiedene Male Pausen ein. Langsam brachten wir das abnehmende Gewehr- und Maschinengewehrfeuer sowie die brennenden Häuser hinter uns. Mehrere Male gelangten wir bis auf Rufweite an feindliche Einheiten heran. Jedesmal machten wir einen großen Bogen, denn unsere Männer waren auf keinen Fall kampffähig. Seit vier Tagen hatten sie fast keinen Schlaf bekommen. Das einzige Richtungsmittel waren unsere Kompasse und deren Gebrauch im dichten nächtlichen Wald war sehr schwierig. Ab und zu konnten wir Kettengeräusche russischer Panzer auf der Rollbahn vernehmen. Unterwegs trafen wir auf einen zweiten Trupp umherrirrender Luftwaffenmänner. Oberleutnant Müller führte sie. Er hatte nur wenige Landser des I. Btls. bei sich und war selbst schwer verwundet. Hatte unter anderem einen Finger durch Granatsplitter verloren.
So schleppten wir uns den ganzen folgenden Tag über westwärts. Gegen fünf Uhr nachmittags wurden wir plötzlich von vorne angeschossen und auf russisch angerufen. Wieder einmal schlichen wir davon. In der Ferne hörten wir

aber ebenfalls eine große Anzahl deutscher Stimmen. Sollten die Landser in solcher Anzahl in Gefangenschaft geraten sein?

Um alle Zweifel zu beseitigen, sandte Oberleutnant Müller einen Feldwebel und zwei Unteroffiziere seines Bataillons auf Spähtrupp, um die Herkunft der deutschen Stimmen festzustellen. Während die drei unterwegs waren, bildeten wir im Wald einen „Igel" (großen Kreis) und sicherten uns so nach allen Seiten vor Überraschungen. Mit lauten Freudenschreien kamen die Späher nach kurzer Zeit zurück. Wir waren auf die eigene Auffangstellung gestoßen und waren von Angehörigen des lettischen Freikorps in russisch angerufen und beschossen worden.

All unsere Sorgen waren verflogen, überall sah man freudige Gesichter. Wir waren dem Iwan gerade noch entschlüpft. Noch während wir bei den Letten standen und uns unterhielten, griff Iwan mit mehreren Panzern an. Zwischen ihnen und einigen eigenen 7,5 cm Pak entspann sich ein Gefecht. Die nachfolgende feindliche Infanterie wurde von mehreren 2 cm Flak fern- und niedergehalten. Die Feindpanzer sollten eine große Überraschung erleben. Bisher hatten nur drei oder vier eigene 7,5 cm Kanonen den Kampf aufgenommen. Auf ein Leuchtsignal legten aber alle 18 schweren Pak und 8,8 Flak mit einem Feuerzauber los, daß beinahe alle Feindpanzer im Nu in Flammen standen.

Unsere Verwundeten, unter ihnen Toni Müller, waren bereits zum Hauptverbandsplatz geschafft worden, als wir uns nach hinten in Marsch setzten. Ich wollte gern bei der Einheit bleiben, begab mich aber gegen Abend ebenfalls zum Hauptverbandsplatz, denn meine Hüfte hatte sich von den Reibungen des Koppels entzündet und lief blau an. Der Chefarzt befahl meinen Rücktransport in ein Lazarett. Die Nacht verbrachte ich auf dem Hauptverbandsplatz und wurde am Morgen von Toni Müller, den man während der Nacht unter mir ins Bett gelegt hatte, geweckt.

Wir beschlossen, unter allen Umständen zusammenzubleiben. In Luga und Riga versorgte man uns mit Plätzen für einen Heimatlazarettzug. Nach zweitägigem Aufenthalt in Tilsit ging es mit dem nächsten Lazarettzug weiter nach Liegnitz in Oberschlesien. Hier belegten wir mit noch einem Oberleutnant von einer Nachschubeinheit ein nettes freundliches Krankenzimmer in einem Krankenhaus. Die Behandlung und Verpflegung waren gut. Die ersten Tage liefen Toni und ich in unseren alten abgetragenen Uniformen umher. Toni trug sogar noch seine Filzstiefel.

Nach einer Woche erhielten wir beide Besuch. Tonis Frau und mein Vater trafen mit unseren guten Uniformen ein. Zusammen verbrachten wir einige Tage in Liegnitz. Toni fuhr mit seiner Frau heim, um nicht wiederzukommen. Von seinem Standortarzt erlangte er Versetzungsgenehmigung ins Heimatlazarett.

Dadurch angeregt, setzte ich mich telefonisch mit Inge in Schrobenhausen in Verbindung. Eine Stunde später hatte sie bereits alles mit dem Chefarzt des Reserve-Lazaretts Schrobenhausen (Dr. Maul) geregelt und ich erhielt Versetzungsgenehmigung. Nach einer langen Bahnfahrt erreichte ich Schrobenhausen.

Wie eine treue Ehefrau erwartete mich meine Freundin auf dem Bahnsteig. Bei der Ankunft im Lazarett sollte ich herausfinden, daß Inge bereits alles bis ins Kleinste geregelt und vorbereitet hatte. Sogar mein Bett hatte sie schon ausgewählt und ein prächtiger Tulpenstrauß prangte auf meinem Nachtschränkchen. In der Schublade fand ich Kuchen und eine Flasche besten Weins.

Dies sollte nur der Anfang einer der glücklichsten Zeiten meines Soldatenlebens sein. Von Tag zu Tag gewann ich Inge mehr lieb. Jeden Nachmittag um 2 Uhr schlich sie von ihrer Arbeit in der Apotheke weg, kaufte Kuchen und verbrachte mit mir ein Plauderstündchen auf unserem Zimmer. Ein Major, mit dem ich das Zimmer bewohnte, war oft zugegen, teilte mit uns Kuchen und Kakao und erfreute sich an dem natürlichen fröhlichen Ton zwischen Inge und mir.

Oft machten wir Spaziergänge durch die verschneite Umgebung Schrobenhausens. Endlich ging mein Wunsch, mit Inge im Schnee zu toben, in Erfüllung. Ich glaube, im viel beschriebenen St. Moritz hätten wir nicht glücklicher und ausgelassener sein können. Wie zwei Kinder kämpften wir im Wald eine Schneeballschlacht. Bei unserer Rückkehr lud mich Inge's Mutter zum Kaffee ein. Da ich wußte, daß Inge's Vater ihr Zusammensein mit Soldaten nicht wünschte, mußte ich die Einladung leider ablehnen. Tag für Tag verbrachten wir zusammen. 1942, als ich das erste Mal in Schrobenhausen war und Inge kennenlernte, und auch in den ersten Tagen des zweiten Aufenthaltes, war unser Verhältnis nicht über Zärtlichkeiten und Küsse hinausgegangen.

Bis ich Inge eines Tages im fröhlichen Toben auf mein Bett drückte und ihre vom weißen Ärztekittel eng umgebene frauliche Figur unter mir fühlte, war mir nie der Gedanke an mehr gekommen. Danach war ich entschlossen, sie vor meiner Abreise völlig zu gewinnen.

Durch eine Fußoperation wurde ich für einige Tage ins „Städtische Krankenhaus" verlegt. Nach glücklichem Verlauf der Operation, bei der ich die zweite Zehe des rechten Fußes verlor, traf der Fahrer des Chefarztes mit einem riesigen Blumenstrauß von Inge ein. Auch diese Trennung konnte sie nicht hindern, mich immer wieder zu besuchen. Jedesmal brachte sie, trotz meiner steten Zurechtweisungen, etwas Neues mit. Meine Freude kannte keine Grenzen, als ich ins Kloster zurückversetzt wurde und sie fast nicht mehr von meinem Bett wich.

Als der Major, mein Zimmerkollege, einmal auf Wochenendurlaub gefahren war, schliefen Inge und ich zum ersten Mal zusammen. Danach wurden unsere Beziehungen immer zärtlicher und enger. Ein alter Stationsarzt, dem unser Verhältnis nicht gefiel, wies Inge hinter meinem Rücken darauf hin, daß ihre Besuche zu nie wieder gut zu machenden Folgen führen könnten. Er verbot ihr das Betreten meines Zimmers. Seiner Anordnung wurde natürlich von ihr keine Beachtung geschenkt, zumal ihr Vater und der Chefarzt inzwischen ihre Erlaubnis erteilt hatten, mich zu besuchen. Der alte Chefarzt Dr. Maul hätte mich am liebsten mit Inge verheiratet gesehen. Bei seinen Visiten machte er dementsprechende Bemerkungen. Persönlich ist mir bis heute trotz aller Überlegungen und vielem Nachdenken noch nicht klar, ob ich der rechte Ehemann für sie gewesen wäre.
Mein Fuß heilte ziemlich schnell. Bis zu meiner Abreise trug ich einen speziell angefertigten Wachsschuh. Für den letzten Abend hatten Inge und ich uns vorgenommen, bei ihrer Freundin Abschied zu feiern. Eine Viertelstunde vor unserer Verabredung tauchte Inge im Lazarett auf, mit der Nachricht, daß ihre Mutter uns eingeladen hatte, den Abschied bei ihr zu Hause zu feiern. Mit unsicheren Gefühlen folgte ich Inge, sollte aber bald von allen bedrückenden Gefühlen befreit werden. Inge's Mutter war eine sehr nette, zuvorkommende Frau. Wir benötigten nicht lange, von dem guten Wein in leichte Stimmung zu kommen. Inge und ich saßen nebeneinander auf der breiten Couch. Als die Zeit vorschritt, zog sich Inge's Mutter diskret zurück. In den frühen Morgenstunden trennten wir uns. Nie habe ich ein Mädchen so bitter weinen sehen. Ich mußte ihr versprechen, daß sie mich bis Augsburg begleiten durfte. Ich war der erste Mann, den sie erlebte. Aus späteren Briefen konnte ich lesen, wie tief dieses Erlebnis auf sie eingewirkt hatte. Ich persönlich werde Inge, auch wenn ich sie nie wiedersehen sollte, nicht vergessen.
In Augsburg hatte ich einige Stunden Aufenthalt, welche wir in einem Cafe verbrachten. Heute muß ich zugeben, daß ich mich ihr gegenüber in diesen letzten Stunden, zu meinem heutigen Bedauern, sehr unfreundlich benommen habe. Bei der Abfahrt des Zuges schenkte ich ihr nicht einmal den so sehr gewünschten Abschiedskuß. Wahrscheinlich war es die Uniform, die mich davon abhielt. Vielleicht aber machte mich auch der Gedanke, daß die schöne Zeit mit dem lieben Mädchen nun vorbei sein sollte, mürrisch und unzufrieden.
In meinem folgenden Urlaub dachte ich viel an das bayrische Mädel und wäre am liebsten für einige Tage zurückgefahren. Meinen Urlaubsschein hatte ich bereits für Schrobenhausen stempeln lassen, als der geheime Befehl „Alarm Küste" durchkam und ich, mit Ausnahme zur Ostfront, Reiseverbot erhielt.

Nach Beendigung meines Erholungs- und Genesungsurlaubs gehörte ich dem Inf. Ers. Regt. 16 Oldenburg an. Major Oncken teilte mich der 1. Kompanie (Oberleutnant Schröder) zu. Außer einer Offiziersbeerdigung, bei der ich Ordenskissenträger war, machte ich während meines dreiwöchigen Aufenthaltes in Oldenburg fast keinen Dienst. Die Schreibstube hielt mich telefonisch unterrichtet, wenn der Kommandeur die Kompanien besuchen werde und meine Anwesenheit erforderlich war. Im übrigen hatte ich mit Feldwebel Sanders, dem Bearbeiter von Offiziersangelegenheiten, wieder einmal abgemacht, daß er mir so schnell wie möglich einen Platz für die 290. I. D. verschaffen solle.

Meine Gelegenheit kam, als ein Marschbataillon von Rendsburg zur Heeresgruppe „Nord" gesandt wurde. Also zunächst nach Rendsburg. Man hatte mich als Kompanieführer der 1. Marschkompanie eingesetzt. Leutnant Bode war mir als Zugführer zugeteilt. Das Btl. bestand aus alten Männern für Nachschubeinheiten. Die Aufstellung und Vorbereitungen zogen sich eine Woche hin. Dann verluden die 1. und 2. Kompanie in Rendsburg und die 3., 4. und der Stab in Neumünster. Die Landser waren auf Grund ihres Alters sehr vernünftig, deshalb verlief der Transport reibungslos. In Rositten, einem kleinen lettischen Städtchen, wurde das Btl. aufgeteilt und die Offiziere somit frei. Eigentlich hätten alle Offiziere zur Heeresgruppe nach Riga fahren sollen, um von dort neu auf die Division verteilt zu werden. Auf der Frontleitstelle in Rositten erfuhr ich, daß die 290. nur etwa 200 km entfernt eingesetzt war. Nach langem Hin und Her mit dem bärtigen Major der Leitstelle erhielt ich einen Marschbefehl direkt zur 290. Um jeglichen Zwischenfällen zuvorzukommen, fuhr ich noch am selben Tage. Die Eisenbahnlinie wurde laufend von feindlichen Jagdfliegern und Partisanen angegriffen. Überall lagen zerstörte deutsche, lettische, holländische, belgische und französische Waggons neben dem Gleis. An einer provisorischen Haltestation verließ ich den Zug. Direkt bei der Holzrampe stieß ich auf einen Verbandsposten der 290. Division.

Von hier hatte ich Gelegenheit, mit dem Regiment 503 zu telefonieren. Der Spieß des Regimentstrosses sandte mir sofort eine Beiwagenmaschine. Am Abend war ich beim Troß meiner alten 6. Kompanie. Franz Berding, der inzwischen zum Oberleutnant und Chef der 14. Kompanie befördert war, lud mich sofort zu seinem Troß ein. Später fuhren wir in seinem Geländewagen zu seinem Gefechtsstand, wo ich die Nacht verbrachte.

Der neue Kommandeur, ein Wiener Oberstleutnant, machte auf mich von Anfang an einen unsympathischen Eindruck. Ich wurde als Z. b. V. zum Regimentsstab abkommandiert. Der Rgt.-Stoßtrupp unterstand mir, deshalb zog ich in einen der Bunker desselben, um vom Gefechtsstand zu verschwinden. Meine Mahlzeiten mußte ich im Kasino des Stabes einnehmen. Der ganze Betrieb beim Stab gefiel mir nicht; ich wollte aktiven Einsatz. Das Leben unter den Landsern machte die Front so anziehend für mich. Es gibt nirgends bessere Kameradschaft als in Gefahr.

Der Kommandeur rief mich eines Tages zu sich und besprach ein Stoßtruppunternehmen mit mir. Vom Graben der 5. Kompanie aus sollte es starten. Der Auftrag war, einen Gefangenen aus einem weit vorgeschobenen russischen Graben zu stehlen.

Nacht für Nacht machte ich mit drei oder vier verschiedenen Männern des Rgt.-Stoßtrupps Spähtrupps, so daß ich nach zehn Tagen jede Einzelheit des Feindabschnittes genau kannte. Der Iwan hatte seine ganzes Vorgelände stark vermint und verdrahtet. Ich konnte mich ihm bis auf etwa 25-30 Meter nähern. Um diese letzte Strecke zu überwinden und das Stacheldrahthindernis zu beseitigen, erbat ich während unseres Einbruchs Infanteriegeschützfeuer auf die Feindstellung. Der Kommandeur wußte es besser und befahl Granatwerferfeuer.

Am Tage des Unternehmens brachte ich meine 20 Männer unbemerkt bis auf 20 Meter an den Iwan heran. Direkt vor uns begann der Draht. Alles war bis ins Kleinste nach Plan verlaufen, jeder Mann war bereit und kannte seinen Auftrag ganz genau. Eine halbe Minute vor der Zeit hörte ich unsere Granatwerfer abfeuern. Vier Werfer sollten je 20 Granaten auf die Einbruchstelle feuern, während wir das Drahthindernis beseitigten und die Minen unschädlich machten. Ich hatte von vornherein Streuschüsse der Granatwerfer erwartet. Es sollte viel schlimmer kommen. Alle 80 Schuß lagen genau in unserem Bereitstellungsraum. Um unnötige Verluste zu vermeiden, schrie ich den Männern zu, sich zurückzuziehen. Dies alles 20 Meter vor dem Feind. Ich hatte eine ungeheure Wut auf den Kommandeur. Wenn er mir Unterstützung der leichten Infanteriegeschütze genehmigt hätte, so bin ich überzeugt, daß Wilhelm Lindenau, der Führer der 13. Kompanie, seine Schüsse haargenau in den feindlichen Graben gesetzt hätte.

Obgleich die Landser nach den ersten Schüssen aus dem Feuerbereich geflohen waren, hatte ich drei Verwundete und einen Vermißten. Iwan war inzwischen natürlich auf uns aufmerksam geworden und klotzte nun seinerseits auf das Zwischenland. Als ich dem Kommandeur bei meiner Rückkehr zur 5. telefonisch Nachricht über den Ausgang des Unternehmens gab, kam er doch auf den völlig irrsinnigen Gedanken, das ganze Unternehmen anschließend nochmal zu wiederholen. Ich dachte, ich hörte nicht recht. Ich weigerte mich, den Befehl auszuführen, da die Folge desselben ein Abschlachten meiner Männer gewesen wäre. Wegen der Befehlsverweigerung versetzte mich der Kommandeur zur 5. Kompanie als Zugführer. Es war gerade kein angenehmes Gefühl, zum Zugführer herabgesetzt zu werden, nachdem man bereits eine Kompanie geführt hatte.

Leutnant Bode, der bisher Zugführer der 5. Kompanie gewesen war, bereitete nun mit seinem Zuge auf Befehl des Kommandeurs dasselbe Unternehmen nochmals vor. Jeder mußte sich sagen, daß der Iwan uns nach dem ersten Versuch täglich erwartete; aber der Kommandeur kannte keine Rücksicht auf die Männer. Selbst als das Unternehmen drei Tote (Leutnant Bode darunter) und elf Verwundete gekostet hatte, meinte der Kommandeur, daß es sich gelohnt habe, da ein Feldwebel zwei Gefangene mitbrachte. Wenn wir den ganzen Krieg in solch einem Verhältnis geführt hätten, wären unsere Armeen bestimmt nicht bis Leningrad und Stalingrad gelangt.

Oberleutnant Bäumer, der nun mein Kompanieführer war, verstand meine Lage und ließ mich völlig walten und schalten. An meinem Geburtstage begab ich mich zum Troß, um mit meinen alten Troßleuten der 6. zu feiern. Unterwegs traf ich Hauptfeldwebel Notemann und Unteroffizier Toben, die mit einem Geschenk für mich auf dem Wege zur 5. waren. Dies gab mir große Freude und Beruhigung, war ich doch nicht bei meiner alten Kompanie vergessen. Zusammen fuhren wir zum Troß des 2. Btls. Ein Besuch beim Stabszahlmeister brachte mir genügend Getränke und Rauchwaren für eine gute Geburtstagsfeier ein. Um alle Sorgen der letzten Tage mit dem Kommandeur zu vergessen, trank ich mit Hauptfeldwebel Notemann, Uffz. Toben, Dahm, Decker, Gerstenköper und einigen anderen Troßangehörigen der 6. meinen Ärger runter. Gegen Abend schien dem Kommandeur eingefallen zu sein, daß mein Geburtstag war. Telefonisch sprach er mir kurz seine Glückwünsche aus und schiß mich sofort anschließend an, da ich beim Troß war.

Kurze Zeit nach meinem Geburtstage hieß es wieder einmal: Versetzung. Mit drei Mann von jeder Kompanie bildete ich für 24 Stunden ein Nachkommando, um die ablösende Einheit einzuweisen. Danach setzte auch ich mich in Marsch zum Troß, wo das Btl. bereits abmarschbereit stand. Die Nacht hindurch fuhren wir mit der Bahn südwärts und entluden im Morgengrauen, um bei Vitebsk an der Grenze der Heeresgruppe Nord und Mitte im überschlagenden Einsatz an der Rückzugsbewegung teilzunehmen. Ich übernahm die 7. Kompanie.

Drei Tage lungerten wir in einem Wald herum, bis wir endlich entlang eines etwa 100 Meter breiten Flusses eingesetzt wurden. Neben einem feindlichen Spähtrupp am jenseitigen Ufer hatten wir keine Feindberührung. Wir wohnten in verlassenen Russenhäusern. Ab und zu wagten wir uns zu dritt im Ruderboot auf die andere Uferseite. Einmal kamen wir mit einer Ladung Schweine heim. Die Küche brachte für Tage nur noch Schweinebraten. Dieses Leben war zu schön, um anzudauern.

Im Zuge der großen Rückzugsbewegung mußten wir dieses Schlaraffenland bald verlassen. In Strecken von 20 km täglich schleusten sich die Divisionen zurück, bis wir in einer von der O. T. gut ausgebauten Stellung stoppten. Dies war eine Musterstellung; vorschriftsmäßige Gräben mit Schlängen ausgebaut, starke geräumige, völlig unterirdische Bunker und ein weites, von allen Hindernissen geräumtes Schußfeld.

Ich wurde wieder einmal mit der Kompanie am brenzlichsten Punkte des Regimentsabschnittes eingesetzt. Beiderseits einer breiten Rollbahn. Dies hatte ich wahrscheinlich Hauptmann Eckhardt zu verdanken, der zu der Zeit das Regiment führte. Einen klotzigen Eisenbunker mit drei Meter Erde als Decke wählte ich als Gefechtsstand. Er lag nur zehn Meter neben der Rollbahn, leider aber 50-60 Meter hinter unserem ersten Graben. Ich setzte den ersten Zug unter Feldwebel Huper rechts und den zweiten Zug unter Feldwebel Ramlow links der Bahn ein.

Iwan ließ nicht lange auf sich warten. Seine T34-Panzer fühlten sehr bald vor und schossen aus einem Wald heraus das Gelände ab. Keine unserer Pak's antwortete. Iwan wurde dreister und schob sich langsam vor. Als immer noch keine deutsche Pak und Artillerie antwortete, setzte er zum vereinigten Panzer- und Infanterie-Angriff auf meinen Abschnitt an. Zwei Panzer rollten ungehindert auf der Rollbahn vor, aber unsere Landser hielten seine Infanterie fern. Die letzten aufgesessenen Ruskis wurden beim Durchfahren unseres ersten Grabens abgeschossen. Die beiden Stahlkolosse machten sich ungestört daran, die Panzersperren beiderseits der Straße zu durchbrechen. Sie wagten nicht, die Straße selbst zu befahren. Wenn sie nur gewußt hätten, daß dort nicht eine einzige Mine vorhanden war. Aus Mangel an Panzerbekämpfungsmitteln entschlüpften uns die beiden Panzer wieder. Von den acht schweren eigenen Pak's, deren Anwesenheit im Hintergelände man mir gemeldet hatte, gab nicht eine einzige einen Schuß ab.

Der Iwan wollte unbedingt einen Durchbruch erzielen und wiederholte seinen Infanterieangriff an dem Tage sieben Mal. Einmal erreichte er einen Einbruch bei unserem rechten Nachbarn, so daß ich meine Front rechts einigeln mußte. Eine Kompanie eines Sturmbataillons hetzte den Ruski nachts aus der Stellung und die alte H. K. L. war wieder hergestellt. Einen erneuten Einbruch erzielte Iwan an meinem rechten Flügel und bei der 1. Kompanie am folgenden Tag. Mit einigen Landsern hatte ich ihn allerdings schnell wieder aus meinem Abschnitt gejagt. Wir waren stark genug, ihm den gewünschten Vormarsch auf unserer Rollbahn zu verwehren.

Leider gelang ihm 16 km links von uns ein großer Durchbruch. Aufgrund dessen hieß es wieder einmal räumen. Die folgenden Tage hielten wir jede Stellung nur einen Tag und des Nachts ging die Parole: „Räumen, räumen". Die Landser waren so müde, daß sie während des Marschierens einschliefen. Ich persönlich schlafwandelte dreimal in einer Nacht in einen Graben. Kurz vor Kraslawa an der Düna gönnte man unserem Regiment eine Ruhe von zwei Tagen.

Unser Btl. wurde dann dem Regiment 502, Ritterkreuzträger Oberst Warrelmann, unterstellt. Von ihm war allgemein bekannt, daß er, solange er konnte, fremde Einheiten einsetzen würde, um sein eigenes Regiment zu schonen. Mit der Unterstellung kam sodann auch der Einsatzbefehl für uns. Zwei km vor Kraslawa sollten wir ein Pionier-Btl. ablösen. In dem mir angewiesenen Abschnitt fand ich nur einen MG.-Posten vor. Während der Einweisung griff der „Russe" schon an. Zum Glück griff er nur auf einem sehr schmalen Streifen an und ich war in der Lage, ihm mit der geballten Kraft eines ganzen Zuges entgegenzutreten und abzuwehren. Anschließend setzte ich meine Kompanie ein. Die Nacht verlief danach ereignislos.
In eine kleine Mulde unmittelbar hinter der H. K. L. legte ich meinen Kompanietrupp mit Meldern und Funkern. Am 20. Juli 1944 nachmittags überschütteten uns russische Granatwerfer mit einem mörderischen Feuer. Zwei Btls.-Funker sowie einer meiner Essenfahrer vom Troß fielen durch Volltreffer. Ein neuangekommener Kriegsoffiziersbewerber-Unteroffizier und ein Melder waren verwundet. Als ich die riesige Armwunde meines Melders sah, sprang ich mit einem Verbandspäcken zu ihm ins Schützenloch. Beim Verbinden erhielt ich einen kräftigen Schlag in die rechte Seite. Atemschwierigkeiten und zerrende Schmerzen setzten ein. Ein Granatsplitter hatte meine rechte Niere gestreift. Als alles ruhig war, übergab ich Feldwebel Meier die Kompanie und begab mich zum Btls.-Arzt.
Wieder einmal lautete das ärztliche Urteil: „Lazarett". Auf einem Verwundetenfahrzeug legte ich den Weg bis zum Regiments-Gefechtsstand zurück. Hier erhielt ich, bevor ich zum Hauptverbandsplatz transportiert wurde, eine Spritze, die mich für 24 Stunden in einen schläfrigen, gleichgültigen Zustand versetzte. An einen heftigen russischen Flieger-Angriff auf den Bahnhof von Dünaburg, in dem unser Lazarettzug gerade eingelaufen war, kann ich mich deswegen nur schwach erinnern. In Tilsit hatte der Transport zum zweiten Mal das Pech, in einen Bombenangriff hineinzufahren. Soweit wie möglich mußte der Zug von Verwundeten geräumt werden. Die Bahnanlagen erhielten einige Bombentreffer, aber der Zug setzte seinen Weg nach einigem Rangieren fort ins „Reich".
Genau wie bei meiner letzten Verwundung war Oberschlesien das Ziel. Für mich endete die Fahrt in Oppeln. Die salzlose Nierendiät und die verordnete Bettruhe paßten mir gar nicht. Auf meinen Wunsch entließ mich der Chefarzt nach fünf Wochen zu einem siebentägigen Erholungsurlaub.
Das Wetter meinte es gut mit mir. Die sieben Tage verbrachte ich im Oldenburger Strandbad.
Der Ersatztruppenteil Lübeck genehmigte mir weitere sieben Tage Urlaub. Bei meiner nächtlichen Ankunft sprachen mir meine Eltern zu Hause ihre Glückwünsche zur Verleihung des „Deutschen Kreuzes in Gold" aus. Ein

Melder des Regiments hatte sie am Vortage besucht, um mir den Befehl zur Vorstellung beim Standortältesten von Oldenburg, Oberst Sassenberg, zu übergeben. Beim Verpflegungskartenempfang führte mich der Adjutant deshalb am nächsten Morgen zum Dienstzimmer des Kommandanten. Der überreichte mir das Verleihungsfernschreiben und sprach seine Glückwünsche zum D. K. aus. Gleichzeitig setzte er sich mit einem Uniform- und Ordensgeschäft in Verbindung und erbat für mich die Ausleihung eines D. K., da meine eigene Auszeichnung noch nicht eingetroffen war.

Einen Monat später erfolgte meine vorzugsweise Beförderung zum Oberleutnant.

Einsatz im Westen

Mit der schönen Auszeichnung an meiner rechten Brustseite konnte ich meinen Eltern bei der Rückkehr die Bestätigung der Verleihung geben.
In der Hoffnung, recht bald zu meinem Erholungsurlaub nach Oldenburg zurückzukehren, reiste ich wieder nach Lübeck.
Während ich auf meine Versetzung zum alten Regiment an der Front wartete, bildete ich Rekruten aus. Die vorgeschrittene Kriegszeit machte sich an den Jahrgängen der Neueingezogenen bemerkbar. Durchschnittlich alte Leute von 38-45 Jahren mußten zu den Waffen greifen, um die Front mit Soldaten versorgt zu halten. Der Geist dieser „anderen Generation", wie wir sie nannten, war erstaunlich. Sie waren sehr diensteifrig und die bei jungen Rekruten übliche Überheblichkeit und Großmäuligkeit (die sie von der HJ mitbrachten) gab es nicht. Oft habe ich daran denken müssen, was für eine Ungerechtigkeit es war, diese Männer, die das Alter meines Vaters teilweise erreicht hatten, an die Front zu senden.
In Lübeck traf ich Joachim Schubert, der kurz vor mir an der Hand verwundet wurde. Mit zwei Nachrichtenhelferinnen, die wir kennenlernten, und die einen eigenen Haushalt unterhielten, verbrachten wir unsere freien Abendstunden. Wie zu Hause fühlten wir uns, wenn wir dort abends unsere Hausschuhe anzogen und es uns auf der Couch bei leichter Radiomusik gemütlich machten. Um fünf Minuten vor Dienstanfang verließen wir fast jeden Morgen die Wohnung, um gerade zeitig zur Meldung an den Chef, Hauptmann Buhr, zu kommen. Der Landser mußte seine wenigen Tage in der Heimat so gut wie möglich ausnutzen. An der Front gab es keine Nachrichtenhelferinnen.
Drei Tage bevor ich in Erholungsurlaub fahren sollte, mußte dann ausgerechnet der seit Monaten erwartete „Alarm Küste" durchkommen. Alle Wehrmachtsangehörigen hatten sich auf schnellstem Wege zu ihren Unterkünften zu begeben. Alle Urlauber mußten sich bei den zuständigen Standortkommandanturen melden. So lauteten die ersten Befehle, die in sämtlichen Kinos, Cafes und sonstigen Unterhaltungsstätten durch Lautsprecherübertragung bekanntgegeben wurden.
Amerikaner und Engländer waren bei Arnheim, Nymwegen und Eindhofen mit Fallschirm- und Luftlandetruppen gelandet. Gleichzeitig setzten die Alliierten zum großen Stoß auf Antwerpen und Brüssel an. Unsere Kompanien wurden mit Feldausrüstung und scharfer Munition versehen. Das Btl. bereitete sich in aller Eile zum Abtransport vor. Wohin wußte natürlich niemand. Sehr bald jedoch sollte es keinen Zweifel mehr geben. Alle Kompanien erhielten motorisierte Fahrzeuge. Dabei fiel für mich ein 250 DKW-Krad ab.

Nachts verlud das Btl., um im Morgengauen westwärts zu rollen. Zum ersten Mal hieß mein Ziel „Westfront". An der holländisch-deutschen Grenze zwischen Arnheim und Nymwegen endete die Bahnfahrt. In nächtlicher Fahrt durch dichten Nebel fand die Verlegung auf Kraftwagen in den „Reichswald" statt. Ein Einsatzbefehl lag für uns noch nicht vor. Das Btl. bezog eine Art Auffangstellung an dem nordwestlichen Rande des Waldes. Nach eineinhalb Tagen bezogen wir Quartier in einem Barackenlager im Walde nahe der Straße Cleve-Goch. Der Amerikaner unternahm urplötzlich ein starkes Stoßtruppenunternehmen auf die Orte Mook und Groesbeek, nahm einen ganzen Zug gefangen und setzte sich in der deutschen Stellung fest.

Oberst Oldendorf, Kommandeur des Regiments, teilte unser Btl. zum Bereinigen des Einbruches ein. Gleich am ersten Abend trieben wir den Amerikaner etwa zwei km zurück. Der Kompanieführer der 2. Kompanie war verwundet. Hauptmann Dehmke, unser Btl.-Führer, übergab mir die Kompanie mit dem Auftrag, mich auf einen erneuten Gegenstoß um zwei Uhr nachmittags vorzubereiten. Der verwundete Oberleutnant hatte mir vor seinem Abtransport zum Hauptverbandsplatz mitgeteilt, daß noch etwa 15-20 eigene und amerikanische Verwundete im Vorgelände lägen.

Deshalb fragte ich Hauptmann Dehmke, dessen Kampfgruppe wir unterstellt waren, ob es nicht ratsam sei, mit dem Feinde eine Kampfpause zur Bergung der Verwundeten zu verabreden. Am Vortrage hatte der Ami seinerseits um eine Feuerpause gebeten. Als ich bei meiner neuen Kompanie ankam, verständigte mich Hauptmann Dehmke, daß ich auf Befehl des Regimentes mit einem Soldaten mit einer weißen Flagge zum Amerikaner gehen und eine Feuerpause von einer Stunde erbitten solle. Inzwischen war es zwei Uhr geworden und unser geplanter Gegenstoß hinfällig.

Ein Melder benutzte einen weißen Bettbezug, den er auf einen Besenstiel stülpte, als Parlamentärsflagge. Wir zwei begaben uns bis zur Mitte des Niemandlandes, um dort einen amerikanischen Abgeordneten zu erwarten.

Der Ami sandte aber niemanden. Einige winkten uns, zu ihnen zu kommen. Da ich aber nicht weiter auf ihre Stellung zuschritt, schossen sie kurzerhand auf uns. Wir standen auf völlig freiem Feld und wären sofort abgeschossen worden, falls wir den Versuch gemacht hätten, rückwärts zu gehen. Ich entschloß mich daher, auf die feindliche Stellung zuzugehen. Augenblicklich wurde das Feuer eingestellt. Einige Meter vor der feindlichen Stellung kamen mir verschiedene amerikanische Landser entgegen.

Neugierig standen sie um uns herum. Besonders die Leuchtpistole, mit der ich zwei rote Signale schießen sollte, falls die Amerikaner mit der Feuerpause einverstanden waren, fand ihre Aufmerksamkeit. Um ihnen zu zeigen, daß ich dieselbe nicht als Waffe trug, legte ich die Pistole und zwei

Den 25. Oktober 1944

Sehr geehrter Herr Würdemann,

Am heutigen Tage muß ich Ihnen die traurige Gewißheit zukommen lassen, daß Ihr Sohn, der Lt. Hermann Würdemann geb. am 17. Juni 1923 in Kroatien als Parlamentär in Feindes Hand (Amerikaner) geblieben ist. Ihr Sohn war auf Befehl mit dem Feind in Verhandlung getreten, um eine kurze Waffenruhe zwecks Bergung Verwundeter herbeizuführen. Entgegen den bestehenden völkerrechtlichen Abmachungen ließ der Feind Ihren Sohn nicht wieder in unsere Linie zurück. Verschiedene Soldaten des Btls. haben bestätigt, daß Ihr Sohn unverwundet die feindliche Linie, südlich Sinnewegen im Raume Grevenbrock erreicht hat.

Das Btl. empfindet den Verlust Ihres Sohnes besonders schwer. Ihr Sohn war trotz seiner Jugend ein hervorragender Kämpfer und treuer Kamerad. Zunächst als Ordonnanzoffizier eingesetzt und für besondere Aufgaben vorgesehen, übernahm er am 1. Oktober 1944 die 2. Kompanie des Btls. Als Kompanieführer wurde Ihr Sohn am 1.10.44 der Parlamentär seiner Truppe. Zwischen 14⁰⁰ und 15⁰⁰ Uhr des 1. Oktobers begab sich Ihr Sohn durch die feindl. Linie und kehrte nicht wieder zu uns zurück.

Weil ich immer noch die Hoffnung hegte, Ihr Sohn würde auf irgendeine Art doch noch zu uns zurückkehren, habe ich von einer früheren Benachrichtigung abgesehen.

Daß auch Sie, geehrter Herr Würdemann, nebst der Mutter und den Geschwistern des Vermißten sehr unter dem Eindruck der Ungewißheit leiden, verstehe ich sehr wohl. Dennoch darf ich Sie bitten, die Gewißheit, daß Ihr Herr Sohn Hermann lebend und gesund in Feindes Hand gekommen ist, als feststehende Tatsache hinzunehmen und immer die Hoffnung auf eine gesunde Heimkehr Ihres Sohnes Hermann aufzugeben.

Mit der Bitte, mich zu benachrichtigen, sobald Ihr Sohn geschrieben hat grüße ich Sie im aufrichtigen Mitgefühl als Ihr

E. Dehmke
Hptm. u. Btl.-Führer.

Brief von Hptm. Dehmke an die Eltern von Leutnant Würdemann

Schuß Leuchtmunition auf den Boden. Man verband mir die Augen und führte mich zum Kompanieführer. Derselbe war sehr höflich und genau wie ich ein junger Bursche.

Während er auf eine Nachricht von seinem Regimentskommandeur wartete, bot er mir Zigaretten und Tee an. Da er mir die Augenbinde hatte abnehmen lassen, konnte ich seinen Gefechtsstand betrachten. Es war der Keller eines holländischen Hauses. Durch Funkspruch erhielt der Kompanieführer Anweisung, mich mit verbundenen Augen zum Kommandeur zu bringen. Zwei amerikanische Landser führten mich an den Armen. Beide waren sehr gesprächig; leider konnte ich von ihren Fragen nicht viel verstehen.

Nach kurzer Wartezeit wurde ich dem Regimentskommandeur, einem Oberst, vorgeführt. Ein Captain war Dolmetscher. Als ich ihm meinen Auftrag mitgeteilt hatte, begann er mir Fragen über meine Einheit, Zweck des vortägigen Angriffs usw. zu stellen, auf die ich ihm nur kurz antwortete, daß ich selbstverständlich keine Angaben irgendwelcher Art machen werde.

Wieder erhielt ich meine Augenbinde und ein Captain fuhr mich mit einem erbeuteten DKW (konnte es am Motorengeräusch hören) zum Divisionsgefechtsstand der 82. amerikanischen Fallschirmjägerdivision. Ich wurde der Polizei- und Intelligenzservice der Division auf einem Tennisplatz in Nymwegen übergeben. Ein Captain von der Größe und Stärke eines Schwergewichtboxers teilte mir sofort mit, daß ich kein Parlamentär, sondern Kriegsgefangener sei. Meine Hinweise auf die Regeln des Internationalen Roten Kreuzes wies er damit zurück, daß Deutschland den Krieg bereits verloren und keinen Anspruch auf das Rote Kreuz mehr habe. Dies war am 1. Oktober 1944, acht Monate vor Kriegsschluß. Alle meine Einwände halfen nichts. Er stellte mir Fragen auf Fragen über Stärke, Ausrüstung und Nummer meines Regiments.

Langsam fragte sich der Captain in eine Wut hinein, so daß er mir nach 20 Minuten drohte, mich als Spion erschießen zu lassen, falls ich keine Aussagen mache. Auf meine Antwort, daß es so einfach denn doch wohl nicht wäre mit dem Erschießen, ließ er mich in den Schweinestall eines holländischen Hauses bringen. Ein bewaffneter Posten lehnte in jeder Ecke des Stalles. In sehr feierlicher Weise fragte mich der Captain, ob ich einen letzten Wunsch habe oder einen letzten Brief an meine Eltern schreiben wolle. ein langer Sergeant nahm Aufstellung hinter mir. Des Captains Frage beantwortete ich mit einem höhnischen Lächeln und Kopfschütteln. Damit hatte ich den Anlasser gedrückt. Wütend schrie er mich an, ich sei ein typisches, blondes, blauäugiges Nazischwein. Wieder konnte ich nur lächeln, ich war so gleichgültig, alles war mir ganz egal. Der Captain holte zu einem gewaltigen Schlage aus, aber ich konnte denselben nur durch Anheben meines linken Armes abfangen. Nun schlug der Sergeant von hinten auf mich ein. Dies war also die Methode der Alliierten, Aussagen zu erzwingen. In mir kochte es. Nun erst gerade nicht.

Nach einer Reihe von Schlägen stellte der Captain wieder einige Fragen. Obwohl mir verdammt nicht zum Lachen zu Mute war, lächelte ich ihn an und sagte, er könne keine Auskunft von mir erwarten. Von neuem ging die Trommelei los, bis mein rechtes Auge „leicht" angeschwollen, mein Hals verschrammt und das rechte Schulterstück meiner Uniform abgerissen war. Mit „dickköpfiger Hund" wurde ich dann entlassen.

Bei meiner Ankunft auf dem Tennisplatz untersuchte mich ein amerikanischer Offizier. Er nahm mir meine Armbanduhr, ein kleines silbernes Taschenmesser und einige Fotos ab. Und das vom Amerikaner, der heute so über die Einhaltung der Rot-Kreuz-Regeln prahlt. Der Tommy hat sich, wie ich später im Gefangenenlager erfuhr, viel gerechter verhalten. Ohne Verpflegung sollte ich in einem kleinen 1 x 1 Meter großen Quadrat stehen, bis ich es mir überlegt hatte, ob ich Aussagen machen wollte oder nicht. Der Dolmetscher-Captain, der mich von der Front-Kompanie in seinem DKW-Wagen gebracht hatte, verabschiedete sich von mir, sprach mir seine Anerkennung über mein Schweigen aus und riet mir, von niemandem meine Auszeichnungen abnehmen zu lassen. Ihm schien die Art und Weise der Aussagenerpressung zuwider zu sein.

In der Nacht besuchte mich einer der diensthabenden amerikanischen Fallschirmjägerfeldwebel und schmuggelte mir eine eiserne Ration zu. Man kann kommen, wohin man will, Frontsoldaten, die im Feuer und Gefecht gewesen sind, stehen füreinander ein. Gegen Morgen kam er zurück, um die Verpackung und Blechdose abzuholen. Bis dahin hatte ich die Schokolade, die Kekse, die Wurst und die Bonbons, die der Inhalt der Ration waren, gegessen. Die fünf Zigaretten gab ich dem Sergeant zurück, um Aufsehen bei den Posten zu vermeiden.

Im Morgengrauen hämmerte unsere schwere Artillerie auf die Umgebung der Tennisplatzes ein. Wie die Hasen verkrochen sich die umherstehenden Posten in ihre Schützenlöcher außerhalb der hohen Drahtumzäunung des Tennisplatzes, während ich mit drei Zivilgefangenen stehenbleiben mußte. An einer Mauer hinter mir, konnte ich am Morgen viele kleine Splittereinschläge in meiner Nähe feststellen. Daß ich nicht verwundet wurde ist ein Wunder. Den ganzen Tag sah ich den Captain nicht. Ob er verwundet oder abgerufen war, konnte ich nicht ausmachen.

Mit einem Schub von 75 deutschen Fallschirmjägern, die an dem Tage gefangengenommen wurden, erwartete ich nachmittags den Abtransport. Die Fallschirmjäger wurden auf Lastwagen gezwängt, für mich bestellte der Offizier, dessen Rang ich auf Grund seines Pullovers nicht erkennen konnte, einen Jeep und besondere Posten mit Maschinenpistolen. Sobald wir den

Tennisplatz in langsamer Fahrt verließen, drängten holländische Zivilisten auf die Fahrzeuge ein. Fäuste wurden gegen mich erhoben, einige Frauen schrien und versuchten, mich anzuspucken, während wieder andere dastanden und uns anstarrten.

Auf einer Wiese außerhalb Nymwegens wurden wir dem Tommy übergeben. Etwa 200-300 deutsche Landser waren hier bereits versammelt. Um uns gegen die nächtliche Kälte zu schützen, gruben wir uns mit alten Konservenbüchsen, Stahlhelmen und den bloßen Händen Erdlöcher. Einigen Verwundeten genehmigte der englische Korporal „in charge", nach langen Verhandlungen, etwas Stroh. Nach einer eiskalten Nacht, die wir neben- und übereinanderliegend in den Löchern verbrachten, ging's am nächsten Morgen nach Diest.

In einem kahlen, vom Bodenwasser feuchten Kellerraum der Zitadelle verbrachten wir den Tag und die Nacht. Wir waren vier Offiziere und zwei Oberfähnriche. Über Verpflegung konnten wir uns nicht beklagen, jeder bekam eine Dose Cornedbeef und soviel Kekse aus erbeuteten deutschen eisernen Rationen, wie er wollte. Trotz aller bisherigen Untersuchungen hatte Oberfähnrich Karl Heinz Loh einige Streichhölzer und seine Armbanduhr durchgeschmuggelt. Sämtliche Holzverschalungen und Holzgegenstände des Kellers, die nicht niet- und nagelfest saßen, häuften wir vor dem Fenster auf und entzündeten das Ganze. Gerade als die Hitze uns etwas erwärmte, wurde unser Feuer von einigen Angehörigen der sogenannten „Belgischen Freiheitsarmee" entdeckt. Augenblicklich kamen solche Mengen Wasser durch das Fenster zu uns herab, daß wir beinahe keinen trockenen Faden mehr am Leibe hatten.

In Diest beabsichtigten Karl Heinz Loh und ich, zum ersten Mal zu fliehen, wurden aber vorzeitig nach Enghien, südwestlich von Brüssel, versetzt. In einem großen hufeisenförmigen Gebäude waren nach meiner Schätzung etwa eintausend Landser untergebracht. Sämtliche Zimmer, Flure und Treppen waren belegt. Verpflegung war die gewöhnliche, pro vier Mann eine Dose Corned beef und pro Mann ein Päckchen Biskuit. Unter den eintausend Gefangenen befanden sich 58 Offiziere und Ärzte. Jeden Tag fand zweimal eine Zählung statt.

Beim Durchgang des zählenden Offiziers versuchte ein Dolmetscher-Sergeant einmal, uns zu kommandieren. Zu sechsen weigerten wir uns, von einem Feldwebel Befehle anzunehmen und mußten dafür auf persönlichen Befehl des Kommandanten eine Stunde lang mit dem Gesicht zur Wand stillstehen.

Nach zwei Wochen in Enghien erhielten wir die erste warme Verpflegung; Porridge mit Rosinen und Tee. Ein rechter Genuß nach so langer Zeit kalten Essens und kaltem Wasser. Durch Zufall lernte ich einen Fliegeroberfeldwebel kennen. In einer regnerischen Nacht kam er zu mir aufs Zimmer und

fragte, ob ich mit ihm fliehen wollte. Karl Heinz Loh, der den Flieger kannte, und ich waren sofort auf und folgten ihm auf das Dach des 15 Meter hohen Gebäudes. Er hatte bereits ein Loch in die Giebelwand gebrochen und genügend Draht aus einem Blitzableiter zusammengeflochten, um bis zum Erdboden zu gelangen. Er bestand darauf, den Weg als erster zu machen, da er alles ganz genau kannte. Der Draht endete auf dem flacheren Schieferdach des angrenzenden Wachlokals, von dem wir leicht hinunterspringen konnten. Als sich unter uns im Garten kein Posten regte, ließ sich der Oberfeldwebel an dem Seil langsam hinunter. Plötzlich gab es ein mörderisches Gepolter und Geklirr. Der Draht war gerissen und der Oberfeldwebel durch das Dach in die Wachstube der verdutzten Tommys gefallen. Damit war unser erstes Fluchtunternehmen gescheitert, aber wir waren entschlossen, es zum Erfolg zu bringen, bevor man uns nach England schickte.
Auf der Bahnfahrt von Enghien nach Ostende am 22. 10. 1944 kam nachts unsere Gelegenheit zur Flucht. Zu 40 Offizieren nahmen wir einen Viehwagen ein, welcher von außen vernagelt und versiegelt wurde. In französischen Viehwagen befindet sich an einer Seite nahe dem Boden eine mit einer ein cm dicken Eisenroste versehene Luftklappe. Diese Roste wird von vier Schrauben gehalten. In unserem Waggon war eine dieser Schrauben gelockert. Sobald sich der Zug in Bewegung setzte, machten wir uns die Arbeit, die restlichen drei Schrauben zu lösen. Zehn km vor Brügge gab die Roste endlich nach und nur eine hölzerne Klappe behinderte unseren Weg in die Freiheit. Einige kräftige Fußtritte verwandelten dieses Hindernis zu Feuerholz. Draußen herrschte völlige Dunkelheit, drei Waggons hinter uns leuchteten die Lampen des Postenwagens.
Im letzten Augenblick zogen sich einige der vorher so großmäuligen Zukunftsflüchtlinge zurück. Auf Biegen und Brechen wollte ich es versuchen. Während die anderen Kameraden zögerten und große Diskussionen anstellten, was mit den zurückbleibenden Offizieren geschehen werde, kletterte ich durch das Loch und hing am fahrenden Zuge, Kopf in Fahrtrichtung. Als ich die ersten Leuchtbahnzeichen von Brügge sah, gab es für mich kein Zögern mehr. Ich ließ mich auf die Knie fallen und wälzte mich sofort vom Gleis weg. Unmittelbar danach holperten die Lampen des Bewachungswagens über mich hinweg. Ein Posten, der in der Tür stand, bemerkte mich nicht. Als alles dunkel war, kroch ich den Bahndamm hinunter und stieß auf Karl Heinz Loh, der sofort nach mir ausgestiegen war.
Im ganzen stiegen fünf Mann aus, an drei Namen kann ich mich erinnern, den vierten, ein Oberfähnrich aus Wien, habe ich leider vergessen. Oberleutnant Wendel Vogel aus Freiburg/Breisgrau, Oberleutnant Plydias Triantaphylides, ein Grieche, aus Berlin und Oberfähnrich Karl Heinz Loh aus Halle. Wir trafen uns entlang der Bahnlinie und hielten kurzen Rat, was wir

weiter unternehmen wollten. Vogel und Loh hatten sich beim Aussteigen leichte Bein- und Ellenbogenverletzungen zugezogen, waren aber marschfähig. Es wurde beschlossen, so schnell wie möglich von der Bahnlinie zu verschwinden und in südöstlicher Richtung zu gehen. Um einigermaßen Tarnkleidung zu besitzen, drehten wir die Futterseiten unserer Feldblusen nach außen. Hosen wurden über die Stiefel gezogen und Mützen trotz Kälte in die Tasche gesteckt.

Schon an der ersten Straße erfolgte ein Zwischenfall, durch den wir Loh beinahe verloren hätten. Ein englischer Lastkraftwagen bog mit vollem Scheinwerfer auf unsere Straße ein. Loh sprang in einen Straßengraben, wir anderen vier schlenderten „unauffällig" mit Händen in Hosentaschen weiter. Ausgerechnet dann muß doch der Fahrer seinen Wagen anhalten, um nach einem Straßenschild zu sehen. Gezwungenerweise setzten wir unseren Weg im Scheine des Scheinwerfers fort, uns immer weiter von Loh entfernend. An einer Straßenecke warteten wir, daß er uns folgen sollte, aber kein Loh kam. Wegen einiger Straßenpassanten war es für uns unmöglich, zurückzukehren. Einige Stunden später trafen wir den verlorenen Oberfähnrich zufällig in einem Rübenfeld wieder. Er war genau wie wir der abgemachten Himmelsrichtung gefolgt. Inmitten der Rüben ließen wir uns nieder und aßen rohe Rüben, bis wir voll und satt waren, dann setzten wir unseren Weg nach den Sternen fort.

Außer einigen Radfahrern, denen wir jedes Mal aus dem Wege gingen, trafen wir niemanden. Wir tippelten und tippelten. Im ersten Morgengrauen suchten wir nach einer Scheune oder einem Heuschober, worin wir uns tagsüber verbergen konnten. Zunächst wollten wir alle fünf in einen Heuhaufen hineinkriechen. Das Wühlen im Heu wurde uns aber schnell über und nahm auch zu lange in Anspruch. Leise schlichen wir an die Scheune eines nahestehenden Gehöftes heran. Eine Tür stand offen und wenige Minuten später lagen wir, von Strohbündeln bedeckt, im tiefen Schlaf.

Durch einen schmalen Schlitz zwischen den Dachpfannen überwachte immer einer den Hof. Nach allen Beobachtungen war der Hof nur von einem alten Ehepaar bewohnt. Da wir sehr hungrig waren, beschlossen wir, beim Einbruch der Dunkelheit ins Haus zu gehen und etwas Eßbares zu erbetteln.

Zu unserer größten Überraschung fanden wir uns beim Eintritt in den Wohnraum zwei Angehörigen der „Belgischen Freiheitsarmee" und dem alten Ehepaar gegenüber. Wie verabredet, besetzten zwei Mann von uns sofort die Ausgangstüren. Jeder hatte eine Hand in der Tasche, als ob wir Waffen trugen. Der Bluff wirkte prompt. Die Waffen der beiden, 2 Gewehre, standen neben dem Herd. Plydias entlud dieselben und stellte sie zurück. Die Munition warf er mit großem Schwung aus dem Fenster. Wir durften auf keinen Fall mit einer Waffe oder der Munition erwischt werden. Die beiden Männer erhoben sich von ihren gemütlichen Plätzen vor dem Kamin und streckten ihre Hände gegen die Zimmerdecke. Wend Vogel sagte ihnen auf französisch, daß wir lediglich Essen haben möchten. Die alte Frau begann sofort, eine Milchsuppe zu bereiten und Kartoffeln zu kochen. Die beiden Freiheitskämpfer mit den belgischen Nationalfarben am schwarzen Barett tauten langsam auf. Wir fragten sie nach dem Brückenkopf auf Walscheren, um sie von unserer zukünftigen Marschroute abzulenken. Die alte Frau brachte uns ein wunderbares Abendessen. Kartoffeln mit Fleischsoße, Milchsuppe und Brot mit Marmelade.

Mit herzlichem Dank verabschiedeten wir uns in nordwestlicher Richtung, um, sobald wir außer Sicht waren, genau in die Gegenrichtung zu gehen. Sehr bald setzte Nieselregen ein, der sich in rauschenden Sturm verwandelte. Bis auf die Haut naß tappten wir fluchend auf einem stark durchweichten und mit Wasserlöchern überschwemmten Weg weiter. Bald saß dieser bis zum Knie in einer Pfütze, dann jener. Nur der Gedanke, möglichst schnell diese Gegend zu verlassen, denn wir erwarteten ein Absuchen des Geländes, hielt unseren Marschgeist hoch und uns davon ab, die nächstbeste Scheune als Deckung aufzusuchen.

Trotz des Unwetters legten wir etwa 15-20 km zurück und gelangten bis kurz vor Coûtrai. Gegen Morgen kletterten wir auf den Dachboden einer Kartoffelmiete. Wir waren so müde, daß wir uns zunächst einfach auf die Kartoffeln legen wollten, denn das hätte uns den ohne Leiter etwas schwierigen Aufstieg zum Boden erspart. Aus Sicherheitsgründen mußten wir uns aber doch hinaufquälen und dann feststellen, daß es nicht das passende Versteck für uns war. Also weiter. Vor einem großen Bauerngehöft machten wir erneut halt. Wend und Plydias umschlichen es, um einen Zugang zu der riesigen Scheune zu erspähen. Zu fünft stemmten wir unser Gewicht gegen die zweiteilige Rollhängetür, welche uns nach einem ächzenden Laut ins Innere ließ.

Zu unserer Linken standen landwirtschaftliche Maschinen, zur Rechten war fast bis zum Dach Heu und Stroh aufgeschichtet. Ja, was wollten wir noch mehr. Wend Vogel wühlte sich an einem Platz ins Heu ein, von wo er am Tage den Hof überwachen konnte. Wir anderen kletterten bis unter das Dach, befreiten uns, soweit die Oktoberkälte es erlaubte, von unseren nassen Kleidern und krochen zu einem tiefen Schlaf ins Stroh.

Der gute alte Wend erhielt an dem Tage nicht viel Schlaf, denn unmittelbar unter ihm in der Scheune befand sich der Abort des Gehöftes, dessen Tür jedesmal knarrte und dessen Deckel jedesmal mit einem lauten Bang fallengelassen wurde. Trotzdem konnte er einige amüsante Beobachtungen von seinem Ruheplatz aus machen. Weiter konnte er feststellen, daß mehrere männliche und weibliche Gehilfen beschäftigt waren. Hier durften wir also nicht nach Essen fragen. Durch ein rundes Giebelloch konnten wir Coŭtrai und einen Kanal sehen. Als die Dunkelheit es erlaubte und die Hofbewohner sich ins Haus zurückgezogen hatten, machten wir uns bei Dunkelheit erneut auf den Weg. Einer von uns rutschte vom Strohhaufen ab und verknackste sich den Fuß.

Eine kleine Ruhepause wurde bei einer nahen Kartoffelmiete und einem Rübenhaufen eingelegt. Begierig aßen wir die sandigen Rüben und steckten einige für später ein. Entlang eines Flusses oder Kanals setzten wir den Nachtmarsch fort. Über eine unbewachte Brücke schlüpften wir auf die andere Flußseite. Auf dem schmalen Sandweg entlang des Flusses gelangten wir an eine große Fabrik. Hier rannten wir mitten in eine Ansammlung Arbeiter hinein, die gerade ihren Werkplatz verließen. Mit Händen in den Hosentaschen, Kragen hochgeschlagen, schlenderten wir einige hundert Meter mit ihnen, bis uns eine kleine Nebenstraße einen günstigen Ausweichweg bot. Die Straße endete in der Nähe eines Bahnüberganges.

Jetzt stellten wir fest, daß wir in Coŭtrai hineingeraten waren. Ein Zurück gab es nicht mehr. In unserer tollen Bekleidung durchquerten wir das schwach beleuchtete Coutrai um zehn Uhr abends. Als wir uns einen geparkten englischen Lastkraftwagen „greifen" wollten, störte uns ein ungefähr vierzehn Jahre alter Junge. Anscheinend war ihm etwas verdächtig, denn er folgte uns für eine lange Zeit.

An einer Straßenecke entgingen wir der erneuten Gefangennahme nur um ein Haar. Karl Heinz Loh, der auf seinen gummibesohlten Fallschirmjägerschuhen immer 20 Meter vor uns herging, gab uns im letzten Moment das verabredete Gefahrenzeichen. Aufgrund dessen kreuzten wir die Straße. An der gegenüberliegenden Straßenecke lungerten mehrere Angehörige der Belgischen Freiheitsarmee herum. Karabiner umgehängt, mit der Mündung nach unten, Zigaretten in den Mundwinkeln, standen sie gegen die Wand gelehnt und beredeten wahrscheinlich IHRE letzten großen Erfolge, die die Alliierten für sie erfochten hatten. Zu unserem Glück nahmen sie keine Notiz vom Straßenleben. Unbemerkt passierten wir sie. An einer anderen Stelle wurde Karl Heinz Loh vor uns von einer Hure angeredet. Bevor sie sich darüber im klaren war, was mit uns los war, hatten wir sie beiseite geschoben und waren ins Dunkle verschwunden.

Am jenseitigen Rand der Stadt wählten wir einen schmalen Sandweg, um aufs Land zu kommen. Wir konnten nicht schnell genug in die Frontnähe kommen. Das Morgenlicht kam uns viel zu früh. Weit und breit war kein Haus zu sehen.

Es war bereits verhältnismäßig hell, als wir endlich einen kleinen Hof fanden. Unter allen Umständen mußten wir hier Unterkunft finden. Die beiden

Oberfähnriche und Plydias schliefen im Stall in ausgedroschenem Bohnenstroh, während Wend und ich auf den Hühnerwiem krochen und uns mit umherliegendem Stroh bedeckten. Es war für uns alle ein höchst unbequemer Tag. Besonders für Wend und mich. Von unserem Lagerplatz konnten wir in das Küchenfenster des Bauernhauses schauen. Dreimal mußten wir der Familie mit leerem Magen beim Mahle zusehen. Unter uns standen zwei Kühe. Ausgerechnet als die Bauernfrau zum Melken kommt, fängt doch der kleine Wiener Oberfähnrich an zu schnarchen, daß die Frau unter uns ganz erschrocken den Kopf hebt. Ein Seitenstoß vom „Fiddi" machte den Kleinen Gottseidank schnell wach. Die Belgierin setzte nach vergeblichem Horchen auf Wiederholung des Lautes unbekümmert ihre Arbeit fort.

Jeder von uns war froh, als er seinen Platz am Abend verlassen konnte. Auf Grund unserer leeren Mägen wurde einstimmig beschlossen, im Haus nach Verpflegung zu fragen. Da kamen wir aber an die falsche Adresse. Bevor die Bauersfrau die verriegelte Tür öffnete, fragte sie nach unseren Wünschen. Zu allem Unglück erschien aus dem Dunkeln noch ein alter Mann, der bei unserem Anblick ein lautes Geschrei anhob. Da wir abgemacht hatten, auf keinen Fall Gewalt zu gebrauchen, blieb uns nur eins übrig, Flucht.

Querfeldein rannten wir los. Überall begleitete uns das Bellen der Bauernhunde. Auf einem Seitenweg überraschte uns ein Radfahrer. Obgleich er nicht wagte, uns anzusprechen, folgte er uns, bis wir ihm entwischen konnten. Der gute Wend beschloß beim Anblick einiger auf einer Wiese zum Trocknen ausgebreiteten Oberhemden, einen Wäschewechsel vorzunehmen. Im Gehen streifte er das weiße Hemd über. Jeder versorgte sich mit einem Handtuch, welche wir als Schals trugen.

Seit fünf Tagen hatte sich keiner mehr gewaschen und rasiert. Der Staub von den Böden und dem Stroh hatte sich in unseren Haaren festgesetzt. Nicht einen einzigen Kamm hatten wir. Unsere Bekleidung glich der von Bettlern. Der Hunger trieb uns in die Nähe eines Dorfes und sollte damit unser Verderben werden.

Ein abseits vom Dorfe stehendes kleines Häuschen schien uns das richtige, um nach Verpflegung zu fragen. Wir hätten leicht irgendwo einbrechen können und genügend Eßbares stehlen können, aber das Risiko einer Gerichtsverhandlung wollten wir vermeiden. Durch mit Margarinekistenholz vernagelte Fenster konnten wir in die Küche des Häuschens schauen. Im Scheine einer Petroleumlampe saßen ein alter Greis und eine Greisin vor der offenen Herdtür. Als wir lange genug beobachtet hatten, um sicher zu sein, daß sonst niemand anwesend war, klopften wir höflich an die brüchige Hintertür und traten ein.

Die Ruhe, mit der uns die beiden Alten ansahen, war erstaunlich. Wend teilte ihnen auf französisch mit, warum wir kamen. Der Alte lud uns ein,

Platz zu nehmen und holte unter Begleitung von Loh Kartoffeln aus einem Nebenraum. Damit war sein Interesse für uns erschöpft, denn völlig teilnahmslos ließ er sich wieder auf seinem Platz am Herd nieder und starrte ins Feuer. Das alte Mütterchen stellte einen großen Kochtopf mit Kartoffeln aufs Feuer.

Die erste Überraschung wurde uns durch das Eintreten eines jungen Mädchens zuteil. Erschrocken blickte sie uns an und nahm beim alten Mann Platz. Die gekochten Kartoffeln nahmen alle unsere Aufmerksamkeit in Anspruch, als sie vor uns auf den Tisch gestellt wurden. Hungrig, wie wir waren, nahmen wir sofort Platz und begannen, die Pellkartoffeln mit Salz zu verschlingen. Dabei entging uns ganz und gar, daß das Mädchen den Raum verlassen hatte. Sie informierte über Telefon die Freiheitsarmee.

Karl Heinz Loh sagte plötzlich, er habe Licht durch die Kistenverdunkelung des Fensters scheinen sehen. Im selben Moment wurden beide Türen des Raumes aufgestoßen und bewaffnete Zivilisten drangen auf uns ein. Der kleine Raum war im Nu von etwa zehn bis fünfzehn Halbstarken gefüllt. Alle trugen Waffen. Einige deutsche Maschinenpistolen, deutsche Karabiner und 08 und sogar 38er Pistolen waren auf uns gerichtet.

Das Benehmen und die Gesichter dieser „Belgischen Freiheitskämpfer" ließen gerade nicht auf einen hohen Lebensstandard schließen. Gewöhnlich bezeichnet man solche Vereinigungen als Mob. Jeder einzelne dieser sich stark fühlenden Jünglinge wollte Befehle geben, währenddessen wir fünf wie eingepökelte Heringe mit erhobenen Händen vor den Mündungen der gespannten Waffen standen und untersucht wurden.

Endlich schienen sie eine Einigung erzielt zu haben, denn man führte uns zu einem großen Personenkraftwagen. Unter Gejohle der inzwischen zusammengelaufenen Dorfbevölkerung stieß man uns ins Hintere des Wagens. Auf jedem Trittbrett nahmen zwei Mann mit Pistolen Aufstellung und zwei Mann richteten ihre Maschinenpistolen vom Frontsitz auf uns. Reichlich überladen ging's in rasender Fahrt los. Im kleinen Städtchen Mouskron lenkte der Fahrer den Wagen in eine von Doppelposten bewachte Bogentür. Wir waren im Bezirkshauptquartier der Freiheitskämpfer angekommen. Einzeln führte man uns über lange Gänge und Flure in ein hellerleuchtetes Zimmer. Von einem deutschsprechenden jungen Belgier wurden wir verhört. Beim Umdrehen unser Feldblusen trat eine allgemeine Stille bei unseren Fängern ein. Erst jetzt stellten sie fest, daß wir Offiziere waren. Während wir vorher ziemlich roh behandelt wurden, änderte sich der Ton augenblicklich. Zu zweit führte man uns in einen Waschraum, gab uns Seife und Handtücher und teilte uns mit, daß der Friseur am Morgen eintreffen würde. Diese Mitteilung wurde uns in solch höhnischer Weise gemacht, daß wir, weil wir einige kahlgeschorene Köpfe von anderen belgischen Gefangenen gesehen hatten, nicht im geringsten daran zweifelten, daß uns dasselbe Los treffen würde.

Anschließend rief uns der Führer der Bande in die sogenannte Offiziersmesse. Hier sollten uns die Augen übergehen. Ein langer, weiß gedeckter Tisch war mit Verpflegung und Bier für uns hergerichtet. Wir entwickelten einen unheimlichen Appetit. Solange es gut ging, dachte ich, wollte ich zugreifen. Zwei kleine runde Graubrote, riesige Mengen Gänseschmalz und Marmelade und zwei Flaschen Bier füllten den Hohlraum in meinem Magen etwas aus. Meine Kameraden langten nicht weniger zu. Die Bewachungsmannschaften brachten laufend Brot und Marmelade nach. Als Abschluß genossen wir englische Zigaretten. Wir konnten uns nicht beklagen. In einer Ecke der Messe erwarteten uns fünf Strohsäcke. Ermüdet und gesättigt sanken wir darauf nieder. Ich war sofort eingeschlafen, wurde aber durch ohrenbetäubende Radiomusik geweckt. Das Bild im Raume hatte sich verändert. Neben uns saß ein schläfriger Posten auf einem wackeligen Stuhl, die Flinte an die Wand gelehnt, ein Glas Wein in der Hand. Die Musik blärrte aus einem übergroßen Rundfunkplattenspieler. Der Fliesenfußboden wurde von mehreren Paar Füßen im wilden amerikanischen „Jitterbug" behämmert. Fünf Paar dieser Füße gehörten weiblichen Personen. Die „Offiziere" und Bewachungsmannschaften hatten ihre Freundinnen eingeladen und feierten unsere Gefangennahme. Ein einarmiger Zivilist tanzte mit einer gespannten 08 Pistole in der Tasche. Wie bei Tom Mix schaute das Hinterteil der Waffe aus der Hose hervor. Mit der vorschreitenden Nacht stieg die Stimmung der Männer so weit, daß sie bereits den Vorschlag einer ihrer betrunkenen Freundinnen berieten, uns kurzerhand zu erschießen. Sie wußten nicht, daß Wend ihrer französischen Unterhaltung folgen konnte. Ein nicht so sehr betrunkener Kumpel unter ihnen rief sie zur Vernunft und lenkte ihre Unterhaltung in eine andere Richtung. Wir blieben unangetastet und schliefen am nächsten Morgen ziemlich lange.

Als ich erwachte, schrubbte eine Frau mit geschorenem Kopf, auf den Knien liegend, den Fliesenboden. Angeblich hatte sie während der deutschen Besatzungszeit dem Küchenstab eines deutschen Lazaretts angehört. Von einem Posten hörten wir, daß seine Abteilung rund 75 belgische Männer und Frauen wegen Zusammenarbeit mit deutschen Truppenteilen eingesperrt hielt. Alle hatten die Haare geschoren und wurden sehr hart und grob behandelt.

Tatsächlich erschien später ein Friseur für uns. Er war erstaunt, als er für uns einen anderen Befehl erhielt als für die restlichen Gefangenen. Bei uns konnte er seiner Haarschneidemaschine nämlich nicht freien Lauf lassen. Nach dem Haareschneiden und Waschen besichtigte uns ein Oberst der „Freiheitsarmee". Auf seiner Brust trug er einen riesigen Sheriffstern, der mein Deutsches Kreuz bei weitem an Größe übertraf. Er entschied, daß wir dem Engländer übergeben werden sollten. Im Hof des Stabsgebäudes einer Schule fotografierte uns ein Zeitungsreporter. Links und rechts von uns standen Angehörige der Freiheitsarmee in ihren weißen „Overalls" und schwarzen Mützen mit gezogenen Pistolen und Gummiknüppeln. Eine phantastische Aufnahme für die Zeitung.

Unter starker Bewachung marschierten wir zwei bei zwei durch die stark belebten Straßen der Stadt zur nächsten Polizeistation, von wo uns der Tommy abholen sollte. Im Nu waren wir von einer riesigen Menschenmenge umgeben. Hunderte von Zivilisten schimpften, johlten und schrien uns an. Ein altes Weib versuchte, uns mit Asche zu überschütten, wurde aber von den stolz neben uns marschierenden Posten zurückgedrängt. Der vor dem Zug allein marschierende Führer der Bewachung kommandierte vor dem Polizeigebäude ein lautes Halt.

Einige sehr gemütliche Polizisten, teilweise in Hemdsärmeln und Hosenträgern, übernahmen uns und sperrten uns alle zusammen in einen dunklen Raum in dem Keller. Daß sie trotz ihrer Gemütlichkeit sehr grob werden konnten, erfuhren wir, als sie einen Zivilisten zu uns hineinwarfen. Als wir später in sehr ruhiger Unterhaltung mit den Vertretern des Gesetzes in unserer Zelle saßen, hörten wir, daß der sechste Mann, der nur eine Stunde bei uns weilte, ein Sittlichkeitsverbrecher war.

Gegen Mittag bekamen wir kalte Kartoffeln und ein Stückchen Brot, das den anderen Verbrechern abgezogen wurde. Unser Mahl, welches wir ohne Gabel und Löffel hinunterwürgen mußten, wurde durch die Ankunft eines englischen Transportwagens unterbrochen.

Mit dem Rücken gegen das Fahrerhaus, zwei Posten mit Maschinenpistolen vor uns, nahmen wir auf der Plattform des Lastkraftwagens Platz. Unterwegs kaufte uns einer der Tommys Äpfel und Zigaretten. Bei der Ankunft im Gefangenenlager in der Nähe von Gent erhielten wir ein erneutes Beispiel von Frontsoldatenkameradschaft. Ein alter Sergeant fragte uns, ob wir die „Escaper" (Ausbrecher) seien. Auf unsere Bestätigung hin gab er jedem zwei Dosen Büchsenfleisch und zwei Dosen Biskuits. Dann ließ er sich über den guten Kampfgeist der deutschen Truppen bei Cambrai im vorigen Weltkrieg aus.

In dem Übergangslager, das lediglich einen hüfthohen Stacheldrahtzaun hatte, lernte ich Major Krüppel und Hauptmann Kuhlmann kennen. Noch am selben Tage transportierte man uns in ein anderes Übergangslager südlich Brüssel. In einer hohen, kahlen Halle einer Zementfabrik verbrachten wir zwei eisige Nächte. Zum ersten Mal wurde ich hier von einem englischen Major des Intelligenz-Service vernommen. Wieder die üblichen Fragen nach Regiment und Kommandeur usw.

Am dritten Tag ging's mit der belgischen Eisenbahn nachts nach Brügge. In einem ehemaligen belgischen Lager für englische Kriegsgefangene fanden wir in einem kleinen Offiziersabteil Unterkunft. Zum ersten Mal wurde warmes Essen ausgegeben. Außerdem tauchten kleine Zusätze wie Wurst und Marmelade auf.

Als ich mit einem Eisenbahner aus Delmenhorst in einem mit Maschendraht abgegrenzten Areal sprach, erwischte mich ein englischer Offizier. Vom Kommandanten des Lagers, einem Oberstleutnant, wurde ich zu 28 Tagen Haft verurteilt. Im Detentionsgebäude traf ich etwa 20-25 deutsche Landser und Fallschirmjäger, die wegen Flüchtens zu derselben Strafe verurteilt waren wie ich. Ihre Zellen hatten keine Scheiben und nur Drahttüren. Des Nachts pfiff der kalte Winterwind so stark in die Räume, daß sie nicht schlafen konnten. Ich persönlich durfte mit ihnen nicht zusammenkommen, aber ab und zu schmuggelten sie mir Zeitungen und sogar Zigaretten, die sie dem Tommy gestohlen hatten, in meine völlig dunkle Zelle. Der Fallschirmjägerfeldwebel in der nächsten Zelle hatte bereits in der ersten Nacht ein Loch in die Wand gekratzt, durch das ich nun laufend versorgt wurde. Wiederholt wurden einige Landser von dem Dolmetscher, einem Tschechen, geprügelt und mit dem Fuß getreten. Zwei Fallschirmjäger trugen die Spuren dieser Vorkommnisse deutlich im Gesicht: Blaugeschlagene Augen. Eines Tages wurden wir alle einer belgischen Abordnung gegenübergestellt, die nach sogenannten Kriegsverbrechern suchten. Unter uns befanden sich aber anscheinend keine.

Nach fünftägiger Abgeschlossenheit erfuhr ich, daß die Offiziere nach England eingeschifft werden sollten. Mit diesem Schub wurde auch ich auf Lastkraftwagen verladen und in den Hafen von Ostende gefahren. Da Ebbe war und die Landungsschiffe auf Grund lagen, ließ man uns, um die Zeit zu verbringen, etwa 10-15 km zurückmarschieren, um dann wieder umzuwenden. Bei unserer zweiten Ankunft in Ostende ging die Einschiffung sofort vonstatten. Die 150 Offiziere belegten den großen Verladeraum eines Landungsschiffes. Verpflegung (Biskuits, Büchsenfleisch und Tee) erwartete uns bereits. So gut es ging, machten wir uns auf den Stahlplatten, mit Wend Vogels Mantel und einer Wolldecke, für die Nacht eine Liegestätte für fünf Mann. Schwimmwesten wurden ausgegeben und ein reger Tauschhandel setzte ein mit den englischen Matrosen. Die besten Füllhalter und Uhren wurden von manchen Dummen für nur wenige Zigaretten und Schokolade verkauft. Für meinen Ring bot mir ein Matrose 60 Woodbine-Zigaretten, für mein Deutsches Kreuz drei Riegel Schokolade und 20 Woodbine.

Um 1 Uhr nachts liefen die Maschinen unter uns an; das Zeichen der Abfahrt. Die Überfahrt war sehr ruhig, ich verbrachte sie schlafend. Als wir in die Themse-Mündung einliefen, nahm mich ein Korporal mit an Deck. Reger Verkehr spielte sich auf der breiten Mündung ab. In der Ferne, flußaufwärts, schaukelten Hunderte von Fesselballons in der Luft. Links und rechts des Wassers standen lange Reihen getarnter Benzin- und Ölbehältertürme. Ein Schiffsoffizier sandte uns leider wieder unter Deck.

In Southend war unsere Seereise zu Ende. Zu je 50 brachte uns der große Lastenfahrstuhl an Deck. Über eine Landungsbrücke nahmen wir unseren Weg, an einer Ansammlung neugieriger Zivilisten vorbei, in eine große Wartehalle, wo wir mit heißem Tee versorgt wurden. Zu je 50 ging ebenfalls die Verteilung auf Eisenbahnwagen vor sich. Beim Anblick der gepolsterten Dritte-Klasse-Wagen staunten die meisten von uns. „Privat Enterprise" Southern Railway Companie. In gemütlicher Fahrt rollten wir gen London. Auf dem speziell vorbereiteten Bahnhof „Kempton Park" stiegen wir aus und wurden in den Tribünenräumen einer Rennbahn untergebracht. Verpflegung phantastisch. Zum ersten Mal Weißbrot, Butter, Marmelade und ein Stück Kuchen. Gute, saubere Betten erwarteten uns. Früh am folgenden Tage hob ein emsiges Hin und Her an. Ärztliche Untersuchung, Entlausung (die wir sehr nötig hatten) und Karteiaufnahme nahmen lange Zeit in Anspruch. Die ersten Aussortierungen fanden statt. Bei der Durchsuchung meiner Bekleidung fand ein Sergeant des Intelligenz-Service die in das Rückenfutter meiner Feldbluse eingenähte englische Fliegerkarte von Europa, die ich einem abgeschossenen Engländer abgenommen hatte. Bei der Vernehmung wurde meine P.O.W.-Karte mit einem roten Dreieck gestempelt, welches „spezielle Vernehmung" bedeutete.

Von den 150 Offizieren setzten etwa 130 bereits am nächsten Tage ihre Fahrt in ein Durchgangslager fort. 20 mit dem roten Dreieck blieben zurück. Wiederholt wurde ich zu einem russischen Captain zur Vernehmung über meine Zeit in Rußland geführt. Ich war stur und wollte keine Aussagen machen. Am zweiten Tag vernahm mich ein englischer Major. Auf meine Antwort, daß ich ihm keine Antwort geben könne, sagte er, daß er mir seinerseits Auskunft geben wolle. Zu meinem größten Erstaunen nannte er mir dann alle Offiziere meines Bataillons, die Bewaffnung meiner letzten Kompanie sowie alle meine Versetzungen seit dem Lazarett Oppeln. Damit war meine Vernehmung beendet.

Mit einigen anderen Offizieren, darunter Wend Vogel und Phydias Triantaphylides fuhr ich nachts nach Sheffield. Der rege Kraftwagenverkehr vor dem Bahnhof ließ nicht im geringsten auf Benzinknappheit schließen. Der Tommy war doch nicht so weit auf den Knien, wie es unsere Zeitungen in der Heimat schilderten. Das Gefangenenlager 17 außerhalb der Stadt war halb aus Nissenhütten und halb aus Zelten zusammengestellt. Im Scheine einer Stallaterne empfing der Transport Verpflegung. Anschließend nahm sich jeder so viele Wolldecken aus benachbarten leeren Zelten, wie er haben wollte.

Die Entlausungssalbe, die man mir in London unter die Arme und auf die Geschlechtsteile geschmiert hatte, entzündete die Haut in solchem Ausmaße, daß ich am nächsten Tage ins Hospital eingeliefert wurde. Auf Grund der Ausfüllung einer Karteikarte erhielt ich die P.O.W.-Nummer B 354901. Durch Zufall erfuhr ich vom Weitertransport meiner Kameraden in ein Stammlager. Der Arzt bewilligte meinen Antrag auf Verlegung, und so rollte ich mit meinen vier Fluchtkollegen nach Shep-Wales, in der Nähe von Carlisle. Leider fand die Eisenbahnfahrt bei Nacht statt. Die letzte Strecke bis zum Lager, einem alten Anglerhotel, bewältigten wir in Omnibussen.

Die Oberfähnriche der Luftwaffe und des Heeres erkannte der englische Lagerkommandant nicht als Offiziere an und brachte sie in einer Hütte im Hofe unter. Wend, Phydias, ein junger Pionier-Leutnant Harald Möller und ich bewohnten ein kleines Zimmer in den ehemaligen Dienerunterkünften. Ein Badezimmer grenzte unmittelbar an unseren Raum. Vor unserer Ankunft war dieses Lager speziell für deutsche Marineangehörige freigehalten worden. Das Stammpersonal, Küche, Friseur, Ordonnanzen usw. bestand ausschließlich aus zackigem Marinepersonal. In diesem Kriege gab es keine „rote Marine". Alle Mahlzeiten wurden in zwei Schichten im Speisesaal serviert. Oberst Hesse, der deutsche Lagerführer, Oberst von Lutzow und Ritterkreuzträger Korvettenkapitän Winter (U-Boot-Flottille Brest) saßen mir gegenüber am weißgedeckten, luxuriös aufgemachten Haupttisch. Erst gegen Ende des dreiwöchigen Aufenthaltes fanden wenige Unterrichtsstunden statt. Im übrigen verbrachten wir die Zeit mit Herumfaulenzen und Warten auf die nächste Mahlzeit. Das einzige Grammophon im Haus wurde zu feierlichen Musikstunden verwandt. Mit einer schwunghaften „Varieté-Vorstellung" endete unsere Zeit in Shep. Das ganze Personal, Stamm eingeschlossen, wurde nach Penkridge in Stafford verlegt. Shep-Wales wurde ein Demokratenlager.

In Penkridge fanden wir teilweise unbewohnbare und leere Hütten vor. Eßbaracken gab es nicht, alle Mahlzeiten wurden in den Hütten eingenommen. Des Morgens konnte man die ulkigsten Bilder sehen. Abgesehen von den zu Ordonnanzen abgeteilten Offizieren blieb alles wegen der Kälte im Bett liegen. Wenn endlich die Portionen eingeteilt auf dem Tisch lagen, kam hier und da ein müder Verschlafener unter seinen Decken hervorgekrochen und holte für seine zwei oder drei Kameraden die Portionen. Anschließend aber schnell wieder hinein in den „Doppeldecker", den übereinander liegenden Betten. Wegen Kohlenmangel und Kälte verschliefen wir die meisten Tage des November und Dezember.

In Penkridge formten sich kleine Fluchtgruppen. Der ersten gelang es um Weihnachten herum, den Draht zu durchschneiden und das Lager zu verlassen. Oberleutnant Joachim Lübbermann war einer der Flüchtlinge. Er wurde mit einem Angehörigen der deutschen Handelsmarine zusammen in Liverpool wieder gefangen. Während der Verbüßung der 28 Tage Arrest machten sie einen erneuten Ausbruchsversuch, der aber schon im Anfang scheiterte.

Das Weihnachtsfest 1944 verlief sehr ruhig. Jeder weilte mit seinen Gedanken in der Heimat. Die Küche hatte nach bestem Können für jede Hütte einen großen Plumpudding und kleine Kuchen bereitet. Für 60 hungrige Mäuler ist ein Pudding natürlich nichts. Trotzdem, wir sahen den guten Willen.

Neujahr verging nicht ganz ohne Zwischenfälle. Um 24 Uhr versammelten sich alle Lagerangehörigen auf dem Paradeplatz. Die deutsche Nationalhymne wurde gesungen und irgendjemand hißte eine Hakenkreuzflagge auf dem etwa 25 m hohen Wasserturm. Das war dem guten Tommy denn doch zuviel. Eine Bewachungskompanie mit aufgepflanztem Seitengewehr stürmte ins Lager und trieb die Versammlung auseinander. Am 1. Januar standen wir dafür bei der Morgen- sowie Abendzählung über eine Stunde auf dem Antreteplatz. Irgendwie mußten wir ja schließlich bestraft werden.

Die sehr vielen Verlegungen wurden anscheinend nur durchgeführt, um einige Gruppen am Fliehen zu hindern. Wegen der jeweiligen scharfen Untersuchung beim Verlassen eines Lagers und der Ankunft in einem neuen Lager mußten selbstverständlich alle Fluchtgegenstände, wie selbstangefertigte Drahtscheren, Zivilkleidung, Kompasse usw., zurückgelassen werden.

Anfang Januar war es wieder einmal soweit: Verlegung in ein anderes Lager.

Im Kriegsgefangenenlager

Bei Crewe Hall, einem alten Schloß in der Nähe des Eisenbahnknotenpunktes Crewe, befand sich unser neues Lager. Es bestand aus dem A-, B-, C-, D- und E-Lager. Vor dem alten schönen Schloß, das bereits 1636 erbaut wurde, standen an asphaltierten Lagerstraßen Nissenhütten, die in den Jahren 1939-1943 von britischen, kanadischen, australischen und amerikanischen Truppen belegt waren. Jetzt diente das Lager als Pow Camp. Das Gelände des Schlosses war zum P.O.W.-Lager hin in Höhe des Schloßeingangs, der aus vier großen schmiedeeisernen Toren bestand, mit doppeltem Stacheldraht abgezäunt. Die mittleren aus Felssteinen gemauerten Torpfeiler trugen je einen Steinlöwen, die äußeren Pfeiler je eine Krone. Im Schloß residierte die Verwaltung und der Lagerkommandant „Lord Napir and Attrick". Es war das größte und beste von allen bisherigen Lagern, das beste, weil wir einen guten englischen Kommandanten hatten. „Lord Napir and Attrick" arbeitete wunderbar mit der deutschen Lagerführung zusammen. In seiner Haltung war er Soldat und Gentleman. Für jeden hatte er Gehör. Innerhalb sehr kurzer Zeit wurden im Lager mit der Hilfe der englischen Lagerführung eine 45-Mann-Kapelle, eine Theatergruppe und die verschiedensten Unterrichtsgruppen gegründet. Damit aber war der gute Wille des Lords noch nicht erschöpft.

Trotz der damit verbundenen besseren Fluchtmöglichkeit stellte er den Lagerinsassen Werkzeuge aller Art zur Verfügung. Schiebkarren, Spaten, Schaufeln, Picken, Hacken und sonstige Gartengeräte konnten jeden Morgen am Lagertor empfangen werden. Sehr bald entstanden überall um den Baracken kleine Gärten und Anlagen. Jede Baracke wollte die nächste natürlich übertrumpfen, und ein Gartenbauwettkampf fand statt. In Gemeinschaftsarbeit aller Teillager wurde ein vorbildlicher Sportplatz innerhalb des Lagers geschaffen. Bisher hatten unsere Handballspiele außerhalb des Lagers auf einer sumpfigen Wiese stattgefunden. Bei gutem Wetter erlaubte der Lord je 200 Offizieren, Spaziergänge in die Nachbarschaft des Lagers zu unternehmen. Auf 20 Mann kam ein bewaffneter Posten.

Ab und zu zog der Lord selbst mit dem ganzen Schub durch die Gegend. Mit dem Lord und dem deutschen Lagerführer an der Spitze ging es dann mit Gesang im flotten Marschschritt durch die Gegend. Einige von uns benutzten diese Gelegenheiten der Ausgänge, die nur gegen ehrenwörtliche Erklärung gewährt wurden, um sich die Umgebung von Crewe Hall für eine zukünftige Flucht genau zu betrachten. Eisenbahnlinien fanden besondere Beachtung. In Crewe Hall wurde der Drang nach Freiheit besonders groß. Es bildeten sich kleine Gruppen, die sich auf eine Flucht in die verschiedensten Richtungen vorbereiteten.

Die ersten zwei Offiziere, denen die Flucht gelang, lernte ich am Abend ihres Ausbruches kennen. Mit ihrem Fluchtgepäck und einem leiterähnlichen Gebilde entdeckte ich sie hinter unserer Hütte C 9 im C-Lager. Durch lange nächtliche Beobachtungen hatte ich die beste Stelle zu einem eventuellen Ausbruch ausgekundschaftet. Jetzt war die Gelegenheit, sie auszuprobieren. Die beiden Offiziere, Ritterkreuzträger Fallschirmjägerleutnant Karl Wittig, ein späterer Freund von mir, und Jägerpilot Leutnant Kurt Ibing waren gerne bereit, sich meine erwählte Stelle anzusehen. Innerhalb einer halben Stunde hatten sie das Lager unbemerkt verlassen und ich die von ihnen benutzte Leiter vom Draht entfernt. Einesteils ärgerlich, daß ich nicht mitgehen konnte und andererseits erfreut, daß ich ihnen zur Flucht verhelfen konnte, zerlegte ich die Leiter und versteckte sie im großen Speisesaal unter der Bühne. Nach Rücksprache mit einem Major der deutschen Lagerführung erklärte sich dieser bereit, die Abwesenheit der beiden bei den Zählungen durch eine Verschiebung der Glieder in den Zählblocks für zumindest zwei Tage geheimzuhalten. Alles klappte gut.
Am dritten Tag meldete der deutsche Oberlagerführer dem Lord, daß zwei Mann verschwunden seien. In seiner lustigen Art forderte der Lord den Oberlagerführer auf, mit ihm eine Wette einzugehen, daß kein Lagerangehöriger das Lager verlassen hätte. Eine gründliche Untersuchung des Lagers wurde durchgeführt, aber die zwei vermißt gemeldeten Offiziere waren nicht zu finden. Am selben Abend erhielt der Lord einen Telefonanruf aus Rugby, daß man zwei deutsche Offiziere von seinem Lager 191 auf dem Flugfeld nach Rugby aufgegriffen habe. Schweren Herzens, aber in guter Laune, händigte der Lord dem Lagerführer drei seiner besten Zigarren aus, um die Wette zu begleichen. Infolge dieses Fluchtunternehmens wurden die Wachmannschaften verstärkt, doppelte Zäune, neue Karbidlaternen rund ums Lager aufgebaut und drei Wachhunde angeschafft. Die zwei Offiziere sollten die einzigen Flüchtlinge bleiben. Die 28 Tage Arrest saßen sie in dem Detentionsgebäude des Lagers ab. Zweimal kroch ich nachts durch den Draht zu ihnen und versorgte Karl Wittig mit Zigaretten und den neuesten Nachrichten.
Unser eigenes Fluchtunternehmen hatte inzwischen auch Form angenommen. Alle Fluchtgruppen des Lagers hatten sich zusammengeschlossen und bereiteten drei unterirdische Gänge vor. Unsere Gruppe bestand aus zwei Piloten, einem Unterseebootkommandanten, Karl Wittig, der inzwischen seine 28 Tage abgesessen hatte, und mir. Mit 45 Mann schaufelten wir an einem Gang im C-Lager. Weitere 40 Mann arbeiteten an einem zweiten Gang vom sogenannten Steinhaus und 30 Mann am dritten von der „Abiturientenhütte" E 16 aus. Die Arbeiten an unserem Gang waren besonders schwierig, da wir nur liegend arbeiten konnten. Nur 15 cm unter der

Erdoberfläche zog er sich wegen des Grundwassers entlang. Lange Nächte verbrachten wir abwechselnd mit der schwierigen Arbeit. Vor der Vollendung wurde Karl Wittig in ein anderes Lager versetzt.
Am 9. März 1945 war unser Tunnel bereits bis unter den Außendraht vorgetrieben. Nur noch weitere zwei Meter und wir konnten unseren Weg in die Freiheit antreten. Der „Ausflug" wurde auf den 11. März festgesetzt. Am 9. März abends geschah dann etwas Unerwartetes. Ein Angehöriger der deutschen Handelsmarine, den eine der Gruppen wegen eines Krankheitsfalles als Seemann aufgenommen hatte, verriet alle drei Gänge an die englische Lagerführung. Von einigen Offizieren, die rechtzeitig von dem Verrat erfahren hatten, bekam der Verräter, was ihm zustand, nämlich eine gute Tracht Prügel. Nach einer Vernehmung durch einen der englischen Lageroffiziere wurde er wegen leichter Kopfverletzungen in ein Hospital außerhalb des Lagers überführt. Dort versuchte er noch in derselben Nacht, Selbstmord zu verüben.
Am 10. März 1945 wurde ich mit zwei anderen Kameraden aus den verschiedensten Fluchtgruppen zum englischen Kommandanten befohlen. Er teilte uns mit, daß der Verräter in seiner vortägigen Vernehmung ausgesagt hatte, daß Oberleutnant Joachim Lübbermann, Leutnant Theo Elting und ich drei seiner Angreifer gewesen seien. Mit drohender Stimme fragte uns der Lord, ob wir uns darüber im klaren seien, daß wir wegen Körperverletzung bis zu zehn Jahren Zuchthaus verurteilt werden könnten. Uns kam dieser ganze Vorgang lächerlich vor, da wir bis zu diesem Augenblick nicht wußten, daß der Verräter, ein Angehöriger der Fluchtgruppe Elting, in den vortägigen Zwischenfall verwickelt war.
Alle unsere Gegenreden und Versuche, dem Kommandanten klar zu machen, daß wir nicht an dem Überfall beteiligt gewesen seien, schlugen fehl. Wir wurden in Untersuchungshaft genommen und ins Detentionsgebäude eingeliefert. Benommen und verdutzt guckten wir drei uns in dem kleinen Raume an. Drei Bettgestelle, drei Campstühle und einen Tisch hatten die Bewachungsmannschaften schon für uns bereitgestellt. Der Ofen war bereits geheizt. Jochen Lübbermann fertigte aus der Tagesordnung kleine Quadrate mit Schachfiguren an, ein Schachbrett war im Nu auf den Tisch gezeichnet, und schon waren wir in einer Schachpartie.
Wir waren vollkommen hilflos. Niemand hörte auf uns oder wollte etwas mit uns zu tun haben. Die erste Unterbrechung des Nachmittags war der halbstündige Spaziergang im kleinen Detention-Exercise-Cage. Unter Aufsicht eines bewaffneten Postens konnten wir auf und ab gehen und frische Luft schnappen. Obgleich sich einige Kameraden des Lagers am Stacheldraht einfanden, konnten wir nicht mit ihnen sprechen. Bei der Rückkehr in unser neues Heim hatten deutsche Ordonnanzen unser Gepäck und Strohsäcke

von den Baracken gebracht. Die Posten verhielten sich äußerst militärisch und streng, aber korrekt. Fast alle von ihnen waren im Fronteinsatz in Afrika, Burma, Frankreich, Dünkirchen und D-day Normandie.
Am dritten Tag fand eine erneute Vorstellung beim Kommandanten statt. Diesmal war ein vierter Kamerad, Leutnant Günther Uhl, ebenfalls angeklagt. Nach erneuter Verneinung des Falles sperrte man uns wieder ein. Uhl wurde von uns getrennt. Die Tage verliefen sehr langsam. Die einzigen Unterbrechungen bildeten die halbstündigen Spaziergänge am Morgen und Nachmittag. Nahezu jeden Tag besuchte uns der Lord und fragte nach Wünschen.
Eines Nachts um 10.30 Uhr wird uns von einem Posten der Orderly Officer (Offizier vom Dienst) gemeldet. Der konnte uns gleichgültig bleiben, und wir verharrten im Bett. Hereinspaziert kommt aber mit ihm ein Major des Intelligenz-Corps. Jochen und ich konnten gerade noch eine Hose überziehen, der alte Theo stand dort in einem seidenen Unterhöschen, das er unseren Vermutungen nach einem kleinen Pariser Mädchen bei einer nächtlichen Schwärmerei abgenommen hatte. Verblüfft guckte ihn der Major von oben bis unten an und fragte ihn dann, von welcher Waffengattung er denn sei. Nachdem er sich unseren ganzen Fall vom begleitenden Offizier hatte erzählen lassen, sagte er in höhnischem Ton und fließendem Deutsch: „Meine Herren, Sie werden noch lange, lange Jahre in England verbringen." Er hat verdammt recht behalten.
Mitte April war Beweisaufnahme des Falles. Der Verräter war ebenfalls anwesend. Lord Napir and Attrick besuchte uns, nachdem er den Verräter zum ersten Mal gesehen hatte. Er teilte uns mit, daß wir nach seiner Ansicht, nachdem er mit dem Ankläger gesprochen habe, nicht mehr schuldig seien. Jedenfalls einer, der den Verräter richtig einschätzte. Bei der Beweisaufnahme saßen wir dem Anklagevertreter im Schloß Crewe Hall von morgens 8 bis mittags 13 Uhr und nachmittags von 14 bis 18 Uhr auf einer hölzernen Bank gegenüber. Der Verräter sagte aus, daß er mich vom P.O.W.-Lager Bridgend her kenne. Da er diese Aussage unter Eid machte und ich nie in Bridgend war, machte er sich damit einer Eidesverletzung schuldig. Für uns erschienen vier Offiziere als Zeugen. Der Lagerarzt Dr. Schalloch sagte aus, daß Wright nicht zurechnungsfähig sei. Der Tag der Verhandlung war noch nicht festgesetzt, und so hieß es, weiter abwarten.
Die Posten wurden freundlicher und redseliger. Nach einer Massenflucht von Bridgeand wurden 25 der wieder eingefangenen Flüchtlinge ins Detention Cage unseres Lagers gesandt. Mit ihnen traf Karl Wittig ein. Wegen Platzmangel kam Günther Uhl zu uns in den Raum, der Lord erlaubte uns neuerdings viele kleine Freiheiten. Den ganzen Tag konnten wir im Exercise-Cage verbringen. Wir hatten herrliches Wetter. Nur mit Sporthosen,

welche wir selbst aus Handtüchern nähten, bekleidet, spielten wir im Freien von morgens bis abends Doppelkopf, Ringtennis und lagen in der Sonne. Oft sandte der Lord den Dolmetscher, Captain Blank, der uns vier zu einem Spaziergang ausführte. Nicht einmal unser Ehrenwort brauchten wir zu geben. Der Lord hatte uns in den vergangenen Wochen kennengelernt und wußte, daß er uns trauen konnte.

Sein Verhalten uns gegenüber wurde natürlich auch von den Posten bemerkt. Freundlicher und freundlicher wurden sie. Verschiedene von ihnen ließen unsere Raumtüren bis spät abends unverschlossen, so daß wir an ihrem Ofen Brot rösten und unsere Wäsche waschen konnten. Nach wenigen Wochen war es so weit, daß wir abends mit ihnen im Wachraum Karten spielten, Tee tranken und sie ihre Portionen mit uns teilten. Jeder von uns hatte seinen besonderen Freund unter ihnen, der ihn mit Seife, Zahnpasta, Schokolade, Kuchen und anderen, für uns unerreichbaren, Sachen versorgte. Es ging soweit, daß wir abends mit den Posten zusammen Waffen reinigten.

In ihren Zeitungen konnten wir den Kriegsverlauf verfolgen. Es war uns unverständlich, daß unsere Truppen so weit auf deutsches Gebiet zurückgedrängt wurden. Wenn es auch keiner von uns gestehen wollte, so taten uns die Berichte der siegessicheren Reporter innerlich doch sehr weh. Den 8. Mai mit der Siegesandacht der Wachkompanie hinter dem Schloß Crewe Hall werde ich nie vergessen.

Anschließend tobten die englischen Landser vor Freude über das Kriegsende in den Unterkunftsräumen. Ein Sergeant hatte anscheinend noch nicht genug vom Krieg, denn er entleerte im betrunkenen Zustand die Trommel seines Armeerevolvers auf verschiedene lebende Ziele innerhalb des Schlosses. Genau wie wir erwartete er vom nächsten Tag an eine Kriegsgerichtssitzung.

Verurteilung zu 5 Jahren Zuchthaus

Am 1. Juni war endlich unsere Verhandlung, in der sich Wright wiederholt widersprach. Trotz starker Bemühungen der englischen Lagerführung und des Anklagevertreters, einem englischen Captain, waren selbstverständlich im Lager keine Beweise gegen uns gefunden worden. Allerdings war es ihnen auch nicht gelungen, auf die Spur der wirklichen Täter zu kommen. Die einzige Aussage gegen uns war die von Wright.
Da man uns zu „Nazis" stempelte und der Anklagevertreter sogar in seiner Endrede von Bergen-Belsen und Buchenwald sprach, verabschiedeten sich die Mitglieder des Kriegsgerichts ohne Urteilsverkündigung. Das Gericht bestand aus zwei Majoren, zwei Captains und drei Oberleutnants. Bisher hofften wir sehr, am Abend des 1. Juni ins Lager zurückkehren zu können, aber nun mußten wir bis zur Urteilsverkündigung wieder ins Detention-Cage.
Am 5. Juli teilte uns der stellvertretende Lagerkommandant (Lord Napir and Attrick war versetzt) das Urteil des Kriegsgerichts mit. Es lautete auf fünf Jahre Zuchthaus für jeden von uns. So verblüfft wie damals war ich nie wieder in meinem Leben. Mit uns war das ganze Lager, die englischen Landser und die Lagerführung erstaunt.
Neue Regelungen vom Adjutanten, einem Deutschenhasser, traten in Kraft. Jeder wurde einzeln eingesperrt. Ich hatte Glück, denn ich erhielt einen Raum nahe der Lagerbühne zugewiesen. Fast jeden Abend übte dort die Lagerkapelle. Unsere Spaziergänge im Cage führten wir nun nur noch einzeln durch. Ein Posten mußte uns jedesmal begleiten, um Selbstmordversuche zu verhindern.
Bei der Verkündung des Urteils im Lager durch den Oberlagerführer, Oberst Katzmann, zogen am Lagerhaupttor Doppelposten mit MG auf. In meinem Raum erst wurde mir das Urteil richtig klar. Fünf Jahre. Da hatte man nun beinahe drei Jahre für seine Heimat an der Front gestanden, war fünfmal verwundet und erhielt obendrein noch fünf Jahre Zuchthaus. Nette Bescherung. „Aber die uns nicht." Die Tatsache, daß der Feind uns verurteilt hatte, riß mich hoch und drei Worte formten sich in meinen Gedanken: „Nicht erschüttern lassen." Mehr als den Tod konnte es nicht bedeuten und den hatten wir in Rußland Tag für Tag vor Augen gehabt.
Unser deutscher Verteidiger, Dr. Fischinger, reichte für uns sofort Berufung gegen das Urteil ein. Vier neue Zeugen tauchten auf, wurden uns gegenübergestellt und entschieden, daß wir nicht die Angreifer waren, von denen sie Wright am 9. März befreit hatten. Unsere Posten wurden freundlicher, viele bemitleideten uns. Verschiedene Male spielten wir mit ihnen bis tief in

die Nacht hinein Karten. Sie liehen uns sogar Geld, so daß das Spiel spannender wurde. Abends von acht bis neun Uhr hielten wir unsere Teestunde. Wenn wir damals die Absicht gehabt hätten, zu entfliehen, so hätten wir leicht die Möglichkeit dazu gehabt. Besonders ich hätte alle meine Kameraden des Nachts entlassen können. Der Posten Bob W. weckte mich des Nachts, um ihm während seiner zwei Stunden Wache Gesellschaft zu leisten. Gewöhnlich schlief er sofort ein und überließ mir die Schlüssel und die Wache. Wir hätten uns alle mit englischen Uniformen, englischem Geld, Verpflegung und sogar mit Waffen versehen können, aber wir waren überzeugt, bald ins Lager zurückzukehren und hatten nicht die geringsten Fluchtpläne. Außerdem war der Krieg zu Ende und Deutschland besetzt.
Am Sonntag, dem 9. September, gewährten uns die Posten, Sergeants eingeschlossen, besonders große Freiheiten. Von morgens bis abends saßen wir in Jochens Raum, spielten Doppelkopf und führten Gespräche. Die vier derzeitigen Posten versorgten uns den ganzen Tag mit den besten Gerichten. Mittags gab's Pudding mit Pflaumen und Rosinen, die schönsten Fleischpasteten und geröstete Kartoffeln, abends süßen Kakao, Röstbrot mit Butter und Marmelade und von der Kantine bezogenen Kuchen. Zu der Zeit war den Posten bereits bekannt, daß unsere Berufung abgelehnt war und wir am folgenden Donnerstag, dem 13. September 1945, ins Gefängnis Manchester eingeliefert werden sollten.
Zwei Tage vorher teilte mir Bob W. mit, daß er von einem Freunde, der Schreiber beim Stab war, die Bestätigung unserer bevorstehenden Verlegung erhalten habe. So wollte man also mit aller Gewalt Zuchthäusler aus uns machen. Sergeant McQueen gab uns am Donnerstagmorgen Warnung, daß wir vor unserer Abfahrt gründlich durchsucht würden. Ich schenkte ihm meinen bis dahin versteckt gehaltenen Schwimmkompaß, über den er sich sehr freute. Unsere Freunde der Bewachungsmannschaft hatten einen großen Tag, denn wir verteilten unsere Zigaretten. Als Gegenleistung versorgten sie uns mit Seife, Zahnpasta und Haarwasser.
Oberleutnant Pickard, der jüngste und beste der englischen Lageroffiziere, führte die Untersuchung durch. Ihn interessierte es wenig, ob wir verbotene Gegenstände im Gepäck hatten, deshalb war die Durchsuchung schnell beendet. Der deutsche Oberlagerführer, Oberst Katzmann, sowie unser Verteidiger, Major Fischinger, verabschiedeten uns.
Drei der besten Bewachungsposten, Leutnant Pickard und Sergeant Brown nahmen mit uns auf der Plattform eines Lastkraftwagens Platz. Am Schlagbaum winkte mir mein Freund Bob das letzte Mal zu. Crewe Hall war noch nicht ganz außer Sicht, als Leutnant Pickard schon die ersten Zigaretten verteilte. Seit der Urteilsverkündung hatte man uns das Rauchen verboten. Trotzdem erhielten wir auf geheimen Wegen regelmäßig Zigaretten von unseren Freunden im Lager.

Da wir von der Verhandlung her als gestempelte „Nazis" bekannt waren, wandten sich in den Wochen nach der Verhandlung allerdings einige Bekannte von uns ab. Jeder wollte dem Tommy zeigen, daß er nie ein Hakenkreuz getragen hatte, sondern stets ein guter Demokrat gewesen sei.
In eineinhalbstündiger Fahrt gelangten wir von Crewe nach Manchester. Mit einem Ruck stoppte der Lastwagen vor dem Gefängnis Manchester Strangeways. Beim Absteigen versammelten sich neugierige Zivilisten um uns herum. Unsere Uniformen und die bewaffneten englischen Soldaten schienen etwas Besonderes zu sein. Wir standen vor einem burgähnlichen Eingang. Die große doppelflügelige Tür öffnete sich langsam und träge.
Ein Gefängniswärter mit einem riesigen Schlüsselbund, welches er an einer Kette an der Hüfte trug, ließ uns eintreten. Wir befanden uns in einem tunnelartigen Gewölbe, dessen Ende von einer schweren Eisentür verschlossen war. Nicht eher wurde diese geöffnet, bis die erstgenannte Holztür verriegelt war. Ein mit Kopfsteinen gepflasterter Hof nahm uns auf. Rings um uns herum kahle, graue Gebäude und Wände, von denen lange Reihen vergitterter und mit Eisenstangen versehene Fenster auf uns herabsahen. Vor uns war das Hauptgebäude, das den Anblick eines Löwen- oder Tigerhauses in einem Zoo bot. Die Eingänge bei englischen Gefängnissen glichen sich sehr, konnten wir später feststellen. Große, durch Eisenstangen gesicherte Bogenfenster sowie eine riesige Tür nahmen die Vorderfront des Gebäudes ein. Alles war still und tot. Es war bereits nach fünf Uhr. Die Gefangenen hatten ihre Arbeit beendet und die Wärter das Gefängnis verlassen. Nur einige Nachtwächter versahen ihren Dienst. Durch eine kleine Tür betraten wir die Aufnahme. Auch hier war alles unheimlich still. Sogar die Dachfenster des Raumes waren mit fingerdicken Eisenstäben versehen. Links befand sich eine Reihe von Zellen, in denen gewöhnlich Betrunkene ihren Rausch ausschliefen. Rechts, gegenüber den Zellen, war die gleiche Anzahl von Holznischen mit einem Sitz, in die wir befohlen wurden. In der Mitte zwischen beiden protzte ein riesiger Schreibtisch. Zum ersten Mal sahen wir einige Gefängnis-Insassen.
Sobald unser Wärter seinen Rücken zeigte, schlich ein kleiner Pfiffikus in Gefangenenkleidung zu uns heran, nahm Hockstellung vor uns ein und fragte, was unser Urteil sei. Über unsere fünf Jahre war sogar er, dem das Gefängnis ein Heim bedeutete, leicht erschrocken. Er machte „diesmal" sechs Monate. Unsere ersten Informationen über den Betrieb „inside" flüsterte uns der kleine Taschendieb mit einem Redefluß zu, daß wir nur die Hälfte verstanden. Immerhin hatten wir soviel verstanden, daß uns von unserem Urteil ein Drittel erlassen würde, falls wir uns gut führten und daß wir nach drei Monaten unserer Strafe, die wir bereits in Crewe abgesessen hatten, drei Pence wöchentlichen Lohn erhielten. Dafür konnten wir nach sei-

ner Angabe zwei Zigaretten und sieben Streichhölzer kaufen. So schnell wie er gekommen war, verschwand er wieder beim Klang von Schritten eines Offiziers, wie die Wärter genannt wurden.
Da saßen wir nun zu viert. Jeder vorübergehende Wärter sah uns wegen unserer Uniform verwundert an. Einer von ihnen sagte mir Monate später, daß er unsere Gdanken von unseren Gesichtern hätte ablesen können. Dies war also das Gefängnisleben. Ein weißhaariger Offizier nahm endlich mit unseren Papieren am Schreibtisch Platz und begann uns zu befragen. Die Verständigung machte Schwierigkeiten, aber wir schafften es trotzdem. Einzeln wurden wir dann in einen erhöht liegenden und mit großen Fenstern versehenen Raum gerufen.
Während Jochen Lübbermann abgerufen war und kein Wärter nahe war, tauchte der kleine Gefangene wieder auf und bat mich, ihm zu folgen. In einer abgelegenen Ecke des Raumes zauberte er aus einer versteckten Tasche seiner Bekleidung Tabak und ein „Feuerzeug" hervor und begann, eine Zigarette zu rollen. Klosettpapier diente als Zigarettenpapier. Feuerzeug konnte man es eigentlich nicht nennen, denn es war eine winzige Blechdose, in der sich schwarz verbranntes Tuch, ein Stückchen Rasierklinge sowie ein in einen Bleistift eingelassener Feuerstein befand. Mit der Klinge schlug er kleine Funken vom Feuerstein in die Dose. Nach einigen fruchtlosen Versuchen blieb der Funke im Zunder hängen, welcher danach anfing zu glimmen. Über die Zigarette mußte ich lachen, denn sie war nur von Stecknadeldicke. Nach einigen hastigen Zügen überreichte er mir den „Fag" mit dem Bemerken, daß Rauchen verboten sei. Wenn ich auch nicht rauchte, spürte ich vom Rauch, daß es unheimlich starker und billiger Tabak war. Wenn mir damals dieses Überreichen eines „Fag" auch fremd vorkam, so sollte ich sie in der nächsten Zeit doch überall im Gefängnis vorfinden. Gewöhnlich fand dieser Vorgang auf den Aborten statt. Zinderdosen waren streng verboten und wurden von den Besitzern an den geheimsten Plätzen getragen und aufbewahrt.
Nach Jochen wurde ich ins Nebenzimmer gerufen. Hier nahm man meine Fingerabdrücke von beiden Händen. Auf besondere Merkmale wurde ich untersucht sowie gemessen und gewogen. Alles dies trug der weißhaarige Wärter in meinen „Criminal Record" (Verbrecherpapiere) ein. Mit entblößtem Oberkörper ging's dann zum Gefängnisarzt zur Untersuchung. Der Arzt war ein typischer „Biber" mit kurzem schwarzem Übermantel, Praline und Hornbrille, über die er uns kritisch und höhnisch ansah. Eine so kurze ärztliche Untersuchung habe ich während meiner ganzen Militärzeit nicht erlebt. Mit einem kurzen Wink und leichtem Grunzen, einem erneuten höhnischen Blick und einer Anordnung an den Wärter wurden wir von ihm entlassen.
Wir wurden durch einen großen Raum geführt, dessen eine Seitenwand von

Badekabinen eingenommen wurde. Auf einigen Holzbänken flegelten sich etwa 25-30 neu verurteilte Gefangene herum, die auf die Übersiedlung in die Zellen des großen Hauptgebäudes warteten. Neugierig und erstaunt sahen sie uns an. Eine Anzahl von ihnen war noch in Zivil. Man konnte an ihrer zerlumpten Bekleidung und ihrem elenden Aussehen erkennen, zu welcher Klasse der Außenwelt sie gehörten.

Nachdem wir uns wieder in dem Aufnahmeraum ankleideten, erhielten wir unsere erste Gefängnismahlzeit. Zwei mit Margarine bestrichene Scheiben Weißbrot und eine halbe Dose voll brühenartiger schmuddeliger Flüssigkeit. Selbst als wir alle vier davon probiert hatten, kamen wir nicht auf den Gedanken, daß es Kakao sein könnte. Immerhin, unter diesem Namen war das Getränk, das an dem Abend ausnahmsweise sehr schlecht war, in der Anstalt bekannt und wurde jeden Abend um fünf Uhr ausgegeben. Anschließend ging's einzeln in den Baderaum. Alle eigenen Gegenstände wurden hier genauestens überprüft und verbucht. Wertgegenstände, wie Ringe, Uhren und Auszeichnungen, erhielten eine besondere Tasche und gingen ins Gefängnisbüro. Nachdem man uns bis zum Hemd ausgezogen und die Bekleidung verbucht hatte, wies man uns ein Bad an und dann wurde auch das letzte Hemd verbucht.

Während des Bades versorgten uns einige Gefangene, die zum ersten Mal im Gefängnis waren und „Star" genannt wurden, mit Gefängnisbekleidung. Trotz unserer hoffnungslosen Lage haben wir beim gegenseitigen Anblick doch herzhaft lachen müssen. Graue Jacke, graue Hose, graue Weste und grauer Schlips waren aus dickem, rauhem Stoff gemacht. Ein weißes Leinenhemd mit schwarzen Streifen, ein Paar schwarze Socken mit roten Streifen sowie ein Paar völlig ausgetretene grobe Halbschuhe vervollständigten die Bekleidung. Außerdem händigte man uns einen Kissenbezug aus, in dem wir zwei Bettlaken, eine Nagelbürste, eine Haarbürste, eine Zahnbürste, einen Kamm, ein Stück Seife, einen Löffel, eine Gabel, ein Blechmesser (das sich beim geringsten Druck bog und sich daher nicht zum Ermorden eines Mitgefangenen eignete) sowie ein Paar pantoffelähnlicher Gebilde fanden. Zum Schluß wurde unser Gepäck in unserem Beisein verschnürt und versiegelt. Mit unserer Unterschrift bezeugten wir, daß all unser Eigentum vorschriftsmäßig verpackt war. Einer der Wärter hielt uns dann eine Ansprache über das Verhalten im Gefängnis, besonders in der Zelle. Von all den Regeln habe ich nur zwei behalten. Die erste war: „Keep away from your window" (Bleibt dem Zellenfenster fern), welche ich sofort am ersten Abend überschritt, und die zweite war: „Use slippers only in your cell" (Benutzt nur Pantoffeln in eurer Zelle).

Mit den Kissenbezügen, über die Schulter geschlagen, folgten wir dem Offizier ins Gefängnishauptgebäude, einem großen, sternartig geformten Ge-

bäude. In der Mitte des Sterns war ein fliesenbelegtes Zentrum. Von hier erstreckten sich mehrere vierstöckige Flügel in die verschiedensten Himmelsrichtungen. Sie wurden Wing genannt und waren alphabetisch bezeichnet. In jedem Stockwerk reihten sich links und rechts 40-60 Zellen aneinander. In der Mitte war jedesmal ein Abort und ein Ausguß. Da die Fußböden der oberen Flure nur einen Meter breit und balkonartig an den Wänden entlang gebaut waren, konnte man vom untersten Stockwerk alle vier Flure übersehen. Die vielen hundert Zellentüren boten einen komischen Anblick. Im Zentrum wurden wir vier voneinander getrennt.
Mich brachte ein Wärter in den vierten Stock des E Winges. Die mir angewiesene Zelle trug die Nummer 6. Meine Wohnung war also E 4/6. Von meiner Gefangenenkarte, die der Wärter auf einem Wandbrett neben der Tür befestigte, konnte ich meine Gefangenennummer 9406 ablesen. Der Wärter schien mir ziemlich mürrisch, als er die eisenbeschlagene Tür mit seinem übergroßen Schlüssel öffnete, mich in die Zelle schob und die Tür mit einem schweren Bang hinter mir ins Schloß fallen ließ. In den kommenden Wochen konnte ich feststellen, daß dieses Benehmen bei den Wärtern, auf Grund ihrer langen Erfahrung und Ausübung dieser Arbeit, allgemein üblich war. Da stand ich nun in der Zelle E 4/6 von „His Majestys Prison Manchester Strangeways", fern der Heimat, einsam und verlassen. Kleiner Mann was nun? Langsam ließ ich den Kissenbezug auf den blau und rot karierten Fliesenfußboden sinken und stellte eine ausführliche Betrachtung meiner Umgebung an.
Die Zelle war etwa drei bis vier Meter lang, zwei Meter breit und zweieinhalb Meter hoch. Der eineinhalb Meter hohe gelbe Sockel wurde durch eine grüne Linie vom weiß gestrichenen Oberteil der Wände getrennt. Die Tür war mit Eisen beschlagen und hatte ein kleines Beobachtungsloch. Neben der Tür befand sich ein undurchsichtiges Drahtglasfenster, hinter dem früher eine Gaslampe gebrannt hatte. Ein aus der Mauer hervorragender Griff war mit dem Klappnummernschild meiner Zelle sowie mit einer Klingel im Zentrum verbunden. In der hinteren linken Ecke, schräg unter dem kleinen mit Eisenstangen versehenen Fenster, hing ein abgerundetes Bord mit einer englischen Bibel, einer Schiefertafel und einem Salztopf. An „Möbeln" waren vorhanden: ein Tisch, ein dreieckiger Waschstand, ein Stuhl und ein Bettbrett mit zwei Wolldecken und einem harten, dünnen, ausgefransten Seegrassack. Um die Aufzählung zu vervollständigen, muß ich noch einen Becher, einen Blechteller, eine Waschschüssel, einen Wassertopf, einen Spiegel, einen Nachttopf und einen Handfeger nennen. Außerdem lagen noch ein Stapel Postsäcke, ein Knäuel Bindfaden und ein Wachsklumpen in einer Ecke.
Schon am ersten Abend konnte ich mich davon überzeugen, wie weit die Re-

geln von den übrigen Gefangenen befolgt wurden. Mein Nebenmann trampelte nämlich nahezu die halbe Nacht auf seinem Fliesenfußboden auf und ab. Zwei andere Nachbarn schrien sich aus ihren Fenstern die Namen der neu angekommenen alten Bekannten zu. Als die Schreierei allzu lange andauerte, wagte ich es einmal, meinen Stuhl zu besteigen und einen Blick aus dem Fenster zu tun.

Der D-Wing, die Küchengebäude und der hohe Schornsteinturm des Gefängnisses versperrten mir die Sicht. Im dritten Stockwerk des D-Winges versuchten gerade zwei benachbarte Sträflinge, mit Hilfe einer langen Leine einen Buchaustausch vorzunehmen. Es war erstaunlich, wie weit sie die Leinen an den Wänden entlangwerfen konnten. Übung macht den Meister. Sehr bald entdeckte einer der Insassen des D-Winges, daß meine Zelle neu besetzt war und ich ein Neuer sein mußte. Er rief zu mir herüber, wie lange ich mache. Meinem Fingerzeichen zufolge meinte er, daß ich fünf Monate abzusitzen hatte und schrie, daß die fünf Monate schnell vergehen würden.

Fünf Jahre oder fünf Monate ist ein kleiner Unterschied dachte ich und begann, da ich sonst nichts zu tun hatte, in meiner Zelle auf und ab zu wandern. „Ins Bett" gehen durfte ich nicht, da es vor acht Uhr verboten war. Mit den Postsäcken wußte ich nichts anzufangen, zum Lesen hatte ich keine Ruhe, was blieb mir also übrig, als auf und ab zu gehen. Später konnte ich feststellen, daß diese Wanderei bei Neuankömmlingen gewöhnlich üblich ist. Die Wärter sagen dann: „Das schlechte Gewissen treibt ihn auf und ab." Ein zwölfmaliges Klingelzeichen deutete mir dann endlich an, daß ich mein „Bett" besteigen durfte. Wenn ich mich auf eine schlaflose Nacht gefaßt gemacht hatte, so hatte ich mich getäuscht. Ich schlief ausnahmsweise gut bis zum morgendlichen Klingelzeichen des Weckens.

Bevor die Glocke am Morgen das sechste Mal geschlagen hatte, war ich bereits von meinem Bettbrett gesprungen (vorbildlicher Gefangener - jedenfalls für die ersten Tage). In meiner Waschecke mit dem dreibeinigen Waschstand nahm ich meine Morgenwäsche vor. Das Zahnpulver hatte einen scheußlichen Geschmack (nur die ersten Wochen). Lautes Geschürfe von Stiefeln auf dem Fliesenfußboden des Zentrums zeigte mir an, daß die Wärter zum Dienst eingetroffen waren. Namen wurden aufgerufen und das Geräusch aneinanderschlagender schwerer Schlüssel hallte durch die Hallen.

Gleich nachdem sich alle Wärter auf die Hallen verteilt hatten, überzeugte sich unser „Landing Officer" (der Flurwärter) durch einen Blick durch das „Spyhole" (Guckloch) meiner Tür, daß ich nicht geflohen war. Nach den Meldungen der Fluroffiziere an den „Principal Officer" (Oberwärter) im Zentrum, kam von dort der laute Ruf „Unlock". Im ganzen Gebäude wurden nun die Zellentüren aufgeschlossen und die Sträflinge strömten mit ihren Nachttöpfen dem Abort und Ausguß zu. Ein komischer Anblick und ein erniedrigendes Gefühl, wenn man zum erstenmal mit seinem Topf auf der Landing entlangzieht. Nach der Erledigung dieser Notwendigkeit schlossen sich die Türen für weitere fünf bis zehn Minuten. Dann gab es Frühstück, welches von zwei bis drei Gefangenen, den „Food-orderlies", von Tür zu Tür getragen wurde. Der Landing Officer händigte jedem Gefangenen im Vorbeigehen ein Stück Brot von sieben Unzen und ein Stück Margarine von einer halben Unze aus. Ein zweiter Wärter teilte Porridge und Tee aus, je einen halben Liter. Mit dem zweiten Wärter kam ein Gefangener, der Rasierklingen und Rasierapparate trug. Falls jemand eine Rasur nötig hatte, händigte der Wärter demjenigen einen Apparat und eine Klinge aus, bevor er die Tür schloß. Da es verschiedene Male zu Kämpfen mit Rasierklingen zwischen den Gefangenen gekommen war, durften die Klingen nur kurz vor dem Türschließen ausgegeben werden. Inzwischen war es 7.30 Uhr geworden.

Für unser Frühstück, Rasieren usw. standen uns eineinviertel Stunden zur Verfügung. Um 8.45 Uhr drehten sich die Schlüssel erneut im Schloß. Erneutes Entleeren der Töpfe, Einsammeln der Klingen usw. nahm etwa eine Viertelstunde in Anspruch, so daß wir um 9 Uhr fertig waren zur Arbeit. An diesem Morgen gingen wir allerdings noch nicht sofort in die Werkstätten, sondern wurden zu den Räumen des Gefängnisdirektors und des Gefängnispastors geführt. In Abwesenheit des Direktors nahm der Chief Officer die Vorstellung sowie die Arbeitseinteilung der am Vorabend neu eingetroffenen Sträflinge vor. Günther Uhl und ich wurden dem Weaver's Shop (Weberwerkstatt) zugeteilt, Jochen und Theo dem Tailor's Shop (Schneiderwerkstatt). Der Pastor entließ uns nach einigen Fragen und tröstenden Worten. Günther und ich verabschiedeten uns von Jochen und Theo, bevor uns ein Wärter in die Weberwerkstatt brachte.

Schon außerhalb der Werkstatt kam uns der Lärm und das Hämmern der elektrischen Webstühle entgegen. Etwa 70-80 Sträflinge arbeiteten in dem großen Schuppen unter Aufsicht von Principal Officer Mr. Robinson. Einzeln rief er uns Neuankömmlinge in sein Büro, das gleichzeitig Lagerraum für Werkzeuge und fertiggestelltes Tuch war. Mit dem ersten Blick stellte ich fest, daß Robinson ein gemütlicher Vertreter war. Im vorigen Krieg hatte er an der Rheinlandbesetzung teilgenommen und erzählte begeistert von seinen Erlebnissen in Deutschland. Nach den üblichen kleinen Sprachschwierigkeiten hatte er alle Einzelheiten über uns erfahren und soweit wie möglich in seine Bücher eingetragen. Da es als besondere Vergünstigung galt, an einem Webstuhl zu arbeiten, waren die übrigen Sträflinge erstaunt, daß der P.O. Günther und mich dazu einteilte.

Da wir im ganzen Gefängnis die einzigen deutschen Soldaten waren, wurden wir natürlich von allen Seiten neugierig beäugt. So etwas hatte Manchester

Prison noch nicht gesehen. „Richtige Jerries!" So wurden deutsche Soldaten genannt. Nach anfänglicher Zurückhaltung suchten unsere Mitgefangenen aber doch bald Verbindung mit uns aufzunehmen; teilweise aus Neugierde, teilweise aus Mitleid und teilweise um uns mit haßerfüllten Gesichtern über die Bombardierung von Coventry aufzuklären. Im allgemeinen waren die alten Insassen des Hauses aber ziemlich verträglich. Sprechen war verboten, aber ab und zu drückten die Wärter, die von erhöhten Tribünen die Werkstatt überwachten, ein Auge zu. Manche Wärter benutzten die Arbeitsstunden in der Werkstatt auch dazu, ihren versäumten Schlaf nachzuholen. Im allgemeinen war der Stab von Manchester's Gefängnis aber streng und scharf, deshalb war das „Haus" in der Verbrecherwelt von England höchst unbeliebt.

Es ist erstaunlich, wie viele Sträflinge sich untereinander kennen. Immer wieder hörte man Sätze wie: „Ich kannte ihn von London, Wandsworth, Leicester, Leeds usw." oder „Ich war mit ihm im Borstal Institut (Jugendstrafanstalt) zusammen" oder „Ich machte 18 Monate in Liverpool, während er seine siebte Strafe von zwölf Monaten absaß". Der größte Teil der Sträflinge in Manchester hatte kurze Strafen von 14 Tagen bis zu 18 Monaten oder zwei bis drei Jahren. Mit diesen Leuten, die zum Teil stolz darauf waren, zur Unterwelt zu zählen und mit ihren verschiedensten Einbrüchen prahlten, standen wir an den Webstühlen und wußten zu Anfang nicht, wie wir uns ihnen gegenüber verhalten sollten. Die Arbeit zeigte uns jedoch bald den Weg, und nach wenigen Wochen gehörten wir tatsächlich „äußerlich" zu ihnen, dem Abschaum der Außenwelt. Falls einer von ihnen zu uns kam, so sprachen wir so gut wir konnten mit ihm, innerlich hielten wir aber Distanz.

Mein „Mate" (Kumpel), an dessen Webstuhl ich als Lehrling zu arbeiten hatte, war wegen Einbruch, bei dem er nach seinen Angaben eine goldene Armbanduhr, eine Halskette und 23 £ Sterling hatte mitgehen lassen, zu sechs Monaten Gefängnis verurteilt worden und hatte nur noch wenige Wochen abzubrummen. Wenn er auch, wie die meisten seiner Klasse, nicht viel Köpfchen hatte, so wußte er seine Hände doch sehr gut zu gebrauchen. Hinter uns an einem anderen Webstuhl stand ein sehr sympathisch aussehender junger Gefangener.

Man kann trotz der einheitlichen Kleidung doch meistens sofort erkennen, ob der Träger Gewohnheitsverbrecher oder zufälliger Einkehrer ist. Sehr bald erfuhr ich, daß unser Hintermann am Webstuhl ein 23jähriger Fahnenflüchtiger der englischen Armee war. Er war zu vier Jahren Zuchthaus verurteilt und zum ersten Mal im Gefängnis. Da unsere Webstühle gekoppelt bearbeitet wurden, hatte ich oft Gelegenheit, mit ihm zu sprechen und fand heraus, daß er ein sehr gebildeter Mann und im Grunde kein schlechter Charakter war. Günther arbeitete etwa 15 Meter von mir entfernt an einem Webstuhl. Sein „Mate" oder Mitarbeiter war ein kanadischer Fahnenflüchtiger.

Bei näherer Betrachtung unserer Nachbarn fanden wir die verschiedensten Kriminellen: Einbrecher, Räuber, Fahnenflüchtige, Unterschlager, Vertreter vom schwarzen Markt und die Niedrigsten der Niedrigen in der Knast-Hierarchie, die Homosexuellen und Puffväter oder Zuhälter, wie man sie bei uns nennt. Alle möglichen Nationalitäten waren vertreten, Engländer, Schotten, Iren, Italiener, Franzosen, Holländer, Schweden, Neger, Russen, Chinesen und wir Deutschen. Unter dem ohrenbetäubenden Schlagen der Webstuhlarme und den wachsamen Augen der Wärter versahen wir alle unsere Arbeit, als ob nicht die geringsten Unterschiede beständen.
Gegen 12 Uhr wurde die Arbeit unterbrochen. Im Gänsemarsch marschierten die Sträflinge durch die Werkstattür, wo uns ein Wärter von Kopf bis Fuß abtastete und nach verbotenen Gegenständen untersuchte. Die lange Schlange bewegte sich zwischen mehreren Wärtern in das große Gefängnisgebäude, wo sie sich auflöste. Hallenweise wurden hier neue Schlangen zum Essenempfang gebildet; in denselben Kannen, in denen wir am Vorabend die Kakaobrühe empfangen hatten, gab's nun Mittagessen. Zweimal in der Woche gab es zusätzlich ein Stück Duff zum Mittagessen (Duff: pampiger, gedünsteter Teig).
Schon am ersten Tage war ich Zeuge des in jedem Gefängnis stattfindenden schwarzen Marktes. Duffs wurden getauscht gegen Stecknadelzigaretten, ja manche Sträflinge gaben sogar ihr ganzes Mittagessen für eine „Make up" (selbstgedrehte Zigarette). Anschließend wagten sie dann einen kühnen Sprung in die noch wartende Schlange, um erneut zu empfangen. Falls sie geschnappt wurden, konnten sie sich in den Strafzellen bei Wasser und Brot für drei Tage überlegen, ob es die „Make up" wert war. In meiner Zeit in Manchester habe ich Gefangene gekannt, die es wieder und wieder taten. Die Wärter, die die Essenausgabe überwachten, kannten ihre Pappenheimer schon und warteten nur, um zuzugreifen.
Mit dem Essentopf in der Hand ging's zu den Zellen, wo schon andere Wärter warteten, um uns für die Mittagsstunde einzuschließen. Nach Mittag erneut Entleeren der Nachttöpfe, Einsammeln der Essendosen und der speziell für das Mittagessen ausgegebenen Tischmesser und Warten in den Türeingängen, bis die einzelnen Landings zum Abmarsch abgerufen wurden. Obgleich der Nachbar nur zwei Meter von einem entfernt stand, durfte man es nicht wagen, mit ihm zu sprechen. Die Wärter waren in dieser Beziehung sehr wachsam und schnell zur Hand, einen Gefangenen wegen unerlaubten Sprechens zum Rapport zu bringen und ihm damit einige Tage Wasser und Brot zu verschaffen.
Jedem Sträfling stand täglich eine Stunde Bewegung in der frischen Luft zu. Diese Bewegung, Exercise genannt, fand nach dem Mittagessen in den Gefängnishöfen statt. A. Wing, zu dem ich auf Grund meiner Tätigkeit in der

Weberwerkstatt vom E. Wing versetzt war, machte Exercise im Exerciseyard zwischen dem A. Wing, B. Wing und dem Hospital. Auf drei im Kreise laufenden, einer Schießscheibe ähnlichen Zementwegen, liefen wir zwei bei zwei herum. Der größte der drei Kreiswege hatte etwa einen Durchmesser von 25 Metern. Sprechen war hier erlaubt, so daß Günther und ich uns unterhalten konnten. Der Hof war von grauen Mauern und vergitterten Fenstern eingesäumt. In einem Abstand von etwa 15 Metern standen auch hier, wie überall, Wärter.

In den ersten Tagen meiner Gefängniszeit hatte ich immer ein unsicheres Gefühl, aber sehr bald gewöhnt man sich an die Männer in den blauen Uniformen mit goldenen Knöpfen. Ja, manche Sträflinge, die alten Stamminsassen des Gefängnisses, „gambelten" sogar unter den wachsamen Augen. „Pennytossing" war eins ihrer beliebten Spiele im Exercise. Während des Herummarschierens wurde ein Penny in die Luft gestoßen, aufgefangen und mit der rechten Hand auf dem Handrücken der Linken verdeckt. Der Nachbar hatte die Wahl, zu sagen, ob es „head or tail" (Kopf oder Unterseite) der Münze sei und gewann oder verlor so einen Penny. Bei diesem Spiel konnte man die typischen Luchsaugen eines Verbrechers beobachten. Mit einem Auge wurde der Verlauf des Spiels verfolgt, mit dem anderen die Wärter beobachtet. Im Exercise konnte man die verschiedensten Typen sehen. Einige drehten ihre Runden unter lautem Schwatzen mit dem Nachbarn, den Vorder- sowie Hintermännern, andere ließen sich einzeln in Gedanken versunken, ständig ausspuckend, vom immer rundgehenden Strom mitnehmen, ohne ihre Umgebung zu bemerken, wieder andere waren zum Gehen zu faul und drückten sich die größte Zeit bei den Aborten herum und die ganz Frechen brachten es sogar fertig, beim Kreisedrehen in der Handhöhe eine „Make up" zu rauchen.

Nach einer halben Stunde begaben wir uns wieder in die Weberwerkstatt. Sehr bald konnte ich den Webstuhl handhaben, so daß ich ihn bei der Entlassung meines „Mates" übernahm. Dadurch stieg mein Verdienst beträchtlich. Ich arbeitete im Akkord und konnte bis zu 11 Pence die Woche verdienen. Gewebt wurde weißes Leinen, gestreifter Hemdenstoff, grauer Wollstoff, Bettlaken sowie Sackstoff für Postsäcke. Mein Webstuhl war für weißes Leinen eingestellt. Jede Woche webte ich ungefähr 120 Yard von 1 Yard Breite.

In der Weberwerkstatt erlebte ich den ersten Kampf zwischen Gefangenen. Zwei Sträflinge, welche im Hinterteil des Raumes Postsäcke nähten, hatten einen Streit über nicht bezahlte Zigarettenschulden. Kurzerhand ergriff einer der beiden, ein Russe, eine Schere und schlug damit auf seinen Schuldner ein. Das Ende war, daß der Schuldner mit zwei Einstichwunden im Gesicht im Hospital landete und der Russe in die Wasser- und Brotzellen gebracht wurde. Einige Wochen später wohnte derselbe Russe in meiner Nachbarzelle E 4/7. Eines Nachmittags verweigerte er die Arbeit und wollte seine Zelle nicht verlassen. Als wir am Abend von der Arbeit zurückkamen, hatte er sämtliche Einrichtungsgegenstände sowie Fensterscheiben seiner Zelle zertrümmert und lag mit zerschnittenen Händen und Armen auf den Fliesen. Nach einigen Tagen im Hospital ging er erneut in die „separated cells". (Strafzellen).

Fälle, wie dieser, waren oft zu verzeichnen und liefen unter dem Namen „Smash up". Ein Smash up ist gewöhnlich die Folge tagelanger Niedergeschlagenheit, die jeder Sträfling durchmachen muß. Ich selbst habe Tage während meiner Inhaftierung gehabt, an denen ich an nichts Interesse finden konnte, keine Lust zum Arbeiten verspürte, mir das Essen nicht schmeckte, ich kurz gesagt niedergeschlagen und depressiv war. Man hat das Gefühl, alles entzweischlagen zu müssen. Menschen mit schwacher Selbstbeherrschung, von denen es in den Gefängnissen eine ganze Menge gibt, geben diesem Gefühl, besonders wenn sie allein in eine Zelle eingesperrt sind, nach, und die Folgen sind Feuerholz und Scherben. Ein anderer Grund für solches Handeln ist die Meinung des Betreffenden, daß ihm Unrecht geschehen ist.

Kurz vor Weihnachten war ich Zeuge eines verunglückten Großausbruchs. 16 Sträflinge hatten die Absicht, die Wärter in der Werkstatt zu überfallen und zu fesseln und ihnen die Schlüssel abzunehmen. Nach Einbruch der Dunkelheit, um 16.15 Uhr, begann der Sträfling Halliday bei der Arbeit zu pfeifen. Als ihn einer der drei anwesenden Wärter deshalb zur Rede stellte, gab ihm Halliday einen gut gezielten Kinnhaken, ergriff einen bereitgelegten schweren Besen und schlug auf den Uniformierten ein, bis ein zweiter Wärter in den Kampf eingriff. Sehr schnell lag Halliday auf dem Boden. Während die zwei Wärter Halliday niederhielten, ergriff der Sträfling Hopkins den Besen und traf den Wärter Shatterton mit voller Kraft auf den Hinterkopf, so daß er völlig benommen aus dem Kampf ausscheiden mußte. Inzwischen war der dritte Wärter, Webster, ein junger Mann, aufmerksam geworden und kam zur Hilfe. Sträfling Halliday ließ von dem ersten Wärter, der aus einer klaffenden Kopfwunde stark blutete, ab und stürmte mit dem Besen auf Webster los. Dieser jedoch war „sportlich auf der Höhe". Geschickt wich er dem ersten Hieb von Halliday aus. Mit einem schnellen Griff entzog er dem Gefangenen den Besen und sandte ihn mit einem guten Fausthieb auf den Zementboden. Halliday war jedoch sofort auf und stürmte wieder auf Webster ein. Erneut wurde Halliday schwer am Kopf getroffen und auf den Boden gezwungen.

Inzwischen war vom Wärter Shatterton Alarm gegeben worden und etwa 15-20 Wärter stürmten, teilweise mit gezogenem Knüppel, in die Weberwerkstatt. Sofort wurde die Arbeit unterbrochen und die Werkstatt von Gefangenen geräumt. In der nachfolgenden Gerichtsverhandlung wurde Halliday zu fünf Jahren Zuchthaus und Hopkins zu drei Jahren Zuchthaus verurteilt. Hoch anzurechnen ist es den übrigen Sträflingen, daß sich trotz mehrfacher Nachfrage keiner meldete, um Zeugenaussagen gegen die beiden angeklagten Sträflinge zu machen.

Jeden Abend um 17 Uhr war Arbeitsschluß. Genau wie am Morgen das Frühstück, wurde das Essen am Abend von zwei Wärtern und den „Food orderlies" ausgegeben. Ein Stück Brot von acht Unzen, ein Stück Margarine von einer halben Unze und zweimal in der Woche ein Stückchen Käse, eine Unze Zucker und ein halber Liter Kakao war die übliche Abendration. Welche große Abwechslung das Stückchen Käse für uns Sträflinge bedeutete, geht daraus hervor, daß manche Gefangene schon am frühen Morgen der Käsetage mit dem Ruf: „Cheese tonight"(heute abend Käse) aus ihrer Zelle kamen.

Nach dem Abendessen begann die schwerste Zeit der Strafverbüßung, die unheimlich lang erscheinenden Abendstunden. Tag für Tag dasselbe, mit der Ausnahme von Samstag und Sonntag. Samstagnachmittags wurde nicht gearbeitet, sondern nur eine Stunde im Kreis gelaufen. Am Sonntagmorgen nach dem Frühstück war von neun bis zehn Uhr ebenfalls Exercise. Anschließend ging's zum Gottesdienst bis mittags. Teilnahme war Pflicht. Nach dem Mittagessen erneut Gottesdienst und anschließend bis 16 Uhr Exercise. Samstags und sonntags erhielten wir bereits um 16 Uhr unser Abendessen und wurden anschließend 17 Stunden lang eingeschlossen.

Die Tagesrationen waren knapp, deshalb bestand auf dem Gebiete der Verpflegung ein reger schwarzer Markt. Der gewöhnliche Sträfling, dem der Verpflegungssatz zu karg war, kaufte und tauschte Zucker, Brot und Butter ein. Ein eingeweihter Sträfling konnte von gewissen Sträflingen, die in den Lagerräumen und in der Küche arbeiteten, Dosenmilch, Kuchen, Butter (pfundweise), Rosinen, Blockkakao und sogar Rasierklingen erwerben. Die Schwarzhändler waren an der nie ausgehenden Zigarette zu erkennen. Eine andere Branche des schwarzen Marktes war nämlich der Tabak. Verschiedene Sträflinge rollten Tabak, den sie von ihren Angehörigen durch bestimmte, sehr geheim gehaltene Wärter gegen hohe Bezahlung ins Gefängnis geschmuggelt bekamen, zu Stecknadelzigaretten, die sie für je einen halfpenny an andere Sträflinge verkauften. Die „Tabakhändler" machten mit diesem Geschäft natürlich großen Profit und wurden von den Wärtern gesucht und verfolgt. Die meisten von ihnen waren allerdings zu schlau, und nur wenige wurden geschnappt. Bei den wenigen wurden dann Geldbeträge bis in die Pfunde gefunden. Nur zwei Shilling war der erlaubte Höchstbetrag, den ein Gefangener besitzen durfte.

Da von Zeit zu Zeit Zellendurchsuchungen vorgenommen wurden, meist völlig unerwartet, hatten die Schleichhändler die verschiedenartigsten Verstecke für ihre schwarze Ware. Die Aborte, Müll- und Feuerwassereimer waren die üblichen Aufbewahrungsplätze während der Mittagszeit, denn dann waren meistens die Untersuchungen. Alle Wärter gingen dabei auf eine Landing. Ganz plötzlich wurden alle Türen aufgerissen, die Sträflinge aus den Zellen geholt und die Türen wieder verschlossen. Einzeln wurde anschließend jede Zelle und jeder Sträfling genauestens untersucht. Wolldecken, Bettlaken sowie Matratze wurden vor der Zellentür abgetastet und ausgeschüttelt. Regelmäßig erbeuteten die „Blauen" dabei verbotene Romane, Zunderdosen und ähnliche unerlaubte Gegenstände.

Trotz dieser wirklich gründlichen Durchsuchungen hatte einer der Sträflinge es eines Mittags fertiggebracht, zwei Pfund Butter und eine Dose Büchsenmilch in seiner Zelle versteckt zu halten. Er hatte die Sachen in einen alten Feudel eingewickelt und in einen Eimer schmutzigen Wassers, mit dem er seine Zelle geschrubbt hatte, eingetaucht. Glück muß der Mensch schon haben. Die Butter wurde auch trotz des Schmutzes anschließend gerne genommen. Unser Freund Joachim war einmal in einer brenzligen Lage wegen schwarzer Ware.

Kurz bevor wir zum Nachmittagsexercise heraustraten, steckte ihm einer der schwarzen Lieferanten drei ½-Pfund-Pakete Butter zu. Im heißesten Wetter hatte er diese unter seinem Hemde, rund um seinen Körper verteilt, zu tragen. Es muß eine aufregende Stunde gewesen sein, denn er erwartete jede Minute und bei jedem Schritt, daß ihm die flüssige Butter aus den Hosenbeinen laufen würde. Trotzdem, er hatte Glück, wurde seine Ware in der Werkstatt anschließend los und erhielt den dritten Teil als Belohnung.

Ein anderer Gefangener hatte weniger Glück. Ihm steckte man kurz vor einem Exercise einen Riegel schokoladenähnlicher Masse zu, aus der der „gute" Kakao gemacht wurde. Es war ziemlich heiß, und der Principal Officer vom Dienst wollte uns etwas Gutes tun, so verlängerte er die Freizeit im Ring um eine Viertelstunde. Die Schokoladenmasse, die der Gefangene unter dem Hemd am nackten Körper trug, schmolz und lief ihm an den Beinen runter. Unglücklicherweise hatte ihm der Bekleidungsoffizier eine viel zu kurze Hose verpaßt, und man konnte die Schokoladenstreifen zwischen Hose und Socken an den Enkeln sehen. Um die aufgeweichte Masse los zu werden, meldete sich der Gefangene ab zur Toilette. Der Wärter hatte aber bereits gesehen, was mit dem Sträfling los war, hielt die Spuren aber für die Folgen eines Durchfalls. Er schickte den Unglücklichen mit einem jungen Wärter nicht in die Toilette, sondern ins Hospital. Dort klärte der Doktor alles sehr schnell auf, und sechs Tage Brot und Wasser waren fällig.

Eines der komischsten Bilder des schwarzen Marktes erlebte ich eines Mittags. Da wir inzwischen neun Monate unseres Urteils abgesessen hatten, wurden wir in die zweite Stufe des Gefängnisses befördert. Dadurch konnten wir mittags gemeinsam unsere Mahlzeit einnehmen sowie uns unterhalten, Schach spielen und zensierte Tageszeitungen lesen. Als ich den Abort benutzen wollte, bemerkte ich, daß ein Sträfling in Hockstellung vor der Tür sowie ein zweiter im Abort selbst saß. Ersterer zog laufend Gummilitze von etwa 2 cm Breite unter der Tür hindurch zu sich heran und wickelte es auf seinen Löffel. Wie ich später erfuhr, war dieser Vorgang ein kleines Geschäftsabkommen zwischen einem Angehörigen der Schneiderwerkstatt und dem zweiten Gefangenen. Von einer Rolle von 200 Metern Gummilitze, das er in der Werkstatt gestohlen hatte, gab der Schneider an seinen schwarzen Kunden 100 Meter ab.

Da ein Gefangener diese Gegenstände nicht für sich verwenden konnte, ist es ziemlich klar, wo diese Ware abgesetzt wurde. Hier wiederum traf das alte Sprichwort: „Es ist Ehrlichkeit unter Dieben" zu, denn die Namen der Wärter, denen diese Güter verkauft wurden, hielt jeder streng geheim. Viele Schwarzhändler benutzten auch den Gottesdienst am Sonntag für ihre Geschäfte. Sonntage, an denen Kinovorstellungen waren, kamen ihnen besonders gelegen, da der Kirchenraum dann verdunkelt war.

Jeden Monat war eine Kinovorstellung, ein Vortrag, ein Konzert, und der vierte Sonntag bestand aus einem Morgen- und einem Nachmittagsgottesdienst. Wir hatten einige recht gute Konzerte in Manchester. Ein besonders gut arrangiertes Konzert oder mehr ein bunter Nachmittag fand am ersten Weihnachtstag 1945 statt. Der Vorsitzende des Manchester Stadtmagistrates, Sir Tom Whittle, zahlte für diese Unterhaltung. Er selbst nahm am Morgengottesdienst im Gefängnis teil und war nachmittags beim Konzert ebenfalls anwesend. Die Filmvorführungen wurden meistens vom Ministry of Information durchgeführt. Zu den Vorträgen aller Art besuchten Redner, Forscher, Sportsleute und Auswanderungsbehörden das Gefängnis. Die größte Anzahl der Vorträge hatte die Britischen Dominien und Kolonien zum Thema.

Am Nachmittag des vierten Sonntages im Monat sangen wir oft abwechselnd mit den Frauengefangenen, die ebenfalls in Manchester Strangeways stationiert waren, Gesänge und religiöse Lieder. Es war mir zur Gewohnheit geworden, meine Gedanken während des Orgelspiels in die Heimat schweifen zu lassen. Nie in meinem Leben ist mir ein Weihnachtslied so tief zu Herzen gegangen wie damals, als der Frauenchor, der hinter einem Stoffvorhang unseren Blicken verborgen war, „Stille Nacht, heilige Nacht" sang. Dem alten Richard Deutsch, dem fünften Deutschen in Manchester, rannen die Tränen dabei über die Backen. Er war wegen ernster Körperverletzung an einem Feldwebel zu fünf Jahren Gefängnis verurteilt. In seinem Alter von 48 Jahren machte er sich schwere Sorgen um seine Familie in der französischen Zone.

Den ersten Heiligen Abend im Gefängnis verbrachte ich mit dem Schreiben eines Briefes an zu Hause. Ich hatte mir einen kleinen Kerzenstummel und ein gespaltenes Streichholz besorgt, so daß ich jedenfalls den Kerzenschein des Weihnachtsfestes nicht zu missen brauchte. Nach dem Briefschreiben erstieg ich meinen Stuhl am Fenster und beobachtete die vielen Lichter der Großstadt. Von meiner Zelle konnte ich die Kathedrale, die großen Zeitungsgebäude und den Victoria-Bahnhof sehen. Direkt mir gegenüber schaute ich in die Lager- und Büroräume einer großen Regenmäntelschneiderei. Jeden Abend beobachtete ich die Angestellten bei der Arbeit. Die gegenüberliegende Hausfront war nur etwa 80 Meter entfernt. Am Heiligen Abend winkte mir die schwarzhaarige Kontoristin, die ich lange bei ihrer Arbeit beobachtet hatte, zum ersten Mal zu. Sie wurde meine unbekannte Freundin. Regelmäßig, bevor sie abends die Büroräume verließ, trat sie nochmals ans Fenster und gab mir meinen Abschiedswink.
Aber nicht nur ich hatte eine Freundin. Theo „wohnte" im E Wing, welcher parallel mit einem Flügel des Frauengefängnisses verlief. Die beiden Gebäude waren nur etwa 30 bis 40 Meter voneinander entfernt. Sobald die Gefangenen beider Geschlechter abends in ihre Zellen kamen, begannen rege Unterhaltungen zwischen männlichen und weiblichen Gefangenen. Auf diese Weise hatte sich Theo auch eine Freundin „angelacht". Sie schien sehr intelligent zu sein und mußte sechs Monate absitzen, da sie beim Einkauf mit fremden Kleiderkarten von der Polizei erwischt worden war. Dieses Mädchen war eine der ruhigen und vernünftigen Gefangenen. Da der größte Teil der Frauen aber Huren waren, kam es zu nicht gerade angenehm klingenden Unterhaltungen zwischen den beiden Geschlechtern. Ja, manche Huren gingen sogar so weit und bestiegen ihren Zellentisch, um ihr nacktes Fleisch am Fenster zur Schau zu stellen.
In Manchester wurden auch die Todesurteile vollstreckt. In England gab es noch die Todesstrafe. Die zum Tode Verurteilten wurden meist einige Tage vor der Vollstreckung durch den Hängmeister Pierepoint nach Manchester verlegt. Einen Tag vorher nahm Mister Pierepoint den Hals und Nacken des zum Tode Verurteilten in Augenschein, um danach seinen Knoten am Tau vorzubereiten. Eines Morgens waren wir zum Abmarsch in die Werkstatt angetreten, als zwei Principal Officer und ein Zivilist von ca. 40 Jahren die Halle betraten. Im Vorübergehen deutete einer der Wärter auf mich und sagte, daß ich einer der Deutschen sei. Mr. Pierepoint, er war der Zivilist, nahm vor mir Aufstellung und sagte nach einer kurzen, sehr abfälligen Musterung zu mir: „You lucky fellow" („Du glücklicher Bursche"), und setzte seinen Weg fort. Dies sagte er wahrscheinlich deshalb, weil er mir nicht den Strick um den Hals legen konnte. Kurz vorher hatte er in Deutschland, im Gefängnis Hameln, 13 deutsche Kriegsverbrecher hingerichtet. Insgesamt

soll er ca. 300 Hinrichtungen vorgenommen haben. Man traute diesem kleinen, ca. 1,70 m großen Mann mit schmalen Händen gar nicht zu, der Henker von England zu sein.
Am Morgen der Urteilsverstreckung blieben alle Zellentüren geschlossen, bis um neun Uhr die Glocke erklang, das Zeichen, daß das Todesurteil vollstreckt war. Anschließend blieben die Türen eine weitere Stunde geschlossen, um die eventuell aufgekratzten Gemüter zu beruhigen.
Wir waren nicht traurig, als endlich im Mai 1946 die ersten Zeichen unserer Versetzung in ein Zuchthaus erkennbar wurden. Obgleich das Wort „Convictstation" (Zuchthaus) für uns einen harten Klang in sich barg, versicherten uns doch viele Wärter, daß wir in Parkhurst, Isle of Wight, viel mehr Freiheit haben würden. Mitte Mai kam dann der Versetzungsbefehl für Jochen, Theo und Günther. Ich blieb noch einen weiteren Monat in Manchester. Am 12. Juni 1946 erhielten Richard Deutsch und ich dann ebenfalls unsere Versetzungsnachricht. Die Benachrichtigung durch den Governor, die Vorstellung beim Arzt und sonstige Formalitäten nahmen den Tag in Anspruch.
Am 13. Juni, morgens vor dem allgemeinen „Unlock", wurden wir in das Aufnahmegebäude geführt, wo unsere Zivilkleider schon bereitlagen. Nach neun Monaten stieg ich wieder in meine Uniform und Knobelbecher. Drei Gefangene waren am Vorabend von Liverpool eingetroffen und traten mit uns ihren zweiten Reisetag nach London an. Nach dem Frühstück verpaßten die Wärter uns Handschellen. Zum ersten Mal sah ich diese Polizeifesseln, die so oft in Kriminalromanen beschrieben werden. Nun sollte ich sie selbst an meinen Handgelenken spüren. Je zwei Mann wurden zusammen „handcuffed". Richard Deutsch, dessen Gesicht länger und länger wurde, war mein Partner. An der Tür überzeugte sich der „Chief Officer" von dem vorschriftsmäßigen Zustand der Handschellen. Eine „Black Maria" (Polizeiauto) brachte uns zum Bahnhof.
Unsere Abteile im Londoner Schnellzug waren höchst bequem, es war eine sehr angenehme Fahrt. Rauchwaren und Zeitungen wurden zur Abwechslung von den Wärtern zur Verfügung gestellt. Man kannte die Wärter, die innerhalb der Gefängnismauern streng und barsch waren, auf dem Transport gar nicht wieder. Mr. Banet, ein dicker Wärter, der im Gefängnis wegen seiner Bullerstimme bekannt war, saß nun bescheiden wie ein Musterknabe in seiner Fensterecke, kaute seine Sandwiches und schlürfte Milch aus seiner sechseckigen Medizinflasche, die er aus einem kleinen Koffer hervorbrachte. Ihm fehlte nur die Zipfelmütze und der Biedermeier wäre fertig gewesen. Per Omnibus ging's vom Londoner Bahnhof durch die stark belebten Straßen der englischen Hauptstadt. Für uns unerreichbar zogen vollbepackte Schaufenster an uns vorbei. Nette Mädchen trugen ihre Sommerklei-

der zur Schau. Von weitem sahen wir das Parlamentsgebäude und die Tower Bridge. Es ging alles viel zu schnell. Bevor wir alle die für uns so fremd gewordenen Bilder des täglichen Lebens genießen konnten, hielt unser Omnibus vor einem der üblichen Gefängnistore.

Das Gefängnis London Wandsworth nahm uns für einige Tage bis zum Weitertransport nach Parkhurst, Isle of Wight, auf. Der übliche Betrieb in der Aufnahme und dann die Ernüchterung in der Zelle nach der schönen Fahrt. In dem Augenblick, als sich die Zellentür hinter mir schloß und ich die altbekannten Zelleneinrichtungsgegenstände anstarrte, hatte sogar ich das Gefühl, mit meinem Zellenstuhl alles zu Kleinholz schlagen zu müssen. So miserabel, wie nach der Fahrt durch London, habe ich wohl nie den Verlust meiner Freiheit gefühlt. Nach einer Nacht auf der mit Läusen bewohnten Matratze hatte ich mich am nächsten Morgen bereits wieder mit meiner Lage abgefunden und zog, wie all die anderen „armen Irren", mit meinem Nachttopf dem Abort zu.

In den wenigen Tagen in Wandsworth beschäftigte man uns mit dem Nähen von Postsäcken in der Schneiderwerkstatt. An meinem Geburtstag kaufte ich drei Brotrationen und drei Butter- sowie Zuckerrationen ein und stellte mir beim Essen eine Geburtstagstorte vor. Am 18. Juni reisten wir weiter. Wieder einmal hatten wir Glück mit dem Wetter. Die ganze Fahrt bis Portsmouth schien die Sonne. In Portsmouth stieg unser Transport um auf die Fähre zur Isle of Wight. Während der Bootsfahrt von 45 Minuten setzte starker Regen ein. Im Dunst fuhren wir an dem außer Dienst gestellten Schlachtschiff Warsperte und einigen Zerstörern vorbei. Eine typische Bimmelbahn schaukelte uns mit viel Lärm, Stoßen und Quieken nach Newport, von wo wir im Omnibus bis ins Zuchthaus Parkhurst geschafft wurden.

Nach flüchtiger ärztlicher Untersuchung, Umkleiden in Gefängniskleidung und einem guten Mahle teilte man uns auf die Hallen auf. Entgegen allen bisherigen Gefängnissen war Parkhurst nicht sternartig gebaut, sondern bestand aus 2 parallel laufenden Hallen und den verschiedenen Werkstätten, dem Hospital, dem Verwaltungsgebäude und den Lagerräumen.

Schon beim Empfang in der Aufnahme sowie beim Essen und bei der Aufteilung bemerkten wir den Unterschied zwischen einem örtlichen Gefängnis und einem Zuchthaus. Alle Wärter waren viel ruhiger, ja beinahe freundschaftlich. Auch in den Hallen gab es nicht, wie in Manchester und Wandsworth, das laute Schreien und Befehlerufen der Wärter. Weil ich in Manchester an stramme Disziplin gewöhnt war, nach deren Bestimmungen niemand eine fremde Landing betreten oder seinen Türeingang verlassen durfte, war ich am ersten Abend in Parkhurst überrascht, als sich meine Tür öffnete und Günther und Jochen unter den Augen eines Wärters hereinmarschiert kamen und mir ihre Glückwünsche sowie Geburtstagsgeschenke überbrachten. Jeder brachte mir einen „Duff", von Rosinen durchsetzt.

Die Verpflegung war tadellos. Während wir die monatlich zweimalige Käseration in Manchester als Besonderheit ansahen, erhielten wir nun am Montag Marmelade, am Dienstag Käse, am Mittwoch Marmelade, am Donnerstag einen Hedwigkuchen mit Rosinen, frisch und warm aus dem Backofen, am Freitag Käse, am Samstag Marmelade und am Sonntag ein Stück Rosinenkuchen von sechs Unzen. Dreimal wöchentlich gab es zusätzlich Duff und ab und zu eine Marmeladenrolle oder Schinkenpastete zu Mittag. Das Mittagessen war reichhaltig und von Principal Officer Keyes gut zubereitet. Das Frühstück bestand genau wie im örtlichen Gefängnis aus Porridge, Tee und 21 Unzen Brot, das für den ganzen Tag reichen mußte. Am Sonntagmorgen verteilten die Landing orderlies an jeden Sträfling acht Unzen braunen Zucker in kleinen Leinensäckchen.

Trotz dieser ausreichenden Rationen war der schwarze Markt mit Lebensmitteln weit verbreitet. Zucker, Hedwigs, Duffs und Kuchen und auch mit Brot wurde in den beiden Hallen und den Werkstätten des Zuchthauses gehandelt. Verschiedene Insassen, die alten Hasen, kauften bis zu acht und zehn Säcke Zucker in der Woche. Die Wärter wußten von diesen Ankäufen, denn wenn sie mit der Verpflegung von Tür zu Tür gingen und man irgend etwas gekauft hatte, sagte man offen heraus, welche Zellennummer der Lieferant hatte und erhielt statt einer Ration Hedwig-Kuchen zwei oder drei. Solange es nicht zu viele Lieferanten auf einmal waren und der Wärter die Zellennummer derselben im Kopf behalten konnte, war alles in Ordnung.

Am dritten Tag nach der ärztlichen Untersuchung, der Vorstellung beim Pastoren usw. fand ich mich zu der Cleaning Party eingeteilt. Das Schrubben der Zementfußböden machte mir natürlich keinen Spaß, deshalb erlangte ich durch ärztliche Befürwortung wegen meiner letzten Verwundung einen Arbeitsplatzwechsel in die Schuhwerkstatt. Dort traf ich die vier, mir bis dahin noch unbekannten, deutschen Kameraden Rolf Herzig (lebenslänglich), Hermann Schuster (zehn Jahre), Hannes Klein (sieben Jahre) und Herbert Wunderlich (fünf Jahre). Herzig, Klein und Wunderlich gehörten zu dem bekannten Fall Rostberg, der von allen englischen Zeitungen wochenlang behandelt wurde. Feldwebel Rostberg wurde im November 1944 in einem Kriegsgefangenenlager in Schottland aufgehängt, da man in seinem Gepäck Dokumente und Schriftstücke fand, die seine verräterische Tätigkeit als Spion und Saboteur in Frankreich außer Zweifel stellten. Sechs Angehörige des Lagers wurden wegen Mordes zum Tode (fünf von Pierepoint gehängt und Herzig zu lebenslänglich begnadigt), Klein zu sieben Jahren, Wunderlich zu fünf Jahren, zwei Mann zu drei Jahren, einer zu zwei Jahren und zwei zu 18 Monaten verurteilt. Schuster, ein typischer Oberschlesier, gehörte dem Afrika Corps an. Als Hauptfeldwebel war er 1943 als Lagerführer in einem Kriegsgefangenenlager eingesetzt, als ein Angehöriger des Lagers wegen Verrat vor dem englischen Lagerbüro aufgehängt wurde. Da man den Täter nicht fassen konnte, denn jeder schwieg, verurteilte der Tommy unseren Hermann Schuster (Baldy genannt wegen seiner Glatze) zum Tode. Auf Grund energischen Protestes unserer derzeitigen Regierung wurde er später begnadigt und sein Urteil auf 10 Jahre herabgesetzt.

Klein und Schuster bildeten sich ein, daß ihr Haar ausfiel, deshalb hatten sie dem Gerücht, daß Scheren und Rasieren des Kopfes einen stärkeren Haarwuchs hervorrufe, Folge geleistet. Ihre kahlen, mit Vaseline polierten Schädel boten einen komischen Anblick. Wir nannten sie „Baldies" (Glatzköpfe). Einige Wochen später folgte Jochen ihrem Beispiel, und wir hatten drei Baldies.

Der Betrieb in der Schuhmacherwerkstatt nahm ohne Zwang und viel Disziplin seinen Lauf. Hier erlernte ich das Schuhemachen und verdiente bereits in der ersten Woche das höchstmögliche Gehalt, denn meine Kameraden halfen mir, so daß ich am Ende der Woche genau wie jeder andere Schuhmacher 15 Paar Schuhe abgeliefert hatte. Jochen arbeitete neben mir an derselben Bank, Richard Deutsch und Hannes Klein vor uns, Rolf Herzig und Herbert Wunderlich hinter uns an Nähmaschinen, und Hermann Schuster, der bereits in Dartmoor als Schuhmacher tätig gewesen war, bediente die Presse, mit der die Sohlen geschnitten wurden.

Neben neuen Schuhen und Schnürstiefeln wurden sämtliche Schuh-Reparaturen des Gefängnisses in der Werkstatt durchgeführt. Stanley Thurston, der berühmte englische „escaper" (Ausbrecher) aus den verschiedensten Gefängnissen, führte zu der Zeit mit einem seiner Freunde die Reparaturen durch. Thurston brach neunmal aus, unter anderem von Dartmoor. Seine streng kommunistische Anschauung und Überzeugung erlitt einen nicht geringen Schlag, als wir ihm von unseren Erfahrungen in Rußland erzählten. Nach seiner Entlassung aus dem Zuchthaus spielte er die Hauptrolle in seinem Film „Crime does not pay". Nach anfänglich starker Aufmachung und Reklame verbot die englische Regierung später die Aufführung des Filmes. Am Morgen seiner Entlassung erwarteten ihn neun Zeitungsreporter mit ihren Kraftwagen vor dem Gefängnis. Die „News of the world" übernahm sämtliche Kosten seiner Reise und druckte eine halbe Frontseite über Thurstons Erlebnisse und seine Ansichten über Gefängnisse.

Der Instruktor der Schuhwerkstatt gab mir nach wenigen Wochen Erlaubnis, bei den verschiedensten Arbeiten in der Werkstatt zuzusehen, deshalb war ich sehr bald in der Lage, einen guten Zivilschuh in Handarbeit herzustellen, alle Reparaturen durchzuführen und die Maschinen zu bedienen. Einige Wochen spezialisierte ich mich auf das Fertigstellen, Färben und Polieren der gesamten Schuhproduktion. Ein Teil der Reparaturen waren Fußballschuhe, denn es war eine besondere Vergünstigung des Zuchthauses

Parkhurst, daß am Sonnabend- und Sonntagnachmittag auf dem eigenen Sportfeld innerhalb der Mauern Fußball, Baseball und Cricket gespielt werden konnte.

Unter den 600 Gefangenen bestanden acht Fußballmannschaften, vier erste und vier zweite Mannschaften. Vollständige Fußballausrüstungen, wenn auch teilweise sehr alt und gebraucht, standen zur Verfügung. Die Mannschaften waren hallenweise zusammengestellt. A-Halle wurden die Diamonds, B-Halle die Albions, C-Halle die Wanderers und D-Halle die Hammer genannt. Die Diamonds-Mannschaften trugen blaue Hemden mit weißen Kragen und einem weißen Viereck auf dem Rücken sowie weiße Sporthosen. Die Albions erkannte man an weißen Hemden mit roten Streifen und schwarzen Hosen. Die Mannschaften der C-Halle hatten halb gelbe und halb schwarze Hemden und schwarze Hosen. Die D-Halle kleidete sich in grüne Hemden und schwarze Hosen.

Nach dem Mittagessen am Wochende wurden alle Gefangenen auf das Sportfeld, welches von einer hohen Mauer umgeben war, geführt. Sobald man das Eingangstor hinter sich hatte, konnte man Teile von Unterhaltungen wie: „6:4 for the Diamonds" oder „one goal start for the Albions" auffangen, denn vor dem Spiel wurden am Eingang Wetten abgeschlossen. In kleinen Gruppen standen die Gefangenen, Pennies in der Hand und warteten, eine günstige Wette abschließen zu können. Die Wärter, die mit einem Abstand von etwa 50 Metern voneinander an der Wand entlang standen, schienen gegen diesen Vorgang blind zu sein. Vielleicht dachten sie auch, daß selbst ein Zuchthäusler das Recht zu einem kleinen Vergnügen hatte. Der Schiedsrichter und die zwei Mannschaftsführer losten aus, welche Mannschaft die Wahl der Spielhälfte hatte. Diese Angelegenheit war in Parkhurst besonders wichtig, denn das Spielfeld selbst hatte viele kleine Schwächen. Es war kürzer als ein gewöhnliches Fußballfeld und nicht ganz eben. Außerdem verwandelten sich die westlichen Straf- und Torräume bei feuchtem Wetter in der zweiten Halbzeit gewöhnlich in matschige und glitschige Flächen. Da das Spielfeld in der Ost-West-Richtung lag, spielten die Sonne und der Wind eine besondere Rolle. Ich kenne all diese kleinen Kniffe, denn nach wenigen Spielen wurde ich zum Captain der Diamonds-Mannschaft gewählt. Man nannte mich: „Hermann the German." Spielte gewöhnlich linker Verteidiger und manchmal Mittelläufer. Anfänglich war es ein komisches Gefühl, als Deutscher Captain einer englischen Mannschaft zu sein, aber wie ich sehr bald herausfinden sollte, gab es im Parkhurst-Sport keine Nationalitätsunterschiede.

Sobald der Schiedsrichter zum Anstoß gepfiffen hatte, hörte man laute Anfeuerungsrufe von den Zuschauern wie: „Come on Diamonds", „good old Joe" usw. Falls der Ball einmal über die hohen Mauern geschossen wurde,

war der Ausruf: „Keep it on the island" (Haltet den Ball auf der Insel) üblich. Der größte Teil der Sträflinge waren große Fußballanhänger. Die weniger am Spiel interessierten Zuchthäusler verbrachten ihre Zeit mit Spaziergängen um das Spielfeld, Sonnenbaden auf einem der mehreren kleinen Rasenstücke oder mit Cricket und Baseball. In der Halbzeit herrschte großer Andrang beim einzigen Wasserhahn; Comitte Leute und Wetteifrige tauschten Meinungen aus und gaben den einzelnen Spielern Ratschläge. Manchmal wurden während der Halbzeit gewisse, mehr oder weniger dafür bekannte Spieler zu „crooked play" angekauft. Für eine halbe Unze Tabak oder einen Geldbetrag versprachen diese Spieler dann, in ihrem guten Spiel nachzulassen. Ein Stürmer konnte dann anscheinend in der zweiten Halbzeit keinen Ball mehr aufs Tor schießen oder ein Verteidiger oder sogar der Torwart, die in der ersten Halbzeit ein ganz besonders gutes Spiel zeigten, sanken sichtbar ab in ihren Leistungen. Dann hieß es: „He is bend." Ab und zu war sogar der Schiedsrichter parteiisch, und nicht nur einmal ging ein Schiedsrichter mit blaugeschlagenen Augen in seine Zelle. Der einzige Schiedsrichter, an den sich niemand heranwagte, war „Taffi Mortimer", ein dreifacher Mörder. Sein Fall durchlief damals alle Zeitungen. Er hatte drei Frauen auf die gleiche Art ermordet. Wenn sie seiner Einladung, mit ihm eine Autofahrt zu unternehmen, folgten, würgte er die Frau und stieß sie aus dem Auto, um sie anschließend zu überfahren. Dreimal hatte er diese abnormale Mordart wiederholt, bevor er gefaßt und zum Tode verurteilt wurde. Sein Todesurteil fiel ausgerechnet auf den Krönungstag vom englischen König Georg V. Auf Grund einer Begnadigung durch den König wurde das Urteil Mortimers in lebenslange Haft verwandelt. Im Gefängnis hatte Mortimer eine Sonderstellung, weil er sich hier während seiner jahrelangen Haft nie etwas zuschulden kommen ließ. Er trug am linken Arm eine rote Binde, die ihn als sogenannten Freigänger innerhalb des Gefängnisses kennzeichnete. Jeder Wärter öffnete ihm innerhalb des Zuchthauses mit seinem Universalschlüssel jede Tür, damit er seiner Tätigkeit als Klempner überall im Gefängnisbereich nachgehen konnte.
Wenn einen die hohen Gefängnismauern mit den alten Gefängnisgebäuden im Hintergrund nicht immer daran erinnert hätten, hätte man die Haft in diesen zwei Stunden im Camp und bei Fußball und anderen Spielen schon vergessen können. Aber sehr schnell verging diese kurze Zeit, auf die wir uns die ganze Woche freuten, und wir wurden wie Schafe in die Zellen zurückgetrieben.
Trotzdem war die Zeit in den Zellen nicht so monoton wie in Manchester. Die Zellen selbst waren viel gemütlicher. Den Holzfußboden durfte man sogar färben und bohnern. Die meisten Gefangenen zogen es allerdings vor, ihn zu schrubben, da die Zelle dadurch heller wurde. Die Bettbretter von

Manchester gab es überhaupt nicht, sondern nur eiserne Bettgestelle und Seegrassäcke. Jede Zelle hatte neben dem üblichen Zellentisch noch einen eingebauten Ecktisch. Ganze oder zerschnittene braune Bettdecken dienten als Fußmatten. Jeder Gefangene durfte seine Zelle persönlich malen und ausgestalten, solange nicht allzu große Verzierungen angebracht wurden. Farbe wurde natürlich „schwarz" besorgt. Tischdecken, im Sommer Löwenzahnblumen vom Sportplatz, Matteln und eingerahmte Fotografien brachten einen enormen Unterschied in die Gefühle und die Stimmung eines Sträflings. Eine helle, saubere Zelle wirkt genau wie ein sonniges, gemütliches Zimmer auf einen Gefangenen ein. Die große Mehrzahl der Zuchthäusler zeigte allerdings nicht viel Interesse für ihre Zellen. Manche erhielten sogar „Brot und Wasser" für die Unsauberkeit ihres „Pieters", wie die Zelle genannt wurde.

Die langen Abendstunden verbrachte ich lieber in einem sauberen, aufgeräumten Raum als in einer verstaubten Rumpelkammer. Die Abende wurden mit Lesen von zensierten Tageszeitungen, Illustrierten, technischen und Bibliotheksbüchern sowie Musizieren auf eigenen Instrumenten, die uns vom Roten Kreuz gestiftet wurden, und dem Studieren der verschiedensten Themen verbracht. Eine große Anzahl Sträflinge nahm an Korrespondenzkursen teil. Als Deutsche konnten wir daran leider nicht teilnehmen. Ich lag oft auch ganze Abende bis zum „Licht aus" auf meinem Bettgestell und dachte an die Lieben daheim. Besonders in Manchester war das der Fall, da ich zu der Zeit 13 lange Monate keine Post von zu Hause erhielt. Was für eine Freude war es, als dann endlich eine Postkarte mit 25 Worten von meinen Eltern eintraf.

Am 1. Dezember 1946, nachdem wir 18 Monate unseres Urteils abgeleistet hatten, wurden wir in die dritte Gefangenenstufe des Zuchthauses überwiesen. Als äußeres Erkennungszeichen erhielt unsere graue Jacke einen dunkelblauen Ring um beide Unterärmel. Die Mitglieder der dritten Stufe verbrachten an zwei Abenden in der Woche, dienstags und donnerstags, gemeinsam eine Stunde in der Halle des Wings (Gefängnisflügel). Radio, Schach-, Dame- und Dominospiele sorgten für Unterhaltung. Das „Gambeln" blieb dabei natürlich nicht aus. Vor dem Radio konnte man nach den Sechs-Uhr-Nachrichten die „bookmakers" (Buchmacher) des Gefängnisses antreffen. Mit Papier und Bleistift bewaffnet erwarteten sie die Ergebnisse der Pferde- und Hunderennen sowie die Fußballergebnisse. Von den zwei besonders eingeteilten Untersuchungsoffizieren, „searchers" genannt, wurden verschiedene Male Wettlisten und große Geldvorräte in den Zellen der Buchmacher gefunden.

Die Searchers-Special-Offiziere, die unverhofft Zellendurchsuchungen und Körpervisitationen durchführten, liefen unter verschiedensten Namen, wie

„burglars" (Einbrecher), „rats" (Ratten) und manchmal sogar „Gestapo". Ihre Aufgabe bestand in der Untersuchung der Zellen nach unerlaubten Gegenständen. Theo machte ihre Bekanntschaft, als man in seiner Zelle Pfeffer, ein Stückchen Rasierklinge und eine „News of the World"-Zeitung vorfand. Am nächsten Morgen wurde er zum Rapport vor den Governor geführt. Mit einer Verwarnung kam er glimpflich davon. Eine weitere Aufgabe der zwei Searchers war die Überwachung der sogenannten „A escape"-Männer. Wie der Name schon zeigt, waren diese Sträflinge einmal dem Gefängnis entflohen oder hatten zumindest den Versuch gemacht. Der Lohn waren dann einige Wochen Wasser und Brot und sechs zusätzliche Monate im Gefängnis. Jeden Morgen und Mittag, wenn wir bei der Zählparade werkstatt- und abteilungsweise an entweder dem Governor oder dem Chef-Offizier vorbeimarschierten, standen die beiden „burglars" hinter der Paradetribüne und griffen sich einen oder zwei der Klasse „A escape" heraus, führten sie in eine leere Zelle und durchsuchten sie gründlich. Sämtliche Bekleidungsgegenstände mußten vom Gefangenen abgelegt werden und wurden abgetastet, ja manchmal sogar aufgetrennt. Wir gewöhnlichen Sträflinge bemerkten die Anwesenheit der Searchers nur, wenn man das Pech gehabt hatte und die eigene Zelle war durchsucht worden. Decken, Bücher, Bürsten und sonstige Gegenstände lagen überall auf dem Zellenfußboden verstreut. Man konnte dann tatsächlich sagen, daß die Einbrecher oder „burglars" in der Zelle gewesen waren. Während der Frühstücks- und Mittagszeit, wenn alle Gefangenen in ihren Zellen waren, durchkämmten die beiden die Werkstätten. Dies war besonders unangenehm für meinen „Mate" Harry Jander und mich, als ich nach dem 26. November 1946 in der Tischlerwerkstatt arbeitete. Nach je sechs Monaten konnte man seine Arbeit wechseln. Schon nach wenigen Wochen hatte ich bereits soviel vom „Trade"-Beruf erlernt, daß ich Harry, der ein alter „craftsmann" war, bei seinen „Fiddeleien" behilflich sein konnte. Unter Fiddeleien versteht man illegale Arbeiten, wie Tischlampen, Kerzenständer, Zigarettenkistchen und sonstige kleine Gegenstände, die an bestimmte „screws", so wurden die Wärter allgemein von den „lags" (alten Sträflingen) genannt, gegen Tabak verkauft wurden.

Die Arbeit als Tischler gefiel mir ausgezeichnet. Der Zivilinstruktor der Tischlerwerkstatt Parkhurst, der Werkstattvorsteher Mr. Roberts sowie der Gefangene Jack Russel, der ein Urteil von sieben Jahren absitzen mußte, gaben sich recht viel Mühe, mich das Handwerk zu lehren. Jack hatte in London als Tischler und Zimmermann gearbeitet und „knew all the ropes" (kannte alle Kniffe). Wenn ich zu Anfang meiner Tischlerzeit etwas verbockte, pflegte er in seiner ruhigen Art zu sagen: „Newer mind, Hermann, keep on trying, take a new piece of wood" (Macht nichts Hermann, nimm ein neues Stück Holz). Ich glaube, wenn ich eine ganze Scheunentür vermurkst hätte, wäre er immer noch bei diesem Satz geblieben.

Im Abort der Tischlerwerkstatt wurde ich zum ersten Mal ungewollt Zeuge der Handlungsart und -weise der Homosexuellen. Ich fühlte einen großen Ekel in mir aufsteigen. In den kommenden Monaten sollte ich noch mehrere Male Zeuge solcher Handlungen werden. Man konnte es einfach nicht vermeiden, diesem Treiben zu begegnen.

Sei es auf dem Sportfeld unter einer Wolldecke, im Abort, bei Filmvorführungen oder im Badehaus, sobald sich die geringste Gelegenheit bot, wurde sie von den sogenannten „Puffs" ausgenutzt, um ihre Kunden zu bedienen. Wie weit diese männlichen Huren gesunken waren und was für Tricks sie benutzten, um ihre Gelüste zu stillen oder ihre Zigaretten zu verdienen (denn mancher haltlose Sträfling gab sämtliche Moral für Zigaretten preis), zeigen die folgenden Beispiele.

Der meistbekannte „Puff" in Parkhurst war zu meiner Zeit Nobby Clark. Die Naht seiner Hose hatte er hinten etwa sechs cm aufgetrennt, um zu jeder Zeit bereit zu sein. An einem regnerischen Tage, als die Zählparade in den Hallen stattfand und wir zu zwei Gliedern an der Wand standen, besaßen Clark und ein anderer Gefangener die Frechheit, trotz der Anwesenheit mehrerer Wärter, von der aufgetrennten Naht Gebrauch zu machen. Ein anderes Mal wälzten sich dieselben beiden Sträflinge nackt auf dem bloßen Steinfußboden von Clarks Badezelle, in die sich der zweite Gefangene geschlichen hatte. Der Höhepunkt in Clarks Treiben war, als er eine ganze Nacht mit einem anderen Gefangenen in dessen Zelle verbrachte. Mit einer aus Wolldecken aufgemachten „Dummyfigur" hatte er die Nachtwärter bei ihrem allabendlichen zweimaligen Überprüfungsrundgang getäuscht. Am nächsten Morgen wurde die ganze Sache vor dem „Unlock" entdeckt und Clark übermüdet und kaputt in der Zelle des anderen Sträflings aufgefunden. Die Zelle A 3/3, in der die beiden geschnappt wurden, erhielt von dem Tag an den Namen „Sleeping out quarters". Clark war einer der unverschämten und frechen Homosexuellen, die von ihrem Treiben kein Geheimnis machten.

Andere mit derselben Veranlagung behaftete Sträflinge gingen vorsichtiger zu Werk. Manche bildeten sich auch ein, daß sie Frauen seien und wollten nur als „Miss" angeredet werden und taten es nur „for love". Sie drehten sich die tollsten Locken ins Haar, benutzten die abfärbenden roten Zigarettenpapierverpackungen als Lippenstift, färbten sich die Haare mit Urin und adoptierten eine weibliche Stimme und kurze Schritte. In ihren ganzen Handlungen bemühten sich sich, es einer Frau gleich zu tun. Während Clark und Genossen jeden beliebigen Sträfling zu ihren Ausübungen annahmen, gab es für die „Frauen" von Parkhurst nur einen Mann, den „Husband" (Ehemann). So verrückt wie die „Puffs" selbst waren auch manche „Husbands". Oft kam es zu Eifersuchtsszenen, die in einem Fall zur ernsten Verletzung eines Gefangenen führte. In der Auseinandersetzung über ein „Mädchen" zog einer der Bewerber eine Rasierklinge und zerschnitt seinem Nebenbuhler mit blitzschnellen Schnitten Gesicht und Hals.

Die Träger von Rasierklingen, Schuster- und Kittmessern gehörten zu den „toughs". Gewöhnlich hatten diese, zum ehrlichen Kampf zu feige, ein Stück Holz mit mehreren nebeneinander eingelassenen Rasierklingen bei sich. Diese Waffe wurde „chiff" genannt. Ein zweiter Fall des „chiffens" ereignete sich eines Tages in der B-Halle. Ein Gefangener namens McGowan, der für einen anderen eine Pfundnote aufbewahrt hatte, wollte diese angeblich verloren haben. Der Besitzer derselben benutzte einen regnerischen Sonnabendnachmittag, als wir in der Halle blieben, um den Aufbewahrer und Verlierer des Geldes mit einem Schustermesser von hinten einen tiefen und langen Schnitt im Gesicht zu versetzen. Der Schnitt verlief vom linken Ohr nach unten bis zum Kinn, dann aufwärts quer über den Mund bis nahe unter das rechte Auge. Die Folge dieser Stecherei war jedesmal verschärfte Disziplin für die ganze Gefängnisbelegschaft. Falls ein Wärter Zeuge einer Stecherei war, hieß das für den Täter eine neue Verhandlung mit folgendem strengen Urteil. Zeugenaussagen von Sträfling gegen Sträfling wurden von keinem englischen Gericht angenommen. In dem Falle, daß kein Wärter die direkte Tat beobachtet hatte, wohl aber seine Vermutungen über Täter und dessen Arbeitsweise hatte, wurde derselbe von den Magistraten, die das Zuchthaus von Zeit zu Zeit besuchten, verurteilt. Höhere Urteile als sechs Monate konnten von diesen nicht ausgesprochen werden.

Eventuelle „Smash up" wurden ebenfalls von ihnen verhandelt. „Smash up" waren in Parkhurst an der Tagesordnung. An drei erinnere ich mich besonders. Einmal zerschmetterte ein Sträfling namens Dalby sämtliche 13 Nähmaschinen, die Heizung und einige Fensterscheiben der Schneiderwerkstatt. Ein zweites Mal erklomm der Sträfling Stafford das Badehaus und zerschlug 119 Dachscheiben von der Größe 50 x 60 cm. Das dritte Mal verlor der Sträfling Fuller aus unserer Werkstatt die Selbstbeherrschung, ergriff eine schwere Eisenstange und zerschlug Scheiben und Rahmen des Werkstattbüros, bevor die Wärter ihn stoppen konnten. Dies sind nur wenige Fälle von Gefängnispsychose.

Die verschiedensten Sorten von Selbstmordversuchen und Verstümmelungen habe ich ebenfalls während meiner Zeit in englischen Zuchthäusern kennengelernt. Mehrere Gefangene versuchten, sich zu erhängen, einer zerschnitt sich beide Pulsadern und die Brust, ein dritter versuchte in seinem Wahnsinn mit dem stumpfen Blechzellenmesser ein Stück seines Geschlechtsteiles abzutrennen. Alle diese Fälle wurden ins Hospital eingeliefert und unter Beobachtung gehalten.

Ganz „schwere Knaben" wurden in die sogenannte „straight jacket" gezwungen, bis sie beruhigt waren. Die „straight jacket" besteht aus einem Ledergürtel, an dem an jeder Seite eine Handschellenhälfte befestigt ist. Dem Wütenden wird dieser Gürtel umgeschnallt und die Hände durch die Schellen fest an seiner Hüfte gehalten. Während eines Aufenthaltes im Hospital hatte ich oft Gelegenheit, einen Blick in die Zellen von Verrückten oder angeblich Verrückten zu werfen. Außer einem Nachttopf aus Preßpapier, einer Matratze und einem Seegrassack, überzogen mit Leder, waren die Zellen kahl und leer.

Mein Aufenthalt im Hospital wurde durch einen Hungerstreik herbeigeführt. Der Grund dafür war eine Postangelegenheit. Jeder Sträfling in Parkhurst war berechtigt, drei Briefe mit je 120 Zeilen im Monat zu schreiben. Da unsere Post über ein Kriegsgefangenenlager nach Deutschland befördert wurde, hatten wir genau wie jeder andere P.O.W.-Kriegsgefangenenbriefe zu schreiben. Man bewilligte uns drei P.O.W.-Briefe zu je 24 Zeilen sowie vier P.O.W.-Karten zu je sieben Zeilen, insgesamt also 100 Zeilen und damit 260 Zeilen weniger als jeder andere Häftling. Im Juni 1947 erhielten wir plötzlich eine neue Anordnung vom Commissioner, worauf wir in Zukunft nur noch drei P.O.W.-Briefe schreiben durften. Unsere Bitte an den Governor des Gefängnisses, dem Commissioner einen P.O.W.-Brief als Beispiel einzusenden und ihm damit den Umfang eines solchen Briefes vor Augen zu führen, erbrachte uns die erneute Verweigerung der vier Karten vom Commissioner. Durch mehrere vorherige Enttäuschungen und Ungerechtigkeiten verärgert, verweigerte ich von dem Tage an meine Verpflegung, bis uns entweder wie jedem anderen Sträfling drei Convict-Briefe mit je 120 Zeilen, zumindest mehr Schreibraum, zur Verfügung gestellt würde.

Wie für alles, gab es für einen Hungerstreik besondere Regeln und Bestimmungen in den Gefängnisverordnungen. Die Verpflegung jeder Mahlzeit mußte bis zur Verteilung der nächsten Mahlzeit auf meiner Zelle bleiben. So verblieb also mein Frühstück bis mittags, mein Mittagessen bis abends und meine Abendration bis zum nächsten Morgen auf meiner Zelle. Hierdurch wollte man den Streikenden zum Essen verführen. „Aber die nicht!" Während der ersten drei Tage gab ich regelmäßig meine Portionen zurück. Die verschiedensten mir bekannten Wärter versuchten, mich von der Zwecklosigkeit meines Unternehmens zu überzeugen, aber mein Oldenburger Dickkopf hielt stand. Am zweiten und dritten Tag schien mein Magen zusammenzuschrumpfen. Schmerzen setzten ein und bei der Freiluftbewegung am vierten Tag fühlte ich mich sehr müde und weich. Nur nicht nachgeben! Kurz vor Mittag des vierten Tages wurde ich dem Arzt vorgestellt. Nach kurzer Erklärung meines Falles und meiner Absicht, meinen Protest weiterzuführen, erließ Dr. McDonald meinen Aufnahmebefehl ins Hospital. Bettruhe war die erste Anordnung. Genau wie in den vergangenen Tagen in der Zelle stellte man mir auch hier meine Verpflegung und zusätzlich einen Reispudding und einen halben Liter Vollmilch vor die Nase. Der Governor besuchte mich jeden Morgen und riet mir, meine Verpflegung zu nehmen.

Am fünften Tag unterrichtete mich Dr. McDonald, daß es seine Pflicht sei, mich mit Gewalt zu füttern, falls ich weiter auf Nahrungsverweigerung bestehen würde. Am sechsten Morgen begann dann die Fütterung. Ein P.O. und vier Wärter hielten mich aufs Bett ausgestreckt. Ein längliches Stück Holz mit einer zentralen Bohrung von etwa 2 cm wurde mir zwischen die Zähne gepreßt. Der Arzt führte einen Gummischlauch, dessen Ende er sorgfältig eingefettet hatte, durch die Bohrung in meinen Mund ein. Ob ich wollte oder nicht, mußte ich den in meine Speiseröhre eingeschobenen Schlauch herunterschlucken. Bei jedem Schluck fühlte ich das Ende desselben tiefer vordringen. Etwa 60 cm Schlauch stieß der Arzt auf diese Art nach. Dann setzte er einen Trichter auf das andere Ende und goß etwas warmes Wasser ein. Als mein Magen das Wasser ohne Widerstand aufnahm, füllte er nach und nach einen halben Liter Milch mit einer Art Fleischbrühe ein. Ich fühlte, wie sich die Milch langsam in meinem Magen sammelte. Ein wunderbar wärmendes Gefühl. Plötzlich zog der Doktor den Schlauch zurück, man befreite mich und meine erste Fütterung war beendet.

Am sechsten Tag führte der Arzt den Schlauch ein, ohne ihn einzufetten. Mit mehr oder weniger Gewalt fand der Schlauch seinen Weg in meinen Magen. Am zehnten Tage kurz vor Mittag erschien der Commissioner aus London persönlich und fragte nach meinen Wünschen. Nachdem ich ihm meinen Fall ausführlich erklärt hatte, sagte er mir, er werde sehen, was sich machen ließe. Um sich keine Blöße zu geben, erhielten wir nicht von ihm, sondern vom P.O.W.-Lager die Genehmigung, zusätzliche Linien auf den P.O.W.-Briefen zu ziehen. Nun konnten wir leicht bis zu 100 Linien in einem Brief schreiben. Nachdem ich den Gewichtsverlust, den ich in den zehn Hungertagen erlitten hatte, wieder gut gemacht hatte, entließ man mich an einem Donnerstagabend aus dem Hospital. Als ich an dem Abend zum „Stage" (Zusammensein der Häftlinge der 3. Klasse) kam, überreichten mir meine Kameraden ihre Geburtstagsgeschenke, denn den 17. 6., meinen Geburtstag, verbrachte ich hungernd. Duffs, Buns, Brot und Butter wurden mir unter dem Tisch zugesteckt.

Am letzten Tage im Hospital bat ich den Governor um einen Arbeitsplatzwechsel in die „kleine" Tischlerwerkstatt des Gefängnisses. Hier waren nur sechs Sträflinge beschäftigt, welche zu je zweien mit einem Wärter die Tischlerarbeiten außerhalb des Gefängnisses in den Häusern der Gefängnisangestellten und Wärter ausführten. Am 7. Juli wurde ich zu dieser Abteilung versetzt. Die drei Instruktor-Offiziere hießen Robinson, Venables und Gambel. Robinson war mein Wärter. Ein irischer Gefangener, Angehöriger der

IRA (Irisch-Republikanische Armee), war mein Arbeitspartner. Von den sechs Angehörigen unserer Arbeitsabteilung waren drei Iren.
Im ganzen befanden sich 24 Angehörige der IRA in Parkhurst. Alle hatten höhere Urteile als zehn Jahre. Manche hatten 12, 15, 20 und sogar 25 Jahre. In ihnen fanden wir Deutschen gute Freunde. Pat Devine, Mike Flemming, Mike Griffin, Jack Glen und Peter Stuart sowie Leo Duignan und den kleinen Paddy Dower werde ich wegen ihrer Freundschaft und Großzügigkeit in dieser schweren Zeit nie vergessen. Alle hatten bereits neun Jahre ihrer Urteile abgesessen. Zeitweise in Dartmoor, dem berüchtigsten und gefürchtetsten Zuchthaus Englands. Von ihnen hörten wir die verschiedensten Tatsachen über „Dartmoor". Das Wort allein versetzte viele Sträflinge in Parkhurst schon in Angst. Niemand wollte nach Dartmoor. Ich sollte später einer der ersten sein, die dieses Zuchthaus mit Parkhurst wechselten.
Die Arbeit in der neuen Werkstatt war viel interessanter und abwechslungsreicher. Besonders unsere Abteilung unter Mr. Robinson führte alle größeren Arbeiten außerhalb des Zuchthauses durch. Obgleich uns Robinson nie zur Arbeit trieb, fühlte man sich von selbst dazu bewogen. Er behandelte uns nicht wie Sträflinge, sondern arbeitete mit uns in einer sehr kameradschaftlichen Weise zusammen. Sobald wir eine Arbeit begannen, kannten wir drei keine Ruhe, bis dieselbe beendet war. So bauten wir eine 25 Meter lange und acht Meter breite Nissenhütte in vier Wochen, bauten vier neue, vier Meter hohe Türen zum Compound, die je 400 Pfund wogen, in zwei Tagen ein und machten gute Fortschritte mit den „prefabricated" houses, vorgefertigten Häusern, außerhalb der Mauern, die unsere Hauptarbeitsquelle darstellten. Zwischendurch führten wir die verschiedensten kleinen Ausbesserungen in Häusern von Wärtern und Angestellten des Gefängnisses aus. Während des Sommers 1947 ist von uns dreien viel Schweiß getropft, und jeden Abend bin ich müde ins Bett gesunken. Aber die Zeit mit Robinson war meine schönste Gefängnisperiode.
Eines Sonntags rief man alle Deutschen vom Morgenexercise. Major Bierie, der Vertreter vom Internationalen Roten Kreuz war zu Besuch eingetroffen. Während unserer Inhaftierung in Parkhurst hat der Major recht gut für uns gesorgt. Lehr- sowie Unterhaltungsbücher erhielten wir in großer Anzahl. Jeder erhielt ein wunderbares Bild für seine Zelle, und Hannes Klein erhielt sogar ein 120bässiges Akkordeon zum Geschenk.

Als Zuchthäusler in Dartmoor

Wenn auch schon seit meiner Versetzung nach Parkhurst Gerüchte über eine Verschiebung nach Dartmoor im Umlauf waren, so sollten diese für mich persönlich doch nicht vor Dezember 1947 zur Wahrheit werden. Urplötzlich wurden an einem Montagnachmittag 25 Sträflinge zum Arzt gerufen. Mit diesem Aufruf verstärkten sich natürlich die Gerüchte. Manche meinten, daß wir nach Dartmoor gingen, andere meinten nach Canterbury. Wieder andere tippten auf Wandsworth, London. Eine Woche später, als dieselben 25 Mann zur Reception, zum Verpacken ihres Eigentums, aufgerufen wurden, war es klar, daß eine Versetzung bevorstand. Wohin wußte immer noch niemand. Von uns standen Jochen, Theo, Herbert Wunderlich, Günther und ich auf der Liste. Günther Uhl wurde später, einen Tag vor der Versetzung, von der Liste gestrichen.
Am 4. Dezember, morgens in aller Früh, führte man uns zur Reception, gab uns nach einem kurzen Abzählen unsere Zivilanzüge oder Uniformen und verpackte uns nach einem guten Frühstück, zwei bei zwei in Handschellen gefesselt, in einen Omnibus. Auf meinen besonderen Wunsch konnte ich meine selbstangefertigten weichen Schuhe mitnehmen. Diese Schuhe sollten mit diesen Aufzeichnungen noch eine besondere Bedeutung erhalten. Gegen Mittag machten wir im Gefängnis von Dorchester eine Mittagspause. Nach einer herrlichen Fahrt durch Sommerset und Devonshire sollten wir nachmittags einen ersten Vorgeschmack auf das Wetter an unserem neuen Bestimmungsort bekommen. Es begann neblig zu werden und es regnete. Die Sicht wurde immer schlechter, und plötzlich sahen wir vor uns im Dunst die Gebäude unseres neuen Aufenthaltsortes, der in allen anderen englischen Gefängnissen so gefürchtet war: Dartmoor.
In einem eingeschmuggelten Buch über Dartmoor hatte ich in Parkhurst einige Informationen über unseren neuen Aufenthaltsort gelesen.
Der Grundstein zu diesem in jener Zeit gewaltigen Bauvorhaben wurde am 20. März 1806 gelegt. Anfangs waren nur französische Kriegsgefangene aus dem Englisch-Französischen Krieg untergebracht. Etwa 1809 waren es bis zu 5000 Gefangene, die in den fünf Hauptgebäuden untergebracht waren, diese Zahl wurde 1812 bis zu 9000 Inhaftierten in sieben Gebäuden erhöht. Auf jeder Etage dieser Gebäude waren bis zu 500 Mann zusammengepfercht. Die Gebäude hatten zu der Zeit weder Fensterscheiben noch irgendwelches Inventar. Krankheiten und Epidemien waren die Folge dieser menschenunwürdigen Unterbringung, und es sollen im Jahre 1809 über 500 Gefangene gestorben sein.
Ab 1813 waren auch amerikanische Kriegsgefangene in Dartmoor unterge-

bracht. Amerika hatte England 1812 den Krieg erklärt, um Frankreich mit einer Flotte zu entlasten. Nach der Entlassung der Franzosen wurde Dartmoor 1814 ein rein amerikanisches Lager. Noch während des Jahres 1815 wurden die Amerikaner entlassen, aber erneut Franzosen eingeliefert, die durch Napoleons Flucht von Elba wieder zu den Waffen gerufen und beim Marsch auf Paris in Gefangenschaft geraten waren. 1816 wurde Dartmoor dann endgültig geräumt und stand bis 1850 wie eine Geisterstadt leer. Ab 1850 wurden die verkommenen Gebäude wiederhergestellt für die Unterbringung von Kriminellen, die dann in die Kolonien abgeschoben wurden.

Ab Ende 1850 wurden etwa 1900 Verbrecher in Dartmoor stationiert, und von diesem Zeitpunkt an wurde das „Zuchthaus im Moor" zum berüchtigsten aller englischen Zuchthäuser und Gefängnisse. All diese Informationen wurden beim Anblick der großen, grauen, düsteren Granitgebäude wieder wach.

Von einer Anhöhe konnten wir vor uns, etwas tiefer gelegen, im Nebel die Ortschaft Princetown und daneben das Zuchthaus sehen, das von einer acht Meter hohen Mauer umgeben wurde. Kreisrund umzog die graue Mauer die alten, baufälligen Gebäude, welche sternförmig wie Speichen eines Ackerwagenrades im Kreis standen.

Langsam näherten wir uns der Ortschaft Princetown, einem sehr alten und ärmlich wirkenden Dorf. Vor dem Ort grasten wilde Ponies und Schafe auf den weiten Feldern. Im Winter, im Schnee, wagten sich die Tiere sogar bis ins Dorf und durchstöberten die Ascheimer der Anwohner. An einem sehr alten Pub, dem „Plume of feathers", vorbei, bogen wir in die Ortschaft ein. Rechts einige kleine Geschäfte, die sicherlich von den Familien der Wärter lebten, die in den „Quarters" (Quartieren) von Princetown wohnten. Gegenüber an einem freien Platz ein Gebäude, das wie ein Rathaus aussah, wie ich später erfuhr das „Dutchy Hotel", die Unterkunft für ledige Wärter. Auch Wärter, die einen Gefangenentransport nach Dartmoor brachten, wohnten gewöhnlich eine Nacht im „Dutchy Hotel". Dieses Haus würde ich später noch genauer kennen lernen.

An Privathäusern rechts und einer kleinen Kirche links vorbei gelangten wir zum Haupteingang des Zuchthauses Dartmoor.

Unser Omnibus durchfuhr einen aus großen Felsquadern zusammengesetzten Torbogen, in den die Worte „Parcere Subjectis" (schütze die Unterdrückten) eingemeißelt waren, und kam in einem zum Haupttor abfallenden, mit Felssteinen gepflasterten Vorhof zum Stehen.

Vor uns, ebenfalls aus Steinquadern gebaut, das Haupttor mit einer großen, behäbigen, hölzernen Eingangstür. Auf dem Haupttor, in einen Felsbogen eingehängt, eine etwa einen Meter große Glocke.

Von zwei Wärtern wurden die beiden großen Flügeltüren geöffnet, und der

Bus konnte in den Sicherheitshof einfahren, bis vor eine aus dicken Eisenstäben geschweißte Sicherheitspforte. Rechts im Sicherheitshof, direkt am Eingangstor, befand sich der Kontrollraum des wachhabenden Principal Officers. Links hinter drei Torbögen die Besucherzellen, in denen jeder Sträfling einmal im Monat 30 Minuten lang den Besuch seiner Verwandten empfangen konnte.

Nach Zählung durch einen Prinzipal Officer wurde unser Begleitkommando von sechs durchweg grimmig dreinschauenden Wärtern des Zuchthauses abgelöst. Man forderte uns auf, den Bus zu verlassen und uns schnell in Zweierreihen aufzustellen. Einen der Sträflinge, der eine Bemerkung wie „nun mal langsam" machte, schnauzte ein besonders finster dreinschauender junger Wärter barsch und laut an und zog ihn mit gezogenem Schlagstock mit dem an ihn gefesselten Komplizen aus der Reihe mit den Worten: „Wir sehen uns morgen früh beim Governor". Ergebnis: drei Tage Brot und Wasser. Sollte dies der allgemeine Ton in Dartmoor sein? Wir sollten den dort herrschenden Umgangston sehr bald kennenlernen. Alle Anordnungen wurden hier im Befehlston gegeben, die Gesichter der Wärter verrieten die Unnahbarkeit, hier wurde nicht gegangen, sondern marschiert, es durfte grundsätzlich nicht gesprochen werden. Schon in den ersten Stunden lernten wir den Unterschied zwischen Parkhurst und Dartmoor kennen. Dartmoor war, wie uns schon einige Häftlinge in Parkhurst unterrichtet hatten, wahrlich kein Sträflingserholungsheim.

Durch das große Eisenstabtor gelangten wir in den riesigen Hof inmitten der Gefängnisgebäude. Über den Hof marschierten wir durch einen langen, nassen Betongang in die Halle E, wo schon vor den Zellen unsere neue Zuchthauskleidung auf uns wartete. Das Umkleiden ging kurz und zackig vor sich, ich konnte auf Grund meiner „schlechten Füße" meine selbstgefertigten Schuhe behalten, und schon saßen wir wieder in der Zelle, einer Übergangszelle im Gang der Halle E.

Auch wenn wir hier nur eine Nacht verbringen sollten bis zur endgültigen Aufteilung auf die verschiedenen Hallen, so lagen hier, wie in Manchesters Zellen, Postsäcke zum Nähen bereit. Die Arbeit, die wir in Manchester so sehr verdammt hatten und von der wir in Parkhurst befreit waren, mußten wir „alten Lags" (alte Zuchthäusler) in Dartmoor wieder aufnehmen. Während die Wärter in Manchester andeuteten, daß man wohl drei Postsäcke am Tag schaffen könne, wurden hier in einem militärischen, unmißverständlichen Ton fünf fertige Säcke am Abend gefordert.

Am nächsten Morgen, nach dem Besuch beim Governor, Major Harwey, wurden wir in unsere endgültigen Zellen gebracht. Die Zellen waren kleiner als in Manchester und Parkhurst. Auch waren sie mit den schönen häuslichen Zellen von Parkhurst nicht zu vergleichen. Finster, kalt und naß waren

die Wände, aus Felssteinen gemauert. Ein kleines Eisenfenster ließ nur wenig Licht in den Raum. Abends kam das Licht von einer in einem Mauerschlitz eingelassenen und zur Zellenseite mit Drahtglas abgesicherten Gaslampe. Dartmoor hatte noch kein elektrisches Licht, sondern nur Gasbeleuchtung. Diese bestand aus einer langen, an allen Zellen vorbei gelegten Rohrleitung, von der bei jeder Zelle eine Abzweigung in die genannten Mauernischen lief. Ein Gasstrumpf, wie heute bei Wohnwagen üblich, sorgte für das Licht in der Zelle, welches natürlich sehr schwach war. Auch war es sehr vom Gasdruck abhängig, deshalb war es oft abends in der Zelle so dunkel, daß man gerade genügend Licht hatte, um ins „Bett" zu finden. Pro Monat bekam jeder Gefangene einen Gasstrumpf bewilligt. Wenn man Pech hatte, und der Strumpf wurde beschädigt, oder er wurde von einem anderen Sträfling gestohlen, dann saß man bis zum Monatsende im Dunkeln.
In der Ecke, neben der mit Blech beschlagenen Zellentür, war eine dicke Holzbohle als Tisch eingemauert, darüber der Lichtschlitz. Der Fußboden bestand aus aufgerauhtem Zement und war deshalb schlecht zu reinigen. An der Stirnseite unter dem Fenster lief quer durch die Zelle das Dampfheizungsrohr, welches auch zur Nachrichtenübermittlung durch Klopfzeichen verwandt wurde. Die ganz alten „Lags" hatten ihre eigenen Rufklopfzeichen und konnten sich so über mehrere Zellen hinweg unterhalten. Wenn die bekannten Rufzeichen dieser alten, meist zu langen Freiheitsstrafen verurteilten Insassen am Rohr ertönten, verstummte der übrige Tastverkehr, denn sonst gab es am nächsten Tag Ärger mit den zu Langzeiten oder lebenslänglich verurteilten Lags. Der Funktastverkehr war wie so einiges mehr ein Privileg von ihnen. Die sonstige Einrichtung der Zelle glich etwa Manchester; während wir in Parkhurst Stahlbetten hatten, mußten wir hier zunächst für einige Monate wieder mit dem Bettbrett vorlieb nehmen.
Das einzige Heizungsrohr reichte bei der naßkalten Jahreszeit bei weitem nicht aus, um die Zelle zu erwärmen. Nachts mußte man sich „feldmarschmäßig" in die beiden Wolldecken eindrehen, um schlafen zu können.
Die Einrichtung der Zellen, Aluminium-Waschschüssel, Pinkeltopf, Aluminiumbecher mit ihren abgestoßenen Rändern und Beulen machten den Eindruck, als ob man sie als Überbleibsel und Ausschuß aller übrigen Gefängnisse hierher geschickt hatte. Die Möbel, Stuhl, Bord, Spiegel und Waschtisch, hätten dem Vergleich mit Möbeln vom Flohmarkt standgehalten. Bei einem Rundblick konnte man nur zu einem Urteil kommen: Die Zellen war richtige Löcher.
1944 soll der Vorsitzende der Wärtervereinigung in einer Konferenz in London gesagt haben: Dartmoor ist der Abgrund an Schlechtigkeit und Unwürdigkeit. Derjenige Innenminister, der es schließen würde, täte der Zivilisation einen großen Dienst.

Mit dem ersten Klingelzeichen des Weckens kamen gleichzeitig die schroffen Ausrufe der Wärter: „Los, los, raus auf den Flur", drehten sich die großen Schlüssel, und wir mußten vor unserer Tür auf der „Landing" Stellung beziehen. Die erste Zählung erfolgte, es konnte ja jemand nachts geflohen sein. Beim Anblick der schroffen Felsmauerwände zwischen den Zellentüren, des mehrfach mit Farbe übergetünchten, hundert Jahre alten Landingsgeländers, der ebenso alten gußeisernen Treppen, der teilweise durchlöcherten Auffangmaschendrähte zwischen den einzelnen Stockwerken, des grauen, verwaschenen Landingbodens, der wie Felsgrotten wirkenden Zelleneingänge mit den davor aufgereihten, miserabel dreinschauenden Zuchthäuslern, konnte man nur eines feststellen: Wir hatten einen schlechten Tausch mit Dartmoor gemacht. Während es in den Zellen noch einigermaßen verschlagen kalt war, hier auf dem Flur konnte man an dem Atem der Menschen feststellen, daß die Temperatur unter Null war.

Nach erneutem Einschließen konnte die Morgenwäsche vorgenommen werden. Rasierklingen wurden nur alle drei Tage ausgegeben, das Wasch- und Rasierwasser war eiskalt. Zum Rasieren mußte normale, minderwertige Seife benutzt werden, die nach Tran roch. Das Zahnputzpulver schmeckte fürchterlich und das Wasser hatte einen starken Chlorgeschmack. Bei der Frühstücksausgabe dachte ich an die Meckerer in Parkhurst, hier hätten sie wirklich einen Grund gehabt, über den Tee und die ganze Verpflegung zu meckern. Obgleich keiner der Insassen von Dartmoor offen über irgendetwas meckern würde, aus Angst vor Bestrafung, so machte sich unter uns doch große Unzufriedenheit über die wenige und mangelhafte Verpflegung breit. Hier und da hörte man schon mal geflüsterte Bemerkungen wie: Man sollte das ganze Zuchthaus in die Luft sprengen, diesen oder jenen Wärter umbringen oder „set fire to the place" (das Zuchthaus anstecken).

Kurz vor Weihnachten 1947 war es soweit, einige alte „Lags" hatten, ohne daß es laut geworden war, den Plan gefaßt, zu meutern und das Küchengebäude zu stürmen. Eines Morgens wurden kurz nach dem Aufschließen in unserer Halle die Wärter überwältigt, deren Schlüssel übernommen und die Wärter in die Zellen eingeschlossen. Wir konnten die Vorgänge von der oberen Landing beobachten. Alle Sträflinge, die nichts mit der Meuterei zu tun haben wollten, gingen in ihre Zellen zurück und zogen die Türen hinter sich zu. So konnten wir den weiteren Verlauf des Geschehens nicht beobachten. Es war sehr viel Lärm und Gebrüll an der Hallentür. Wie wir später erfuhren, konnten die Meuterer mit den Universalschlüsseln der Wärter die Halle verlassen und so Zugang zu einem langen Gang, der zur Küche führte, gewinnen. Inzwischen war von anderen Wärtern Alarm ausgelöst und die Wärter in der Küche alarmiert worden. Es gelang dem Prinzipal Officer der Küche mit seinen Offizieren, den Gang zur Küche mit Wagen, die zum Trans-

port der Rationen in die einzelnen Hallen benutzt wurden, zu blockieren und die anstürmenden Meuterer so lange aufzuhalten, bis genügend Wachpersonal zusammengekommen war, um die nun in einem Schlauch sitzenden Meuterer von hinten anzugreifen und zu überwältigen. Den ganzen Tag über wurde nicht gearbeitet, wir mußten in den Zellen bleiben. Nach und nach wurden noch mehrere Meuterer, die es im letzten Moment schafften, in ihre Zellen zurückzuflüchten, nachdem sie die Aussichtslosigkeit ihres Unternehmens festgestellt hatten, aus ihren Zellen geholt und auf nicht gerade sanfte Art in die Detentionszellen gebracht. Im Schnellverfahren wurden die Meuterer in den nächsten Tagen zu harten Strafen bis zu zehn Jahren verurteilt. Die Verpflegung wurde besser, und man entschuldigte die schlechte Verpflegung damit, daß der Küchenchef versucht hatte, vor Weihnachten etwas von den üblichen Rationen abzuzweigen, um uns ein gutes Weihnachtsessen präsentieren zu können.
Meutereien hat es schon öfter in Dartmoor gegeben. 1932 war hier eine der größten Meutereien. Große Teile der Gebäude wurden von den Meuterern in Brand gesteckt und verwüstet. In solchen Fällen wurden Polizeikräfte und Soldaten aus Plymouth und Exeter herbeigeschafft, um die Aufstände so schnell wie möglich niederzuschlagen. In den Zeitungen wurde von diesen Vorgängen nur wenig erwähnt. Über den Weihnachtsaufstand 1947 wurde so gut wie gar nicht in der Presse gesprochen.
Da sich einige Häftlinge des Küchenpersonals beteiligt hatten, wurden dieselben natürlich auch verurteilt, und so wurden Arbeitsplätze in der Küche frei. Jochen bewarb sich und wurde Portionswieger in der Küche. Später hatte auch Herbert Wunderlich das Glück, in die Küche zu kommen.
Einige Sträflinge, denen man besondere Rohheit bei dem Aufstand nachweisen konnte, wurden auch zu Schlägen mit der „Cat" verurteilt. Man nannte dieses Urteil „flogging". Die Cat war eine Peitsche mit sieben Lederriemen. Einige Zellen von mir entfernt lag ein Holländer, der bei einem bewaffneten Überfall ein Kind angeschossen hatte. Er wurde zu 20 Schlägen mit der Peitsche verurteilt. Tagelang konnten wir sein Wimmern hören. Es wurden immer nur fünf Schläge auf den Rücken zur Zeit verabreicht, so war die Bestrafung mit der Peitsche besonders hart, denn immer, wenn die vorherigen Wunden etwas verheilt waren, gab der Arzt die nächsten fünf Schläge frei. Bei der Bestrafung wurde der Sträfling vornübergebeugt auf einen Holzblock festgeschnallt, so daß er sich nicht bewegen konnte. Die Nierengegend wurde durch einen Ledergurt geschützt. Die Schläge teilte zu der Zeit ein Wärter Evans aus, der extra aus einem anderen Gefängnis anreiste. Der Sträfling konnte den Cat Officer nicht sehen, um diesen später nach der Entlassung des Bestraften nicht irgendwelchen Rachetaten auszusetzen. Es wußte aber jeder im Zuchthaus, daß es ein Wärter Evans war. Einige Jahre

vor unserer Dartmoor Zeit hatte sich ein Sträfling erhängt, der zu 25 Schlägen mit der Cat verurteilt war. In seiner Zelle fand man einen Zettel: „Ich hätte die cat nicht ertragen können."

Schon nach einigen Wochen war die ganze Meuterei vergessen und das Leben im Knast nahm seinen gewohnten Gang. Mein Arbeitsplatz war die Tischlerwerkstatt. Hier wurden Gefängnisstühle und Karrenräder hergestellt. Die Arbeit war bei weitem nicht so interessant wie in Parkhurst. Vor allen Dingen fehlte die Lust zur Arbeit, denn immer wurden wir von den Wärtern zu neuen Stückzahlen angetrieben. Man durfte während der Arbeit nicht miteinander sprechen. Die Wärter pendelten während der Arbeit immer zwischen den Werkbänken hin und her, und man hatte das Gefühl, als „säße einem immer jemand im Nacken". Ich versuchte verschiedene Male beim Governor eine Versetzung in eine andere Arbeitsparty zu erlangen, aber auch das war in Dartmoor nur schwer zu erreichen. Es gab einige attraktive Außenparties, z. B. die Farmerparty, wo man auf dem Feld außerhalb der Mauern arbeiten konnte, oder die Melkerei, wo man während des Melkens auch mal einen Schluck Frischmilch abzweigen konnte. Eine andere Abteilung zu unserer Zeit war die Dachdeckergruppe, die die Reitdächer der Farmgebäude erneuern mußte, oder die Gartenarbeit, wo Frischgemüse angebaut und geerntet wurde. Hier fielen dann schon mal eine Wurzel oder Rübe oder sogar ein paar Erdbeeren ab. Diese Außengruppen wurden durch Wärter mit Karabinern bewacht.

Eine sehr harte Arbeit mußten die Sträflinge in der Quarry (Steinbruch) in der Nähe des Gefängnisses vollbringen. Die meisten Zuchthäusler dieser Gruppe kamen durch Bestrafungen in den Steinbruch. Es war bekannt, daß besonders scharfe Wärter zu diesem Job abgestellt wurden, die auch schon von der Waffe Gebrauch machten, wenn sich ein Häftling einmal, um seinem Bedürfnis nachzukommen, etwas zu weit von dem ihm zugewiesenen Arbeitsplatz entfernte. Trotzdem wurden von dem Steinbruch aus die meisten Fluchtversuche unternommen, aber alle schlugen fehl. Spätestens nach einigen Tagen wurden die Flüchtigen durch berittene Streifen mit Schäferhunden im weiten Moor wieder aufgetrieben. Den ganzen Sommer 1949 mußte ich die monotone und stupide Arbeit des Stühlezusammensetzens ausführen, bis ich eines Tages zum Governor gerufen wurde. Er hatte meinem Gesuch auf Versetzung in eine andere Arbeitsgruppe zugestimmt. Meine neue Arbeitsgruppe hieß Quarry (Steinbruch). Gleichzeitig teilte mir der Governor mit, daß diese Versetzung nur vorübergehend sei und ich die letzten zwölf Wochen meiner Strafe zur Dutchy abgestellt werde, dem Hotel für ledige Wärter im Ort Princetown. Damit hatte ich trotz der fünfwöchigen Arbeitszeit im Steinbruch das große Los gezogen: Irgendwie würde ich die Wochen im Steinbruch schon überstehen. Am nächsten Morgen ging's los in

den Steinbruch, vorher wurden hohe Schuhe mit besonders verstärkten Kappen ausgegeben. Beim Anblick der Gesichter meiner neuen Arbeitskollegen stellte ich fest, daß viele der als Rauhbeine bekannten Sträflinge dazu gehörten. Einige der Meuterer waren dabei. Während in früheren Jahren noch voll mit einigen Hundert Sträflingen in der Quarry Quadersteine und Schottersteine für den Straßenbau gehauen wurden, bestand die Steinbruchparty jetzt nur noch aus 30-40 Gefangenen.
Gebrochen und behauen wurden große Steinquader, die wahrscheinlich zu irgendwelchen Denkmalen, Einfriedigungen oder Großgebäuden benötigt wurden.
Meine erste Arbeit bestand darin, zusammen mit einem anderen Sträfling große Steine mit Hammer und Meißel in kleinere Steine aufzutrennen. Einer von uns beiden hielt jeweils mit harten Lederhandschuhen den Meißel, während der andere mit einem Vorschlaghammer darauf los drosch. Nicht selten kam es dabei vor, daß der große Hammer am Eisenkeil abglitt oder vorbeigeschlagen wurde auf die Arme oder Hände des Meißelhalters. Verletzungen wurden von den Screws (Wärtern) beurteilt, und meist ging es mit den Worten „Carry on" (macht weiter) wieder an die Arbeit. Wenn die Schlagzahl langsam wurde, konnte man sicher sein, daß einer der Wärter mit lautem Gebrüll dafür sorgte, daß das stählerne Hämmern wieder schneller wurde. Auch hatten die Wärter kein Verständnis dafür, daß man als Anfänger öfter eine Pause einlegen wollte als die alten „Craftsmen". Am ersten Nachmittag fühlte ich mich wie zerschlagen, daß für mich schon feststand, daß ich mich am nächsten Morgen krank melden würde. Als ob einer der Oberwärter meine Gedanken lesen konnte, donnerte er uns beim Abmarsch entgegen: „Keine Krankmeldungen morgen." Damit war meine Krankmeldung gestorben, denn wenn man es trotzdem wagte, zum Arzt zu gehen, konnte man in den folgenden Tagen ganz sicherlich mit Repressalien rechnen.
Das Mittagessen wurde draußen eingenommen. Eine halbe Stunde Auslauf wie in jedem Gefängnis gab es nicht, denn die Wärter waren der Meinung, daß es bei dieser Party genügend frische Luft gebe. Die frische Luft war tatsächlich das einzig Gute an diesem Arbeitsplatz. Während sich alle Menschen freuen, wenn die Sonne scheint, wir hier im Steinbruch freuten uns, wenn es bewölkt oder am besten etwas dunstig war. Warm arbeiteten wir uns von selbst, dafür sorgten schon die Screws.
Nach zwei Wochen wurde ich zum Karreschieben eingeteilt, auch das war nicht besser als Steineklopfen. Unter Aufsicht der Wärter wurden die alten, ausgeleierten, hölzernen Karren so stark beladen, daß man alle Mühe hatte, dieselben die 100 Meter bis zum Lagerplatz, ohne sie umzukippen, zu schaffen. Wenn einmal eine Karre Steine auf dem Boden lag, gab es großes Pala-

ver der Wärter. Oft durfte das nicht vorkommen, denn dann drohte man und verhängte Brot und Wasser. Ich war froh, als ich nach zwei Wochen zum Steinestapeln eingeteilt wurde, denn diese Arbeit war verhältnismäßig kräftesparend. Die fünfte Woche verging sehr schnell, denn ich war in Gedanken schon an meinem neuen Arbeitsplatz, dem „Dutchy Hotel" in Princetown. Dort arbeiteten tagsüber sieben Sträflinge. Theo Elting erhielt mit mir die Versetzung. Für diesen Job wurden ausnahmslos Sträflinge eingeteilt, die nur noch einige Wochen bis zur Entlassung vor sich hatten und damit für einen Fluchtversuch nicht in Frage kamen.
Morgens um sieben Uhr marschierten wir mit fünf anderen Sträflingen zu der Unterkunft für ledige Wärter. Unser Wärter, Mister Preyer, ein kleiner rundlicher Offizier, nahm seine Aufgabe sehr genau. Während er den Fußweg benutzte, mußten wir hintereinander auf der Fahrbahn marschieren.
Im Dutchy Hotel wurden Theo und ich als Cleaner (Saubermacher) eingesetzt. Theo hatte den rechten Flügel und ich den linken Flügel des Gebäudes zu säubern und in Ordnung zu halten. Morgens mußten wir als erstes die Flure schrubben, anschließend in den Zimmern der alleinstehenden Wärter Staub wischen, Waschbecken säubern und für Ordnung sorgen. Anscheinend machten Theo und ich die Arbeit so gut, daß uns Mr. Preyer, der uns Deutschen sehr gut gesinnt war, schon nach wenigen Tagen nur noch ein- bis zweimal am Tag in unserem Bereich aufsuchte, um sich zu überzeugen, daß wir noch da waren. Von der Dutchy gelang einmal einem Sträfling die Flucht. Er stahl die Uniform und das Motorrad eines Wärters und fuhr unter dem Schutz einer Motorradbrille aus dem Hof der Dutchy, ohne daß jemand erkannte, daß es ein Häftling war. Bevor man feststellte, daß der Häftling fehlte, war er mit dem Motorrad aus allen Alarmzonen und aus dem Moor entflohen, das den meisten Flüchtenden immer zum Verhängnis geworden war. Aber auch er wurde nach einigen Wochen auf dem englischen Mutterland wieder erwischt. Der einzige Flüchtling, der erst Jahre nach seinem Ausbruch durch eine neue Straftat wieder gefangen wurde, war Bob Thurston, der Mann, der mir beibrachte, wie man Schuhe macht. Neben Bob Thurston gab es verschiedene, noch heute registrierte Ausbruchsversuche.
Schon 1896 versuchten drei Sträflinge am Weihnachtsabend von der Farm auszubrechen. Einer wurde sofort erschossen, der zweite wurde mit Schlagstöcken niedergeschlagen, der dritte kam bis Plymouth, wo er wieder gefangen wurde.
Die meisten Fluchtversuche wurden bei Dunkelheit oder Nebel gemacht, aber im August 1924 versuchten fünf Sträflinge von der Heupartie der Landwirtschaft bei strahlendem Sonnenschein zu fliehen, aber alle wurden vor Einbruch der Dunkelheit im Moor wieder eingefangen.
An einem Sonntag versuchte im Jahre 1928 ein Gefangener während der Kir-

che mit einem nachgemachten Schlüssel zu entkommen. Er überwand die Mauer mit einer Leiter, brach in die Garage des Pastoren ein und fuhr als Pastor gekleidet mit dem Pastorenauto los. Verschiedene Wärte grüßten ihn freundlich. Das Auto wurde in Totnes und der Sträfling in Newton Abbot gefunden.

Bei einem Ausbruchsversuch im Jahre 1931 wurden erstmalig Bluthunde auf die Spur von zwei Ausbrechern gesetzt. Die beiden Gefangenen hatten die Mauer mit Seilen und Enterhaken überwunden. Bei Nebel kamen sie bis Plymouth, wohin sie durch die Hunde verfolgt wurden.

Frank Mitchells Flucht 1966 und sein mysteriöses Untertauchen in London sorgten für großes Aufsehen in der englischen Presse. Durch seine Arbeit in einer Außenabteilung hatte er vorher Kontakt mit verschiedenen Zivilisten gehabt und konnte seine Flucht gut vorbereiten. Er verschwand spurlos in der Unterwelt in London. Gerüchte sagen, er sei von Komplicen der Unterwelt ermordet worden.

Nach der Wiederergreifung eines Escapers (Flüchtling) gab es ein neues Gerichtsverfahren und sehr harte Folgeurteile. Auch war die Behandlung des Escapers stets rauh, ja manchmal unfair.

An dieser Stelle möchte ich Gelegenheit nehmen, besonders zu betonen, daß alle Deutschen in den verschiedenen Gefängnissen und Zuchthäusern immer fair behandelt wurden. Sogar Hannes Klein wurde nach einer Straftat gegen einen Wärter mit 14 Tagen Brot und Wasser recht glimpflich verurteilt. Er hatte, als er morgens zum Essenaustragen von Zelle zu Zelle abgestellt war, einen Nachschlag Porridge vom Wärter erbeten, da fast ein ganzer Eimer Porridge übriggeblieben war. Dieser Wunsch wurde aber abgelehnt, und aus Wut stülpte Hannes dem Wärter den fast vollen Eimer über den Kopf.

Auch Theo Elting kam glimpflich davon mit drei Tagen, als man bei einer Durchsuchung seiner Zelle einen an beiden Seiten angespitzten Bleistift fand. Ein an beiden Seiten angespitzter Bleistift galt als gefährliche Waffe.

Auch ich hatte anfangs Schwierigkeiten mit meinem Bleistift. Während ich diese Aufzeichnungen machte, saß ich jeden Abend und schrieb. Dabei war natürlich ein Bleistift schnell stumpf. Mit dem Blechmesser konnte man keinen Bleistift anspitzen, so besorgte ich mir ein Stückchen Rasierklinge und konnte bei Bedarf meinen Bleistift anspitzen. Bleistifte und Schreibhefte konnte man gegen eine plausible Erklärung beim Pastor anfordern. Wir brauchten die Hefte, um die „deutsche Sprache" zu studieren. Die deutsche Sprache, das sind diese Aufzeichnungen. Bei jeder Durchsuchung der Zellen hatte ich die Befürchtung, daß mal einer der „Searcher" auf die Idee kommen konnte, die Hefte mitzunehmen, um sie von einem Dolmetscher untersuchen zu lassen. Immer wieder hatte ich Glück, immer wieder gaben sich die Searcher mit meiner Erklärung zufrieden, ich studiere die deutsche Sprache. Es war keiner unter den Wärtern, der deutsch lesen konnte, obgleich viele von ihnen Ex-Soldaten waren und in Deutschland gekämpft hatten. Meine große Sorge war, acht Hefte, die ich inzwischen vollgeschrieben hatte, aus dem Zuchthaus heraus in meinen Seesack zu bekommen. Aber darüber später.

Mit dem Schreiben überbrückte ich die langen, monotonen Stunden am Abend in der Zelle. Wenn man sich überlegt, daß wir täglich 14-15 Stunden in unseren Zellen verbrachten, alle Mahlzeiten einsam am eingemauerten Tisch in der Zellenecke einnahmen, in den Herbst- und Wintermonaten bei deprimierendem Gaslicht, dann wundert man sich manchmal, daß man das überstanden hat. Überstanden hat, ohne durchzudrehen, ohne unbedacht zum Stuhl zu greifen und aus der Zelleneinrichtung Feuerholz zu machen. Aber die Hoffnung hielt uns hoch, die Hoffnung auf das Ende der Verurteilung.

Seitdem ich in der Dutchy arbeitete, ging ich gerne zur Arbeit, und die Tagesstunden verflogen nur so. Ich lernte bei meiner Arbeit verschiedene Wärter, die ja im Schichtdienst arbeiteten und deren Zimmer ich betreute, besser kennen. Verschiedene wollten über Deutschland unterrichtet werden, die Ex-Soldaten unter ihnen interessierte mein Einsatz in Rußland, und natürlich tauchte immer wieder eine Frage auf: „Have you been a Nazi?" (Bist du Nazi gewesen?). Daß ich bei meiner Einberufung zur Wehrmacht viel zu jung war, um ein Nazi zu sein, leuchtete ein. Langsam wurden wir miteinander warm. Obgleich wir mittags in der Dutchy verpflegt wurden und außer der gewöhnlichen Gefängniskost schon mal über Mr. Preyer eine kleine Zugabe, Kartoffeln und Gemüse, erhielten, wich die Verpflegung doch nicht vom Gefängnis ab.

Um so erfreuter war ich, als einer der Wärter mir eines Tages ein Stück Käse anbot. Das Verhältnis zu den Bewohnern der Dutchy wurde besser und besser. Für Kleinigkeiten wie Hosenbügeln, Strümpfestopfen und Kaminanmachen hinterließ dann schon mal ein Wärter eine Zigarette, einen Kanten Brot, ein Stück Käse oder Schokolade.

Zu einem jungen Wärter, der in der 8. englischen Armee gegen Rommel gekämpft hatte, entstand ein besonderes Vertrauensverhältnis. Eines Tages, als er morgens zum Dienst ging, sagte er, auf dem Kaminsims stehe eine Flasche Bier für mich. Ich solle aber aufpassen, daß Mr. Preyer meine Alkoholfahne nicht feststelle. Während eines Gespräches sprach mich derselbe Wärter auf meine besonderen Schuhe an. Jetzt funkte es bei mir. Schuhwaren waren auch in England 1948 sehr knapp. Die Zeit meiner Entlassung rückte näher, und ich mußte versuchen, meine Aufzeichnungen in mein Gepäck zu bekommen. Ich mußte einfach das Risiko eingehen, sie eventuell zu verlie-

ren. So fragte ich den Wärter an einem Tag, an dem er besonders gute Laune hatte, ob er eine Möglichkeit sähe, meine Aufzeichnungen in mein Gepäck zu bekommen, ich würde ihm dafür meine Schuhe geben. Die erste Frage galt natürlich dem Inhalt der Hefte. Nachdem ich ihm wahrheitsgemäß erklärte, es seien Aufzeichnungen aus meinem Leben, guckte er mich nachsinnend an und sagte dann: „I trust you" (ich traue dir). „I will think about it" (ich werde darüber nachdenken).
Schon nach einigen Tagen, ich rechnete während dieser Zeit jeden Moment damit, daß die Searcher meine Schreibhefte und mich zur Vernehmung abholen würden, brachte mein Vertrauter mir ein paar alte abgetretene Gefängnisschuhe mit den Worten: „Du mußt ja andere Schuhe haben." Nach einer Anprobe stellte ich fest, daß die alten Dinger wohl bis zur Entlassung halten würden. Völlig überrascht war ich von dem Vorschlag, er wolle meine Schreibhefte einfach mit der Post nach Deutschland an meine Heimatanschrift senden. Sollte ich das Risiko eingehen, ihm soweit zu trauen? Ich hatte keine andere Wahl. Er bekam meine Schuhe, nahm meine acht Hefte und ich stand mit ein paar ausgetretenen alten Gefängnisschuhen und leeren Händen da.
Nach einigen Tagen teilte mir der Wärter mit, er habe das Paket abgesandt. Ein letzter Zweifel blieb mir, hatte er die Hefte vielleicht doch zur Überprüfung abgegeben, brauchte man so lange, um den Inhalt zu übersetzen? Meine Schuhe hatte er sicher schon in Sicherheit gebracht oder auch abgegeben, denn in seinem Zimmer konnte ich sie nicht mehr finden.
Hocherfreut war ich, als meine Eltern mir nach Wochen der Angst in einem Brief mitteilten, daß ein Paket ohne Absender angekommen und dessen Inhalt sehr, sehr interessant sei. Meine Schreibhefte mit diesen Aufzeichnungen waren in Deutschland.
Die Arbeit brachte mir noch mehr Spaß. Wenn ich morgens schnell arbeitete, hatte ich ein paar Stunden für mich. Am Fenster zum Marktplatz von Princetown hin konnte ich, hinter der Gardine verborgen, am Zivilleben von Princetown teilnehmen. Es tat gut, nach all den Jahren im Gefängnis Menschen in Freiheit zu sehen.
Die letzten Wochen und Tage in Dartmoor vergingen schnell. Man ließ uns bis zum vorletzten Tag in Ungewißheit, ob wir und wann wir entlassen würden. Alle Wärter und Häftlinge versicherten uns zwar, daß die Behörden keine andere Wahl hätten, als unser Entlassungsdatum am 1. Oktober 1948 einzuhalten, aber bei uns blieb ein letzter Zweifel. Am Vortag unserer Entlassung wurden wir zum Governor gerufen. Er bestätigte uns, daß wir vorbildliche Gefangene gewesen seien und daß wir am nächsten Tag entlassen und von einer Armee-Escorte abgeholt würden. Über unseren weiteren Verbleib konnte er uns nichts sagen, aber er hoffe, daß wir bald wieder in Deutschland sein würden.

Die letzte Nacht verbrachten wir in einer Zelle der E-Halle, ohne Postsäcke zu nähen. Am 1. Oktober wurden die Zellentüren für uns zum letzten Mal geöffnet, man brachte uns unsere Seesäcke, und wir konnten wieder unsere Uniformen anziehen. Verschiedene Wärter kamen, um uns in Uniform zu sehen und sich von uns zu verabschieden. Gegen neun Uhr kam unsere Escorte, ein Sergeant und drei Soldaten, und übernahm unseren Transport in ein Entlassungslager für P.O.W. in Colchester.

Zum letzten Mal durchschritten wir das große Tor von Dartmoor als Gefangene und durften frei neben einer Escorte, die nicht bewaffnet war, auf dem Fußweg gehen.

Von den englischen Soldaten wurden uns viele Fragen gestellt über das Zuchthaus im Moor, denn für die englische Bevölkerung hat dieses Gefängnis etwas Geheimnisvolles, Brutales an sich.

Nach einem Aufenthalt von 5 Tagen in einem P.O.W.-Entlassungslager in Colchester wurde ich am 6. Oktober 1948 in Münsterlager aus der Kriegsgefangenschaft entlassen und war am 7. 10. 1948 wieder als freier Mann in Oldenburg.

30 Jahre später

Mehrere Fahrzeuge vor dem „Mühlenhofskrug" in Oldenburg lassen darauf schließen, daß an diesem Abend im August 1978 in der Kneipe Betrieb ist. Vor der Theke sitzen und stehen mehrere Stammgäste, ein Taxiunternehmer, ein Leiter einer Sparkassenabteilung, ein EDV-Spezialist, ein Handelsvertreter, ein Pensionär und noch einige Gäste. Außer Bier, Schnaps und sonstigen Getränken gibt es Soleier, belegte Brote und die weithin bekannten Hackepeterbrötchen. Getrunken wird überwiegend Bier. Da sich die Stammgäste gut kennen, wird meist in Runden bestellt. Zwischendurch gibt's mal einen „kleinen Ammerländer Korn". Hinter der Theke sorgen der Gastwirt Heinz und seine Frau Ruth für das „leibliche Wohl" der Gäste.

Im Thekenraum in einer Sitznische dreschen ein urgemütlicher Klempnermeister, ein wortlauter Bauunternehmer, ein Bauingenieur und mein Freund Jochen Lübbermann, der mit mir in Dartmoor saß, einen deftigen Skat. Mit großem Hallo wurde ich empfangen und sofort zu einer Runde verdonnert. Die Karten wurden zusammengesammelt und alltägliche Themen erörtert, bis der Klempner Jochen und mich aufforderte, über Dartmoor zu erzählen. „Dartmoor", das war das Stichwort. Plötzlich fiel mir ein, daß unsere Entlassung aus dem berüchtigsten der englischen Zuchthäuser am kommenden 1. Oktober genau 30 Jahre zurück lag. In einer Bierlaune hatte ich plötzlich eine Idee, die ich den Anwesenden mitteilte: Ich wollte einen Brief an den derzeitigen Direktor von Dartmoor senden und ihn um Erlaubnis bitten zu einer Besichtigung am 1. Oktober 1978. Alle lachten und zweifelten mein Vorhaben an, welches mich dazu anspornte, jedenfalls den Versuch zu diesem Besuch zu unternehmen, und so schrieb ich am 7. 8. 1978 nachfolgenden Brief:

An   7. 8. 1978
den Direktor von
H M P Dartmoor
Princetown - Devon

England

Sehr geehrter Herr Direktor,

genau vor 30 Jahren, am 1. Oktober 1948, wurden 4 von uns, alle deutsche Offiziere, vom Zuchthaus Dartmoor entlassen, nachdem wir ein Urteil von 5 Jahren Zuchthaus für schwere Körperverletzung abgesessen hatten, welches in Verbindung stand mit einer Flucht aus dem Kriegsgefangenenlager Crewe Hall. Ein Verräter wurde verprügelt. Das Urteil wurde 1945 von einem Kriegsgericht verhängt.

Zwei von uns waren zu der Zeit Oberleutnant und zwei Leutnant der deutschen Wehrmacht. Keiner von uns ist vor oder nach unserem Urteil mit dem Gesetz in Konflikt geraten.

Einer von uns trat 1955 wieder in die Bundeswehr ein und wurde vor 3 Jahren als Oberstleutnant pensioniert. Einer arbeitet im Moment noch für die deutsche Regierung in Bonn, der dritte ist Handelsvertreter und ich bin bei einer deutschen Versicherungsgesellschaft als Bezirksdirektor beschäftigt.

Oberstleutnant Lübbermann und ich sind inzwischen verschiedene Male als Urlauber in England gewesen und haben auch Princetown einen Besuch abgestattet. Wir mögen England und die Engländer. Im Juni dieses Jahres hatten wir für 8 Tage 70 englische Jugendliche mit deren Vorsitzenden W. R. Young vom Westoning Boy's Club als Gäste in unserer Heimatstadt Oldenburg. Ein wunderbares Beispiel für Völkerverständigung.

Sehr geehrter Herr Direktor, ich schildere Ihnen all dies deshalb, vielleicht hilft es, Ihnen eine Entscheidung zu unserer folgenden Bitte zu erleichtern: Am 1. Oktober dieses Jahres, dem 30. Jahrestag unserer Entlassung, beabsichtigen Oberstleutnant Lübbermann und ich einen Besuch Dartmoor's und möchten gern einen Blick ins Innere des Zuchthauses tun nach all den Jahren. Vielleicht könnten sie uns sogar ermöglichen, unsere alten Zellen und Teile des Gefängnisses wiederzusehen.

Zu unserer Zeit war Major Harwey Direktor. Er hat Kenntnis von unserem Urteil und weiß, daß wir keine Kriminellen sind.

Sehr geehrter Herr Direktor, wir wären Ihnen sehr dankbar, wenn Sie uns erlauben würden, den „alten Platz" nochmals von innen zu besichtigen. Bitte lassen Sie uns eine Nachricht zukommen, ob Sie unserer Bitte nachkommen können.

Hochachtungsvoll
   Ihr Hermann Würdemann

Bereits 8 Tage später antwortete der Direktor des Zuchthauses, Mr. Heald mit seinem Brief vom 15. 8. 1978:

Sehr geehrter Herr Würdemann, 15. 8. 1978

herzlichen Dank für Ihren außerordentlich interessanten Brief vom 7. August, welchen ich an das Innenministerium nach London gesandt habe, um für Ihren Kollegen und Sie am 1. Oktober Genehmigung zur Besichtigung des Gefängnisses zu erhalten. Ich werden Ihnen wieder schreiben, sobald ich eine Antwort erhalte.

Hochachtungsvoll
Heald
Direktor

Im Brief vom 25. 8. 1978 erfuhren wir vom Direktor, daß das englische Innenministerium keine Einwände gegen unseren Besuch habe, und er bat um Mitteilung unseres Ankunftstermins.

Sehr geehrter Herr Würdemann,   25. 8. 1978

Zu meinem Brief vom 15. 8. kann ich Ihnen mitteilen, daß ich Erlaubnis vom Innenministerium erhalten habe zu dem Besuch von Ihnen und von Oberstleutnant Lübbermann im Gefängnis Dartmoor am 1. Oktober, so wie es Ihr Wunsch war. Ich freue mich, Sie beide zu treffen und Sie durch das Gefängnis zu begleiten.
Vielleicht könnten Sie uns Ihren ungefähren Ankunftstermin mitteilen.
Ich hoffe zuversichtlich, daß Sie einen angenehmen Aufenthalt in England haben werden.

Hochachtungsvoll
Heald
Governor

Nach dem Erhalt des Briefes vom 25. 8. versuchte ich, mit Governor Heald zu telefonieren. Aus Sicherheitsgründen war es gar nicht so einfach, eine Verbindung zu ihm über die Gefängnisverwaltung herzustellen. Allerhand Fragen wurden mir gestellt, bis ich einfach behauptete, ich sei ein Freund aus Deutschland. Die Wahl eines geeigneten Hotels nahm mir der Direktor ab, indem er mir als Treffpunkt das Forest Hotel, Hexworthy, in der Nähe von Princetown, damit in der Nähe des Zuchthauses, nannte, in dem er Zimmer für uns reservieren werde.

Am 28. 9. 1978 fuhren Jochen Lübbermann und ich mit großen Erwartungen mit dem Fährschiff „Prince Oberon" nach England. Zunächst besuchten wir „Crewe Hall", in dem 1945 unsere Kriegsgerichtsverhandlung stattgefunden hatte. Das Schloß machte ohne die vielen Nissenhütten des P.O.W.-Lagers, wie wir es kannten, einen vornehmen und majestätischen Eindruck. Wir konnten das Schloß besichtigen und besuchten die „Lang-Gally", heute Büroraum, in der wir 1945 unser Kriegsgerichtsurteil von 5 Jahren entgegennahmen. Auch die Hütte 7, hinter dem Schloß, in der ich die Untersuchungshaft verbrachte, stand noch.

Am 30. 9. kamen wir nachmittags im Forest Hotel an. Der Direktor des Hotels bereitete uns als Besucher des Zuchthausdirektors einen „großen Bahnhof". Am Abend machten wir uns, bevor wir das Dinner einnahmen, für die Begrüßung des Direktors „landfein". Vom Dining-room konnten wir durch eine große Glaswand in die Lounge und Bar sehen und jeden neu eintreffenden Besucher sofort mustern. Alle Ankommenden paßten nicht in unsere Vorstellung eines Zuchthausdirektors. Später stellten Jochen und ich fest, daß wir unabhängig voneinander einen kleinen, vielleicht glatzköpfigen Beamtentyp erwartet hatten.

Um so mehr waren wir erstaunt, als uns beim Verlassen des Speisesaals ein etwa 2 m großer breitschultriger Herr ansprach, der sich in Begleitung einer Dame befand. Ob wir wohl seine Besucher aus Germany seien? Das war also Mr. Colin Heald, Direktor des Zuchthauses Dartmoor. Der erste Eindruck: sehr streng, direkt, abschätzend, ein stechender, durchdringender Blick, ein Mann der wußte, was er wollte. Die hübsche Begleiterin war seine Ehefrau Dorothy.

Etwas steif und gezwungen verlief die erste Begrüßung, wir nahmen in einer Sitzecke Platz.

Die Frage nach unseren Getränkewünschen löste er auf seine Art, indem er sagte: „Ich nehme an, daß Sie als Deutsche sicherlich Bier trinken." Getränke müssen im englischen Pub von der Bar abgeholt und gleich bezahlt werden. Also holte der Direktor des Zuchthauses Dartmoor für die Ex-Sträflinge Bier und einen Aquavit dazu. Von seinem Besuch in Deutschland wisse er, daß Deutsche meist garnierte Runden trinken.

Nach allgemein üblichen Fragen, ob wir eine gute Fahrt gehabt hätten, von welchem Teil Deutschlands wir kämen usw., kam er doch schnell zur Sache. Er hatte meinen Brief so interessant gefunden, daß er uns unbedingt nach Dartmoor kommen lassen wollte. Deshalb hatte er unseren Brief nach London gesandt und zusätzlich noch mit dem maßgeblichen Minister telefoniert. Er hatte sich extra den Sonntag - der 1. Oktober 1978 war ein Sonntag - freigenommen, um uns das Zuchthaus persönlich zu zeigen. Dabei habe er noch eine besondere Überraschung für uns.

Nach einigen Drinks wurde das Verhältnis zwischen uns lockerer, inzwischen hatten Jochen und ich auch den Gang zur Bar kennengelernt. Gegen Mitternacht überraschte uns dann der Direktor völlig. Er sagte, nachdem er unsere Akten genau studiert und festgestellt habe, daß wir als deutsche Offiziere und Kriegsgefangene gar nicht hätten in Dartmoor sein dürfen, und da er vor seiner Laufbahn im Gefängniswesen ebenfalls Offizier der englischen Marine gewesen sei, möchte er vorschlagen, daß wir Freunde werden sollten und stieß auf unser Wohl an.

Am 1. Oktober 1978, 30 Jahre nach unserer Entlassung, öffnete uns ein Principal Officer die Pforte des Zuchthauses mit den Worten: „Wellcome Gentlemen." Unser neuer Freund Colin Heald empfing uns und fragte, ob wir besondere Wünsche für die Besichtigung hätten. Unsere Bitte, unsere alten Zellen wiederzusehen, hatte er erwartet. Zunächst mußten wir einen seiner Chief Officer begrüßen, er war am D-Tag als 1. Engländer in Frankreich gelandet. Ein „joviales Haus", der wegen seines besonders starken Kaffees bekannt war. In dem Kaffee blieb wirklich bald der Löffel stehen. Dann ging's ins Hospital. Der Doktor hatte ein großes ballonartiges Bonbonglas voller Pillen für alle Krankheiten bereit. Diese Pillen seien ein Universalheilmittel, das den meisten Inhaftierten helfe. Jochen durfte „seine" Küche wieder besichtigen. Es waren immer noch die alten Waagen dort, mit denen schon Jochen Portionen abgewogen hatte. Wir wurden vom Governor zum Probieren der Rationen eingeladen. Jeden Tag um Mittag ließ der Governor die Tagesration in der Küche auf einem weiß gedeckten Tisch servieren, um zu probieren.

Die Kirche, der Stage-room, die neue Sporthalle (welche es früher natürlich nicht gab) und die Tischlerwerkstatt waren unsere nächsten Anlaufpunkte. Alle Werkstätten waren renoviert, hell gestrichen und nicht mehr so stark besetzt wie früher. Die Arbeitsbedingungen waren enorm verbessert. Bei verschiedenen Wärtern stellte uns Colin Heald als „ehemalige Zuchthäusler" und seine heutigen Freunde vor.

Dann kam der für mich spannendste Augenblick, wir betraten die A-Halle, in der ich „gewohnt" hatte. Der Governor sagte, ich solle nun nach meiner alten Zelle suchen. Nur allzu oft war ich früher die alten gußeisernen Trep-

Das Tor zur „Endstation" für Leute, die schwerwiegend mit dem Gesetz in Konflikt geraten sind: Dartmoor in Princetown im Südwesten Englands. Bild: Archiv

Ein Wiedersehen mit Einzelzellen hinter den Mauern von Dartmoor
Oldenburger zum „Entlassungs-Jubiläum" im Zuchthaus

Es kommt sicherlich nur selten vor, daß jemand freiwillig um Einlaß in ein Zuchthaus nachsucht, und es ist wohl auch nicht die Regel, daß sich ein Zuchthausdirektor über einen solchen Wunsch freut. Völlig ungewöhnlich deshalb das Verlangen der beiden Oldenburger Hermann Würdemann (55) und Joachim Lübbermann (61), „ihre" Einzelzellen im berüchtigten englischen Dartmoor-Kittchen wiederzusehen, und ebenso ungewöhnlich die Bereitschaft von Zuchthausdirektor Heald, nach Rückversicherung beim Innenministerium in London einen freien Sonntag für die Besichtigung zu opfern.

Der kommende Sonntag, der 1. Oktober, sollte es nämlich sein: Da jährt sich zum 30. Male die Entlassung der beiden Deutschen aus dem britischen Gewahrsam, das nach den Worten Lübbermanns seinerzeit „die schwersten Jungen aus dem Empire" hinter Gittern hielt.

Dazu brauchten sich der heutige Versicherungskaufmann Würdemann und der heutige Bundeswehr-Oberstleutnant außer Diensten Lübbermann freilich nicht zu rechnen; das 1945 von einem britischen Militärgericht gegen sie gesprochene Urteil – fünf Jahre Zuchthaus wegen schwerer Körperverletzung – ist eine Sache für sich. Den damaligen Wehrmacht-Oberleutnant Würdemann hatten die Alliierten an der Invasionsfront festgesetzt, als er mit weißer Parlamentärflagge um eine kurze Waffenruhe bitten sollte. Den damaligen Wehrmacht-Oberleutnant Lübbermann, der aus einem englischen Camp getürmt war, schnappte ein Zöllner in Liverpool, als er sich schon in Irland wähnte. In einem Kriegsgefangenenlager auf der Insel lernten sich die beiden kennen, tauschten ihre vielfältigen Fluchterfahrungen aus und waren sich flugs einig: „Der Stacheldraht ist gar nichts für uns..."

Jedoch handelte es sich um doppelten Stacheldraht und überhaupt um ein besonders scharf bewachtes Lager; als Fluchtweg bot sich nur der „Untergrund" an. 120 Lagerinsassen, ausnahmslos Offiziere, begannen im November 1944 an drei Stellen zu buddeln. Im März 1945 waren die Tunnel so weit fertig, daß der Fluchttermin festgesetzt werden konnte. Drei Tage vor dem Termin wurde der geplante Ausbruch verraten. Erinnert sich Würdemann: „Der Verräter bezog eine schwere Tracht Prügel, aber wir beide hatten nichts damit zu tun; bei der Verhandlung gab er dennoch unsere Namen an, weil er wußte, daß wir zu jenen gehörten, die ihn eigentlich nicht gern dabei haben wollten." Dartmoor war fällig...

„Streng, aber fair" – so beurteilen die beiden Oldenburger aus dem Abstand von heute die Behandlung hinter den Mauern des Zuchthauses, hinter denen sie „aufregende Bekanntschaft" mit Lebenslänglichen aus der Unterwelt machten. Würdemann stand einmal im Mittelpunkt, als er mit einem Hungerstreik eine Schreiberlaubnis für die Deutschen durchsetzte, wie sie für Kriegsgefangene galt. Und Lübbermann avancierte vorübergehend zum Dartmoor-Küchenchef, weil er sich an einer Revolte gegen die karge Knastverpflegung nicht beteiligt hatte. Wie üblich, wurde den beiden ein Drittel der Strafe nach drei Jahren und vier Monaten erlassen.

Als Würdemann und Lübbermann 1970 unangemeldet – als Touristen – in Dartmoor auftauchten, war der Empfang zwar freundlich, aber die Oldenburger konnten sich „ihr" Zuchthaus nur von außen betrachten. Diesmal stehen ihnen die Zellen offen, und der Zuchthausdirektor persönlich hat für sie Hotelzimmer gebucht. Allerdings etwas außerhalb seines Dienstbereiches... **Horst Daniel**

Eine flüchtige Orientierung genügt: Hermann Würdemann (links) und Joachim Lübbermann starten heute nach Dartmoor. Sie waren nicht nur als Gefangene in England und mögen die Briten. Bild: Schmidt

pen zum 3. Stock hinaufgestiegen, um nicht sofort meine Zelle wiederzufinden. Die Zellen wurden jetzt durchlaufend numeriert, aber ich kannte den Abstand zur Nische mit den Ausgüssen genau. Der Governor bat den begleitenden Chief Officer, die Zellentür zu öffnen. Die Zelle wurde von einem Lebenslänglichen bewohnt, der beim Anblick des Governors und des Chief Officers völlig verlegen war, als er der Aufforderung der beiden hohen Gefängnisbeamten nachkam, auf der Landing auf und ab zu gehen. Meine alte Zelle kannte ich nicht wieder, wohl aber den Blick aus dem Fenster. Die Zelle war völlig verändert, elektrisches Licht, verputzte und gestrichene Wände mit Familienbildern von dem Sträfling, ein richtiges Bett mit Laken, Kopfkissen und Wolldecken, ein Tisch mit Tischdecke, ein Schrank und ein Radio machten den Raum richtig wohnlich. Den Fliesenfußboden bedeckte teilweise ein zwar ausgetretener Teppich, kleine Gardinen zierten die Fenster. Auf dem durchlaufenden Heizungsrohr war ein zweites dickes Rohr montiert, das wie ein Heizkörper wirkte. In den Ecken beim Fenster waren Eckborde montiert, auf denen der Häftling Zutaten wie Salz, Senf, Zucker, Ketschup und Bücher aufbewahrte. Das Geschirr bestand nicht wie früher aus Aluminium, sondern aus Porzellan. Der Governor sah unsere erstaunten Blicke und meinte „That is prison reform", das sind die neuen Zuchthausbedingungen. Diese Zellen hatten wirklich keine Ähnlichkeit mit unseren Zellen von 1948. Auch das ganze Halleninnere hatte sich sehr geändert. Alle Wände waren verputzt und hell gestrichen. Große Glasflächen im Spitzdach brachten Helligkeit und angenehmes Licht. Überall waren Neonbeleuchtungen angebracht, die Zwischendecken aus Maschendraht gab es nur noch im unteren Stockwerk.

Tagsüber konnten sich diejenigen Gefangenen, die nicht zur Arbeit in den Werkstätten abgeholt wurden, die Zeit in der Halle vertreiben. Alle Zellentüren waren geöffnet, 2 Fernsehgeräte mit Video konnten zur Übertragung von Videofilmen benutzt werden. Zur Zeit unseres Besuches lief gerade ein Film mit Hardy Krüger als Luftwaffen-Offizier in Afrika. Solche Filme, sagte uns der Governor, seien bei den Gefangenen sehr beliebt und würden auf den Wunschlisten immer an erster Stelle geführt. In der Zelle eines Sträflings hingen sogar große Bilder von Hitler und Rommel.

Die Gefangenenbekleidung bestand nicht mehr aus grob gewebtem grauen Sackstoff, sondern alle Zuchthäusler waren in einen dezenten blauen Arbeitsanzug gekleidet, dazu ein passendes Hemd.

Zwischen den Gefangenen und Wärtern bestand ein leichter Umgangston, nichts mehr war zu merken von der uns bekannten gedrückten, ja sogar unterdrückenden Stimmung. Heute war ziemlich alles erlaubt. Es wurde Schach, Dart, Dame und Mühle gespielt. Zeitungen lagen mehrfach aus. An den Tischen hatten sich Gefangene zur Unterhaltung zusammengefunden.

Man konnte den Eindruck gewinnen, man befand sich in einer Werkskantine.
Die Wärter standen nicht mehr in Hab-Acht-Stellung und beobachteten jede Bewegung, sondern saßen an verschiedenen Stellen in der Halle.
Der Governor und der Chief Officer wurden überall mit großer Achtung empfangen. Die Sträflinge erhoben sich sogar, wenn sich die beiden höchsten Offiziere des Zuchthauses näherten.
Nach einem kurzen Blick in die Kirche führte uns der Governor dann in sein Büro, einen großen, gut ausgestatteten Raum. An der Wand hing eine sehr große Tafel, auf der alle bisherigen Governor des „Zuchthauses im Moor" verewigt waren. An einem langen Konferenztisch fanden die täglichen Absprachen mit dem Pastor, Doktor, Küchenchef, dem Deputy Governor und dem Chief Officer statt. Auf dem Tisch lag aufgeschlagen ein riesiges Buch: „The Criminal Record", ein Fotobuch, in dem alle bisherigen Zuchthäusler von Dartmoor zweimal fotografiert sind, einmal von vorn und einmal von der Seite mit Hut. Die Seite mit unseren Bildern war bereits aufgeschlagen. Die Überraschung: von allen Gefangenen, die jemals in Dartmoor inhaftiert waren, bestehen noch Aufzeichnungen und von den letzten 50 Jahren auch Fotos. Zu diesen Fotos wurden wir seinerzeit in Zivilkleidung aufgenommen, um den Polizeibehörden bei evtl. Flucht einen Steckbrief liefern zu können.
Tee wurde serviert und längere Zeit über unsere und die heutigen Bedingungen im Zuchthaus diskutiert.
Mittags wurden wir vom Governor eingeladen in seine Wohnung, wo wir mit der Familie Heald ein von Frau Dorothy hervorragend zubereitetes Mittagessen einnahmen.
Wir lernten die Familie kennen. Sohn Timothy und die Töchter Viona und Emma.
Zum anschließenden kleinen Umtrunk mit dem von uns mitgebrachten „Ammerländer Feuer" wurden die Vorhänge geschlossen, damit die blauen Flammen in den Gläsern besser zu sehen waren. Einen solchen Drink kannte man in England nicht. Als wir nach dem Löschen des Feuers und einem „Prost" den Schnaps tranken, fragte mich der Governor, ob ich auch wirklich das Feuer gelöscht hätte. Nach kurzer Unterhaltung in der „Marine Bar" des Governors verabschiedeten Jochen und ich uns mit Dank für den Empfang und einer Einladung an die Familie Heald, uns in Deutschland zu besuchen.
Aus dieser ersten Begegnung entstand eine gute Freundschaft, und 1980 besuchte uns die Familie Heald zu meiner Silberhochzeit in Deutschland.
8 Tage waren Colin und Dorothy Heald mit den Kindern Timothy, Viona und Emma unsere Gäste in Oldenburg. Jochen und ich hatten ein reichhalti-

ges Programm für den englischen Besuch aufgestellt. Besuche bei der Marine in Wilhelmshaven, im Museumsdorf Cloppenburg, in Bremen und Bad Zwischenahn standen auf dem Plan, Bürgermeister Averbeck empfing die Gäste im Oldenburger Rathaus mit Eintragung ins Gästebuch der Stadt Oldenburg.

Ein Gefängnisdirektor bei zwei Ausbrechern
Silberhochzeit wird gemeinsam gefeiert

OLDENBURG. Damals wäre er auch ausgebrochen, sagt der Mann, dessen Beruf es ist, Ausbrüche zu verhindern. Und damit bekundet er vollstes Verständnis für seine Oldenburger Gastgeber. Die beiden, Versicherungskaufmann Hermann Würdemann und Ex-Oberstleutnant Joachim Lübbermann, stehen in der Verbrecherkartei „seines" Gefängnisses und sind doch, so der Gast aus England, „bestimmt keine Kriminellen". Überhaupt sind alle drei die besten Freunde und wollen heute in Oldenburg Würdemanns Silberhochzeit feiern. Bis dahin will der Besucher aus Dartmoor, Gefängnisdirektor Collin Heald, eine vor zwei Jahren begonnene Freundschaft pflegen und nebenbei Oldenburg kennenlernen (erster Eindruck: „beautiful").

Die Freundschaft zwischen den beiden ehemaligen Oldenburger Dartmoor-Insassen und dem derzeitigen Direktor des berühmt-berüchtigten britischen Ganoven-Quartiers hat eine Vorgeschichte. Hermann Würdemann und Joachim Lübbermann waren 1945 nach einem mißglückten Ausbruchsversuch aus einem Kriegsgefangenenlager für drei Jahre in Dartmoor einquartiert worden. 30 Jahre nach ihrer Entlassung wollten die beiden wieder einmal hinter die Gefängnismauern schauen und Collin Heald erfüllte ihnen diesen Wunsch. Er besorgte eine Ausnahmegenehigung vom Innenminister, opferte einen freien Sonntag, öffnete die Einzelzellen von damals zur Besichtigung und kümmerte sich im übrigen so herzlich um die Oldenburger Gäste, daß ein Gegenbesuch vereinbart wurde.

Für eine Woche ist der Brite jetzt mit Ehefrau Dorothy und den Kindern Timothy, Viona und Emma zu Gast in Oldenburg. Die beiden „Ex-Sträflinge" haben für die Familie ein „großes Programm" mit Rathaus-Empfang, Visiten in Cloppenburg und Wilhelmshaven sowie der großen Silberhochzeitsfeier vorbereitet. Einen Gegenbesuch im Oldenburger Gefängnis lehnte der hochgewachsene Brite allerdings kategorisch ab: „Das wäre das letzte, was ich im Urlaub machen würde."

Deutsche Gefängnisse kennt Heald obendrein noch von einem Aufenthalt zu Studienzwecken in Hessen. Bei damaligen Besichtigungen stellte er deutliche Unterschiede zum englischen Strafvollzug fest. So würden in England keinerlei Waffen getragen, für Ausbruchsicherheit sorgten neben hohen Mauern deutsche Schäferhunde und es gäbe „deutliche Unterschiede im Rechtssystem". Ein Urteil über den bundesrepublikanischen Strafvollzug will er sich nicht erlauben, doch ließe man ihm im Falle eines Falles die Wahl, entschiede er sich für ein englisches Kittchen. Da kennt er das „System" und „kann es überlisten". uja

Nordwest-Zeitung Oldenburg vom 18. 6. 1980

LEBENSDATEN

Einberufung zum Heeresdienst	2. 9. 1941
Beförderung zum Gefreiten	1. 3. 1942
Verleihung Eisernes Kreuz II. Klasse	15. 6. 1942
Verwundetenabzeichen in Schwarz	9. 10. 1942
Beförderung zum Unteroffizier	1. 2. 1943
Beförderung zum Feldwebel	1. 3. 1943
Beförderung zum Leutnant	6. 5. 1943
Verleihung Infanterie-Sturmabzeichen	10. 6. 1943
Verleihung Eisernes Kreuz I. Klasse	21. 9. 1943
Verwundetenabzeichen in Silber	8. 3. 1944
Beförderung zum Oberleutnant	1. 8. 1944
Verleihung Deutsches Kreuz in Gold	17. 8. 1944
Gefangennahme	1. 10. 1944
Verurteilung zu 5 Jahren Zuchthaus	1. 6. 1945
Entlassung aus dem Zuchthaus Dartmoor	1. 10. 1948

ABKÜRZUNGEN

Seite 21	IR	Infanterie-Regiment
Seite 23	Ju 52	Dreimotoriges Junkers-Flugzeug (MutterJu)
	MG	Maschinengewehr
	Bord-MG	Bord-Maschinengewehr
	Rata	Russisches Kampfflugzeug (Jagdbomber)
Seite 24	Schlachter	Bezeichnung für Ratas
	OT	Organisation Todt (Arbeitskommando)
Seite 27	Stalinorgel	Russisches Raketenfahrzeug (selbstfahrend)
Seite 29	Iwan	Bezeichnung für Russen
	T 34	Meist bekannter russischer Panzer
	K 75	Russischer Großpanzer
Seite 32	Kaffeemühlen	Russische Flugzeuge, teilweise aus Holz und Bespannung, wurden nur nachts eingesetzt zum Bombenabwurf
Seite 33	Feuerspritze	Maschinenpistole oder Maschinengewehr
	MP	Maschinenpistole
Seite 47	OA	Offiziersanwärter
Seite 48	POW	Prisoner of war, Kriegsgefangener
Seite 60	HKL	Hauptkampflinie
Seite 61	EK I	Eisernes Kreuz I. Klasse
Seite 62	Pak + Ratschbum	Panzerabwehrgeschütz
	KOB	Kriegsoffiziersbewerber
Seite 63	ARI	Artillerie
Seite 75	8,8 Flak	Flugabwehrkanone, die im Erdbeschuß eingesetzt wurde
Seite 89	Korporal in charge	Diensthabender Unteroffizier
Seite 104	Dentention Cage	Strafabteil des Lagers
Seite 124	Duff	Pampiger Rosinenkuchen
Seite 133	Convict	Zuchthäusler
Seite 143	Screw	Spitzname für Wärter